COURS
DE PROCÉDURE CIVILE,

Fait à la Faculté de Droit de Grenoble,

Par M. Berriat-Saint-Prix.

Première Partie.

Seconde édition, revue, corrigée et augmentée.

Imprimé à Grenoble chez J. Allier.

Octobre 1810.

AVIS AUX ÉLÈVES.

§. 1. *Observations sur la publication du cours.*

L'ÉTENDUE et la diversité des matières (1) que le professeur de législation criminelle et de procédure civile et criminelle est chargé d'enseigner, l'ont forcé de composer un ouvrage dont la dictée a excédé les limites du tems qu'il y avait assigné d'après la durée totale que doivent avoir les leçons. Afin d'éviter cet inconvénient très-grave, il s'est déterminé à publier la partie du même ouvrage, qui est relative à la procédure civile (2). Sans un motif d'une telle importance, il en eût ajourné l'impression, parce qu'une législation nouvelle a besoin de plusieurs années pour être bien saisie dans ses principes et approfondie dans son esprit et ses résultats éloignés. Il a réfléchi d'ailleurs que destinant spécialement son ouvrage aux élèves de son cours, il lui serait facile d'y faire rectifier pendant les leçons, les fautes inséparables d'une publication prématurée et précipitée, et d'y faire ajouter les décisions nécessaires qu'il peut avoir omises, ou que la loi ou les tribunaux donneront dans la suite... Les personnes étrangères à l'école, qui pourraient acquérir cet ouvrage, sont invitées à ne pas perdre de vue ces observations.

---

(1) Les lois magistrales dont le professeur explique les principes dans une année, et dont quelques-unes sont indiquées ci-après (à l'explication des citations), ont, réunies, plus d'étendue que le code Napoléon, à l'enseignement duquel on emploie néanmoins trois années. En voici la preuve. Ce dernier code n'a que 2281 articles. Les codes de procédure, criminel et pénal, et le tarif, réunis, en ont davantage, c'est-à-dire, 2344 : et il faut y ajouter le code rural, dont le projet en contient plus de 300.

(2) Le cours de procédure civile est lui-même divisé en trois parties. La première édition de la première partie a été publiée au mois d'octobre 1808. On a fait à celle-ci plusieurs changemens indiqués par l'expérience, et un grand nombre d'additions, sur-tout dans les notes.

§. 2. *Méthode d'enseignement.*

LE tems de chaque leçon est distribué comme il suit :

1.° Le professeur dicte la partie du cours qui est manuscrite (3) , et les additions ou corrections dont la partie imprimée peut être susceptible. Un des élèves, sur la désignation du professeur , lit ensuite , à haute voix, la *dictée* (4).

2 ° Il demande à plusieurs des élèves , la répétition de la leçon expliquée dans la séance précédente. Cette répétition ne doit point être littérale. Le professeur fait beaucoup de questions , soit directes , soit indirectes, pour s'assurer si l'on a compris le sens des termes ou des décisions , et il donne au besoin de nouvelles explications (5).

3.° Il explique la leçon qui doit être répétée à la séance suivante.

A la fin de chaque division un peu considérable du cours , il en fait faire une récapitulation verbale et sommaire ; et à la fin de tout le cours une récapitulation générale , qui sert de préparation aux examens.

§. 3. *Disposition du cours.*

LE cours est disposé de telle sorte , que l'explication , et à plus forte raison la dictée , sont terminées quelque tems avant la fin de l'année scolaire. L'intervalle qui reste jusqu'à la clôture est rempli par des rédactions d'actes de diverses natures , des petits plaidoyers , etc ,

---

(3) C'est-à-dire , à présent , la législation et la procédure criminelle.

(4) Le but du professeur est d'habituer les élèves à bien prononcer leur langue en public. En conséquence , il leur présente souvent , même pendant les répétitions , des observations sur les fautes de prononciation , les termes impropres , etc.

(5) En un mot , c'est plutôt une *conférence* qu'une répétition... Au reste , le professeur en tient à chaque séance , une note exacte.

dont le professeur donne les sujets aux élèves, qu'ils lisent pendant les séances, et sur lesquels on leur présente des observations. Par ce moyen, ils font l'application des principes qu'ils ont dû étudier pendant l'année.

On a imaginé un second moyen de leur faciliter, même pour un autre tems, cette application utile ou plutôt nécessaire. Indépendamment de la division du cours en plusieurs parties, livres, sections, titres, etc., à raison de la diversité des matières qu'il embrasse, on en a fait une seconde qui s'applique aussi à tout l'ouvrage, celle qui résulte de la distribution du discours en *texte* et en *notes*. Le texte et les notes où l'on a joint un astérisque *, sont l'objet particulier de leurs études (6). Les autres notes, du moins pour la plupart, leur serviront lorsqu'ils voudront revoir et approfondir les matières enseignées (7); et afin que cette révision leur soit avantageuse et facile, on a cité un très-grand nombre d'autorités (8), qu'on a toutes vérifiées, sans la moindre exception. Le professeur a le droit d'appliquer à cet ouvrage, comme il l'a déjà fait pour son cours de législation (*t. 2, avis*), ce que Despeisses a dit de l'exactitude du sien.

Enfin, on a renvoyé aux notes une foule de détails qui

---

(6) Il y a même quelques parties du texte qu'il n'est pas nécessaire d'étudier, telles que les divisions et transitions.

(7) Beaucoup d'entr'elles peuvent même servir pendant le cours, à ceux qui ont fait des études préliminaires, ou qui ont plus de zèle, de dispositions, d'application, etc. Au reste, tous sont invités à les lire et consulter.

(8) Nous avons, entr'autres, analysé ou cité presque tous les arrêts modernes (sur-tout de cassation), relatifs aux objets de notre enseignement. Ce n'est pas que nous les considérions comme des *règles*, mais ils sont pour nous des motifs d'examiner avec plus de soins les questions qu'ils ont décidées, et ils indiquent souvent des argumentations, des discussions, des difficultés d'interprétation, dont une simple lecture de la loi pourrait ne pas offrir l'idée à tout le monde.. Les mêmes remarques s'appliquent aux décisions tirées des auteurs.
Non exemplis, sed legibus judicandum est. — L. 13, C. sentent. et int. — *Modica facti differentia magnam inducit juris diversitatem.* — Loiseau, liv. 2, ch. 7, n.° 15.

peuvent être utiles aux élèves , mais qui ne devaient pas faire partie d'un cours élémentaire.

§. 4. *Explication des citations abrégées les plus usitées dans ce cours.*

AD — *Sur.* — Observation , remarque, commentaire , etc. sur quelque loi , titre , etc. Par exemple : *Cujas , ad tit.* 4 , *lib.* 1 , *ff*, signifie Cujas, observations sur le tit. 4 , livre 1.er du digeste.

ARG. — *Argument* , tiré de telle loi , telle autorité.

ARR. — Arrêt.

ARR. CASS. ou *CASSAT.* — **Arrêt** de la Cour de cassation. — N B. Lorsqu'il n'y a que cette abréviation , l'arrêt est tiré du bulletin civil : la syllabe *crim.* annonce un arrêt tiré du bulletin criminel.

ART. — Article.

B. ou *BULL.* — Bulletin. — *B. C.* — id. de cassation.

C. ou *CAP.; CH.* ou *CHAP.*, *capitulo , chapitre.* — Dans tel chapitre.

C. ou *COD.* — Code de Justinien.

C-BR. ou *C-BRUM.* — Code de brumaire , ou code des délits et des peines, du 3 brumaire an iv.

C-COM. — Code de commerce.

C-CR. — Code criminel , ou d'instruction criminelle.

C-D. — C'est-à-dire.

C-NAP. — Code-Napoléon.

C-PÉN. — Code pénal , ou code des délits et des peines de 1810.

C-PR. ou *C-PROC.* — Code de procédure.

C-RUR. — Code rural.

CI-APR. — Ci-après , dans la suite du cours.

CONST. ou *CONSTIT.* — Actes des constitutions de l'Empire.

D., *dicto , dictâ* ; *dit , dite.* — Au chapitre, à la loi , etc. , cités auparavant.

DD., *dictis*, *dîtes*. — Aux chapitres, lois, etc.

DÉCR. — Décret impérial.

DR. ACT. — Droit actuel, ou droit résultant des codes nouveaux et des lois postérieures.

DR. ANC. — Droit ancien, ou droit antérieur à la révolution.

DR. INTERM. ou *DR. NOUV.* — Droit intermédiaire ou droit nouveau, c'est-à-dire droit résultant des lois rendues depuis la révolution et avant les codes.

EOD., *eodem.* — Au même titre, au même lieu, etc.

FF., *digestis.* — Au digeste de Justinien.

H., *hoc.* — Exemples : *H. C.*, *hoc capitulo* ; *H. L.*, *hoc loco* ; *H. T.*, *hoc titulo* ; *H. V.*, *hoc verbo.* — Au même chapitre, au même lieu, au même titre, au même mot.

IB., *IBID.* — Au lieu déjà cité.

IN. — *Dans*, ou *Sur.* — Voyez ci-devant *AD*, p. iv.

IN F., *in fine.* — A la fin.

IN PR., *in principio.* — Au commencement.

INST., *INSTIT.* — Instituts de Justinien.

L., *LL.*, *lege*, *legibus.* — Loi, lois.

LIB. ou *LIV.* — Livre.

LOC. CIT., *loco citato.* — Au lieu déjà cité.

N. ou *NOV.* — Novelle de Justinien.

ORD. — Ordonnance.

P. — Page.

PAND. — Pandectes ou digeste.

PÉN. ou *PENULT.* — Pénultième.

PL. ou *PLAID.* — Plaidoyer.

QU. ou *QUEST.* — Question.

S. ou *SUP.*, *suprà.* — Ci-devant, dans le lieu, l'ouvrage, etc., cité précédemment.

S-C. — Sénatus-consulte.

SECT. — Section.

SUR. — Observation , etc. — *V. ci-dev.* ; *AD* , p. iv.

T. ou *TOM*. — Tome.

T. ou *TIT*. — Titre.

TAR. ou *TARIF*. — Tarif des dépens , ou décret du 16 février 1807.

ULT. , *ultimo* , *ultimâ*. — Dernier , dernière.

℣. , *versiculo*. — Verset , ou alinéa d'un paragrahe , d'un article.

V. , *royez*. — Les citations précédées de ce signe ne contiennent pas en toutes lettres la décision qu'elles suivent , mais l'établissent , soit directement , soit indirectement , à l'aide de l'interprétation.

§. 5. *Remarques sur les citations.*

1. On désigne les lois romaines par leur numéro dans le titre du corps de droit où elles sont placées, ou par leur premier mot , ou même tout-à-la-fois par le numéro et le premier mot.

2. On désigne les lois françaises par leur date , c'est-à-dire par le jour de la sanction, s'il s'agit des lois rendues sous l'empire de l'acte constitutionnel de 1791 , et par le jour de l'émission , s'il s'agit des autres (9). Quelques auteurs indiquent tout-à-la-fois ces deux jours en les séparant par un tiret —. C'est le premier de ces modes que nous avons suivi ; et afin d'empêcher qu'on ne confonde deux lois , arrêtés , décrets , etc. , qui ont la même date et le même objet , nous les avons distingués de plus, par le numéro qu'ils ont dans le bulletin.

3. Les décisions des codes nouveaux sont désignées par le numéro des articles qui les contiennent.

4. Le tiret — placé entre deux chiffres , indique qu'il

---

(9) V. avis du cons. d'état , du 7 pluviôse an 8.

C'est mal-à-propos que beaucoup d'auteurs modernes citent les lois de la première espèce par la seule date des décrets.

faut consulter non-seulement les articles, pages, etc. que désignent ces chiffres, mais encore les articles, pages, etc. intermédiaires.

5. Les titres, dates, etc. des ouvrages et des lois, se citent le plus souvent par abréviations, en rapportant les premières lettres des premiers mots.

§. 6. *Auteurs ou ouvrages cités souvent dans le cours de procédure.*

Citations abrégées.

MAZUER : pratique, avec les observations de Fontanon et Guenois; édition de 1609, 1 vol. in-4.º . . . . *Mazuer.*

IMBERT : pratique judiciaire, avec les notes de Guenois et Automne; 1619, in-4.º *Imbert.*

REBUFFE : *commentaria in constitutiones Regias*; 1599 et 1613, 3 vol. in-f.º . . . *Rebuffe.*

BRISSON : *de verborum quæ ad jus pertinent significatione, cùm additionibus Ottonis Taboris et Iteri*; 1721, in-f.º . . . . *Brisson.*

CUJAS : *opera*; 1614, 4 vol. in-f.º . . *Cujas.*

GAILL : *observationum practicarum, etc. cum sententiis Mynsingerii*; 1609, in-f.º . *Gaill.*

LOISEAU : œuvres. Paris, 1666, 1 vol. in-f.º

Le traité du déguerpissement sera cité par le seul nom de l'auteur; quant aux autres, on en indiquera le titre . . . . *Loiseau.*

FABER : *codex*; 1615, in-f.º . . . . . *Faber.*

DESPEISSES : œuvres, et sur-tout le traité de l'ordre judiciaire; 1664, 3 vol in-f.º . . *Despeisses.*

PROCÈS-VERBAL des conférences tenues pour l'examen de l'ordonnance de 1667, in-4.º *Pr.-verbal.*

REMONTRANCES du parlement de Grenoble, et *arrêts* de cette Cour sur l'ordonnance de 1667, recueillis quelques années après par M. Prunier-de-Saint-André , doyen des présidens de la même Cour ; *manuscrit.* . . St.-André.

BARBOSA (*August.*) : *de axiomatibus juris usu frequentioribus* ; 1678 , in-f.° . . . . . Barbosa.

LANGE : nouveau praticien français (avec les notes de Simon) ; 1702 , in-4.° . . . Lange.

BORNIER : conférences sur les ordonnances ; 1694 , 2 vol. in-4.° . . . . Bornier.

JOUSSE ; commentaire sur l'ordonnance de 1667 ; 1769 , 2 vol. in-12. . . . . . . Jousse.

FERRIÈRE (Claude-Joseph) ; dictionnaire de droit et de pratique ; 1779 , 2 vol in-4.° . Ferrière.

RODIER : questions sur l'ordonnance de 1667 ; 1784 , in-4.° (Le meilleur des ouvrages publiés sur la procedure ancienne) . . Rodier.

POTHIER : traité de la procédure civile ; 1777 , in-4.° . . . . Pothier.

IDEM : *pandectæ Justinianeæ in novum ordinem digestæ* ; 1782 , 3 vol. in-f.° . . . . . Idem.

DICTIONNAIRE universel des arrêts , par Prost-de-Royer , Riols et Espagne.

Comme c'est principalement des articles de ce dernier qu'on a fait usage , on les a cités ainsi. . . . . . . Espagne.

BULLETIN des arrêts de la Cour de cassation en matière civile (an 7) , 1799-1809 , 10 vol. in-8.° . . . . Arr. cass.

RECUEIL alphabétique des principales questions, etc. , par M. MERLIN, 9 vol. in-4.° Rec. alph.

JURISPRUDENCE du code Napoléon ; 1808 et suiv. , 14 vol. in-8.° . . . . J-C-Nap.

De la compétence des juges de paix (par M. HENRION) ; in-12 , 1805. . . . . . . M. Henrion.

EXPOSÉS DES MOTIFS du code de procédure

présentés au corps législatif au mois d'avril
1806, par MM. les conseillers d'état Treilhard, Bigot-Préameneu, Réal, Berlier,
Siméon et *Gally*..... On citera les exposés
de chacun d'eux par leur nom.

RAPPORTS sur le même code faits dans le
même mois, par MM. les tribuns Faure,
Perrin, Albisson, Favard, Grenier, Tarrible,
Mouricaut, Gillet et Mallarmé.... Même
genre de citation.

N. B. On s'est servi pour ces exposés et rapports,
de l'édition stéréotype d'Héran, in-12, 1806 ; mais on
a jugé inutile d'indiquer les articles et pages de ces
rapports, parce qu'étant disposés en général suivant
l'ordre du code, il sera très-aisé d'en trouver les
citations.

PRATICIEN FRANÇAIS (le), par les rédacteurs de la jurisprudence du Code-Napoléon,
5 vol. in-8.º, 1806, 1807. . . . . . . *Prat. fr.*

N. B. Comme dans cet ouvrage on suit exactement
l'ordre du code, le n.º de l'art. cité auparavant, suffira
pour faire trouver facilement le passage du *Praticien*.

RÉPERTOIRE de jurisprudence, nouvelle
édition, 13 vol. in-4.º, 1806-1809. . . . *Nouv. rép.*

N. B. L'édition de 1784, en 17 vol. in-4.º, sera
citée ainsi . . . . *Répert. ou*
anc. rép.

M. DESMASURES : traité de la procédure
civile, 1807, in-8.º . . . . *M. Desmasures.*

M. PIGEAU : la procédure civile des tri-
bunaux de France, 2 vol. in-4.º, 1807, 1808. *M. Pigeau.*

N. B. L'édition de 1787, du même ouvrage, sera
citée sous ce titre, 1.ª *édit.*

Jurisprudence des cours de cassation et
d'appel sur la procédure civile et commer-

xij

ciale , par MM. Bavoux aîné et Loiseau ;
1808-1810 , 3 vol. in-8.º . . . . *J-C-pr.*

Journal des audiences de la Cour de cassation , par MM. Denevers et Duprat , 1808-
1810 , 3 vol. in-4.º . . . . *Nevers.*

Journal des avoués , par M. Coffinières ;
février , etc. 1810 , in-8.º . . . . *J-d-avoués.*

☞ *Faute à corriger :* page 7 , ligne 27 , *au lieu de*
Bouchon , *lisez* Bouchaud.

Addition. Sect. 2 , chap. 3 , page 111 , note 6 , à la fin ;
ajoutez : voyez toutefois les arrêts rapportés au journal
des avoués , tom. 1 , p. 277 et suiv.

COURS
DE PROCÉDURE CIVILE.

NOTIONS PRÉLIMINAIRES.

§. 1. *Idée de la Procédure ; acceptions des termes principaux.*

LA PROCÉDURE est cette partie du droit (1) qui embrasse les règles qu'on doit observer, lorsqu'il s'agit de faire prononcer sur les différends nés, 1.° des actions des hommes relatives à l'usage, à la disposition ou à l'affermissement de leurs propriétés; 2.° des caractères plus ou moins douteux de l'état des personnes ; 3.° des actions qui portent une atteinte à la sûreté des personnes ou des propriétés. Dans les deux premiers cas on la nomme procédure *civile* ; dans le dernier, procédure *criminelle* (2).

Le mot procédure paraît venir du mot latin *procedere*, qui signifie *s'avancer* ; et dans la procédure en effet, on avance vers la décision d'un différend, à mesure qu'on fait les actes prescrits par loi.

Le mot procédure indique donc la série des actes qu'il faut faire pour parvenir à cette décision. Par analogie, on a donné le même nom (3), 1.° à la

____

(1) Cette partie était connue dans le droit romain sous le nom général d'*actions*.

(2) Nous traitons de cette dernière partie dans le cours de législation criminelle.

(3) On observe souvent dans la langue du droit, comme dans la langue ordinaire, des termes qui ont plusieurs acceptions différentes :

A

science qui nous instruit des règles à observer dans ces actes ; 2.º à l'ensemble des actes mêmes qui ne supposent pas nécessairement un différend.

D'après cela, on voit que la procédure civile a pour objet, et la décision des différends qui s'élèvent sur l'état des personnes ou sur les propriétés ; et les précautions à prendre quelquefois, soit en conséquence de ces différends, soit afin de les prévenir, etc. Tel est le motif pour lequel on la divise en procédure *judiciaire* et en procédure *extrà-judiciaire*. Celle-ci indique les actes qui ne sont pas suivis nécessairement de la décision d'un tribunal, tandis que la procédure judiciaire indique la série des actes qui sont ordinairement suivis de cette décision (4).

Cette série, considérée relativement à un différend particulier, se nomme procès, instance (5*). Une instance commence par une *demande* et se termine par un *jugement*. La demande et les actes écrits et défenses verbales qui la suivent forment ce qu'on nomme l'*instruction*, c'est-à-dire la partie de l'instance que l'on destine à éclairer le juge (6*), à le mettre en état

---

il importe de les bien distinguer , parce que la loi emploie souvent ces termes , sans indiquer dans quel sens. Aussi le professeur interroge-t-il fréquemment les élèves sur l'acception des mots dont ils se servent pendant les conférences.

(4) *V.* à ce sujet les introductions des parties 2 et 3 , au commencement.

(5*) *Procès* paraît dériver de procédure, et *instance de stare in judicio,* être , ou *ester* en jugement. — V. *ci-apr.*, *tit. de l'assignat.* , art. 1 , n.º 2.
Procès (*lis*) est synonime à *affaire* (*res*) , suivant la remarque de *CUJAS* , sur le digeste , liv. 1 , tit. 4 ; il n'en est pas de même du mot *différend*. Un procès suppose toujours un différend , mais on ne peut pas dire l'inverse. — V. *toutefois le titre de la récusation* , §. 1 , n.º 2.
Au reste , les mots *procès* et *instance* avaient jadis , du moins dans quelques tribunaux , des acceptions particulières. — V. *Rodier, tit.* 26 , art. 1 , *qu.* 1 ; *Bornier, tit.* 26 , art. 2.

(6*) Les actes de cette même partie se nomment aussi les *formalités* , les *formes*... Le fond, par opposition à la *forme* , est l'objet principal et primitif de la contestation ; et par ce motif on le nomme aussi le *principal.*

de rendre le jugement en connaissance de cause (7).

§. 2. *Division du cours de Procédure civile.*

Lorsqu'on veut commencer une instance, il importe d'abord de savoir à quel juge on doit s'adresser (8), car chaque juge ne peut pas statuer sur toute espèce de procès. Pour atteindre à ce but, il faut étudier, et les règles relatives aux attributions (9) des tribunaux, et celles qui concernent la nature des actions. A l'aide des premières, on apprend à quelle espèce de tribunal la demande, d'après son objet, doit être soumise ; si c'est par exemple à un juge de paix ou à un tribunal d'arrondissement; à l'aide des secondes, on sait quel est le tribunal de la même espèce à qui, d'après la nature de l'action, l'on doit s'adresser ; si c'est par exemple le juge du domicile, ou bien celui de la situation.

Les réflexions précédentes ont servi de guide pour la division de ce cours. On donnera d'abord dans une première partie, qui y servira d'introduction, trois traités abrégés, dont les deux premiers concerneront la jurisdiction et les actions, et le troisième contiendra des observations et des règles générales relatives à la procédure proprement dite ou à plusieurs de ses parties. Dans la seconde partie on traitera de la procédure judiciaire, et dans la troisième et dernière, de la procédure extrajudiciaire, et l'on en traitera en suivant l'ordre des livres et des titres du code (10),

______

(7) *V.* à ce sujet, l'introduction de la part. 2, art. 3, §. 3, où l'on donne une idée générale de la marche de la procédure civile.

(8) Quant aux autres soins préliminaires, *voyez d. art.* 3, §. 2,

(9) C'est-à-dire au droit que la loi leur attribue, leur accorde, de connaître de certaines affaires, etc.

(10) Lorsque nous citons ce mot seul, nous entendons parler du code de *procédure.* — Nous indiquerons au commencement de chaque subdivision de notre cours, en quoi diffèrent ou s'accordent notre classification et celle du code.

butant du moins que cela pourra s'accorder avec la méthode analytique indispensable à un enseignement élémentaire, et la briéveté du tems assigné à celui-ci (11).

Nous observerons à ce sujet que tous les articles du code sont analysés dans notre cours (12), et que nous y avons même joint un extrait de ceux du code Napoléon qui leur sont corrélatifs (13). Mais 1.° nous avons peu insisté sur ces derniers, parce que l'exposion et l'explication en appartiennent plus proprement aux cours du droit civil ; 2.° nous nous sommes bornés à exposer une seule fois les règles de même nature qui sont répétées dans plusieurs titres, articles, etc., etc., du code de procédure (14).

§. 5. *De la nécessité de la Procédure.*

Avant d'entrer en matière, il n'est pas inutile d'examiner au moins rapidement si la procédure, telle que nous l'avons définie, est une institution nécessaire ; en un mot, si l'on ne pourrait pas faire statuer sur les différends sans s'être servi d'aucune espèce

----

(11) *V.* à ce sujet, introduct. de la part. 2, art. 2, aux notes.

(12) L'analyse des articles des derniers livres, est et devait être plus resserrée que celle des articles des premiers ; enfin, il y a des articles qu'il a suffi d'indiquer. — V. *introduct. de part.* 3.
Nous avons également analysé tous les articles du tarif. — V. *ci-apr.*, *part.* 1, *sect.* 3, *ch.* 1, *note* 10.

(13) Par ce moyen, notre cours sert dans beaucoup de points, de répétition et d'application du premier cours de droit civil, que les élèves ont dû suivre avant d'étudier la procédure... Nous avons aussi donné un extrait des articles corrélatifs du code de commerce.

(14) Par exemple, les règles d'après lesquelles la communication au ministère public est exigée dans de certaines causes ou circonstances, ont été réunies dans un seul article. Il en est de même de l'indication des causes affranchies de la conciliation, de celle des tribunaux où l'on porte les diverses espèces d'actions, etc. A l'aide de cette méthode, nous avons évité bien des répétitions ennuyeuses... Mais nous n'en avons fait usage que quant au texte, et dans l'objet, soit de diminuer le travail des élèves, soit de graver mieux dans leur mémoire les principes de la procédure. Plus on réduit les principes d'une science à des termes généraux, plus on en rend l'étude facile et fructueuse.

d'acte, et en s'adressant directement au juge (15).

Pour peu qu'on ait d'expérience, on est bientôt convaincu que si un tel mode de procédure était praticable, ce serait tout au plus dans une société très-pauvre et très-peu nombreuse, où par la nature des choses, les différends sont également peu nombreux et sur-tout peu variés ; de sorte que si nous prouvons que dans ces espèces de société les différends ne sauraient être terminés sans quelques *formes*, nous serons en droit de conclure que dans des états populeux, riches et civilisés, les formes sont à plus forte raison indispensables.

Or, rien n'est plus facile que d'établir l'affirmative de notre proposition ; nous n'avons que l'embarras de choisir parmi les preuves qui s'en offrent à nous de toutes parts ; et forcés de nous resserrer dans des limites étroites, nous nous réduirons aux observations suivantes.

Pour qu'un tel mode d'administration de la justice soit suffisant, il faut supposer que chaque juge connaisse à fond toutes les lois de son pays, et que toutes les parties puissent ou veuillent se présenter au juge, chaque fois qu'elles seront appelées ; que toutes soient en état de se défendre et de faire valoir leurs moyens de droit ou de fait ; que le juge enfin ait le tems et les renseignemens nécessaires pour prononcer à l'instant sur toutes les causes qu'on lui soumet.

Admettons la première condition, parce qu'elle n'est pas physiquement impossible (16) ; la seconde s'opposera toujours à ce mode, que des personnes étran-

---

(15) Ce §. n'est qu'un extrait d'une dissertation où le professeur discute cette question avec beaucoup de développemens, dans la seconde leçon du cours : il y parle aussi de l'utilité de la chaire de procédure, institution inconnue aux anciennes universités. Au reste, il n'est pas nécessaire que les élèves étudient ce §. (et a plus forte raison le précédent) ; il suffit qu'ils en aient une idée générale.

(16) Mais elle est bien difficile. Les jurisconsultes les plus consommés avouent qu'il leur reste toujours beaucoup à apprendre dans la législation civile. Que serait-ce donc des parties elles-même ? dépourvues de telles connaissances, comment pourraient-elles se défendre ?

gères à la science des lois, ont préconisé jusques dans notre siècle. En effet, comment les mineurs, les insensés, les absens, les malades, les militaires, etc., etc., pourront-ils se présenter ou se défendre ? Comment, lorsqu'une cause n'aura pas été terminée, suppléerat-on à la perte des preuves qui aura pu avoir lieu (comme par le décès des témoins) depuis le commencement de l'affaire ? Comment exécutera-t-on les jugemens sans courir le risque ou d'une rigueur déplacée, ou d'une négligence coupable de la part des officiers d'exécution (17) ? Comment s'assurera-t-on que les jugemens auront en effet été exécutés, ainsi qu'ils doivent l'être ? Si par des propositions d'accomodement on a arrêté le jugement d'une affaire, comment constater dans la suite qu'une prescription aura été interrompue ? Si de semblables propositions ont empêché d'achever l'exécution, comment la reprendra-t-on au point fixe où on l'avait suspendue? etc., etc., etc. Mais ce qu'il y a de pis, c'est qu'il faudra s'en rapporter, sur toutes les contestations possibles, au témoignage des hommes, c'est-à-dire, précisément au genre de preuves le plus suspect, et qui d'ailleurs manquera souvent aux parties.

Et il ne s'agit pas ici de considérations purement hypothétiques ; l'histoire nous montre ces mêmes inconvéniens et une foule d'autres dans la pratique de ce mode de procédure, lorsqu'on l'a essayé dans des états naissans et peu éclairés (18), et elle nous apprend aussi qu'après avoir tâché de remédier à ces inconvéniens, on a fini par abandonner le système dont ils étaient inséparables.

---

(17) Comment empêchera-t-on le juge de se livrer à l'arbitraire, dès que rien ne constatera quels ont été les droits et les moyens des parties ? Comment l'écartera-t-on d'une cause, par la récusation ? ou le contiendra-t-on dans son devoir par la crainte de la prise à partie, de la forfaiture ? etc. Une simple négation le mettrait à l'abri de toute demande.

(18) On s'en apperçut aussi parmi nous, après la fameuse loi du 3 brumaire an 2, qui supprimait les avoués.

La législation romaine relative à l'ajournement ou assignation, en est une preuve. Une loi portée au tems de la monarchie, et insérée ensuite dans les Douze Tables, décida que l'ajournement serait fait de vive voix par le demandeur. Quelques défendeurs résistèrent sans doute ; on permit alors aux demandeurs de les saisir au collet et de les traîner de force (*obtorto collo*) devant le juge. Cette seconde mesure si étrange, fut vraisemblablement employée mal-à-propos : l'on ordonna successivement que le demandeur n'en userait qu'après avoir constaté le refus du défendeur ; que les juges en fonctions, les magistrats suprèmes, les citoyens qui se mariaient, ceux qui assistaient à des funérailles, ceux qui étaient dans leurs maisons, etc., etc., en seraient affranchis ; qu'on fournirait une voiture aux vieillards, infirmes ou malades, etc. Ces modifications qui attestent le vice de la loi, et dont l'exécution était souvent impraticable, n'empêchaient point l'ajourné de se cacher ou de se dérober à l'ajournement ; voici le parti qu'on prit. Le demandeur présentait une requête au préteur qui l'autorisait à faire une sommation par écrit ou par affiche, au défendeur ; si ce dernier désobéissait, le préteur autorisait une seconde sommation, et la mise en possession des biens du récalcitrant ; ensuite une troisième et la vente de ces biens, etc. (19). — *Voyez les comment. sur la loi des Douze Tables, par Bouchon, 1.ᵉ et 2.ᵉ tab. ; Pothier, in pand., lib. 2, tit. 4, etc.*

Les romains furent donc obligés de revenir aux

---

(19) Malgré toutes ces mesures rigoureuses, la procédure contre les défaillans était souvent insuffisante. « Qand le débiteur était absent, » dit Loiseau, il n'y avait à Rome presque nul moyen d'avoir raison » de lui ». — V. *id.*, *de la garantie des rentes*, ch. 9, n.º 8.

On peut aussi remarquer que les épreuves du feu, de l'eau, etc., et les duels judiciaires usités dans les tems féodaux, c'est-à-dire, des modes fort simples de juger les contestations, étaient accompagnés de formes. — V. *Mably*, *observ. sur l'hist. de France*, *liv. 3*, *ch. 7* ; *Montesquieu*, *esprit des lois*, *liv. 28*, *ch. 20-27* ; *Voltaire*, *essai sur les mœurs*, *ch. 96.*

actes judiciaires qu'ils avaient voulu éviter, et à des actes bien plus compliqués que les nôtres. Ils en auraient senti les avantages et la nécessité, si à l'époque où ils firent cette loi, leur état, au lieu d'être restreint au territoire borné de leur ville, avait eu l'étendue, la population et sur-tout la richesse des empires européens modernes. Dans de semblables états, une procédure est encore plus nécessaire, sur-tout parce que les relations réciproques des particuliers sont si nombreuses (20) et si variées, qu'il est impossible de terminer sur le champ et de vive voix toutes les contestations qui en naissent ; et qu'il faut par conséquent des actes préliminaires pour constater la comparution ou l'absence des parties, la nature de leurs réclamations, leur conduite, leurs aveux et ce qui s'est fait après le décès de l'une d'elles ; pour garantir les mineurs et autres personnes du même genre, des surprises de la mauvaise foi ; pour préparer la décision du juge, comme quand on est forcé de discuter une question difficile, d'examiner un local contesté, d'entendre des témoins, vérifier des écritures, rédiger des expertises, établir la fausseté d'un titre, etc.

D'après ces observations auxquelles il nous serait facile d'en joindre bien d'autres, nous nous croyons en droit d'affirmer que la procédure est une institution nécessaire (21) ; mais en ajoutant qu'il faut bien se garder de multiplier les formalités dont elle est composée. Ces formalités sont destinées à éclairer le juge et à constater les droits des plaideurs ; toutes celles

---

(20) Dans l'espace de six mois, et à une époque où la France était bien moins étendue qu'à présent (15 *germ. vj au* 15 *brum. vij*), les seuls tribunaux civils ont rendu 194,437 jugemens, c'est-à-dire environ *quatre cent mille* dans une année. Il y avait alors plus de 6000 tribunaux de paix. En supposant qu'ils n'aient rendu que 6 jugemens par audience (une par semaine), on en aurait *dix-huit cent mille* à ajouter aux précédens.

(21) Nous ne parlons ici que des contestations civiles ; quant aux affaires criminelles, la nécessité de la procédure n'a pas besoin de démonstration.

qui s'écartent de ce but doivent être proscrites : tel est le principe d'où sont partis les rédacteurs du code, ainsi que nous le verrons plus particulièrement à la section 3.e, chap. 2. Il faut espérer qu'ils auront enfin résolu un problème qui, on ne saurait le dissimuler, n'a été jusques à présent qu'effleuré par les législateurs de tous les siècles. — *V. ci-apr.*, *sect.* 3, *ch.* 1, *note* 2.

Nous venons de prouver qu'on ne peut terminer les contestations en s'adressant directement au juge sans employer aucune procédure ; mais l'entremise d'un juge est-elle elle-même nécessaire...? Oui (22) : dans l'état social il n'est pas permis de se faire justice à soi-même, quelque espèce de droit qu'on ait (*V. arr. cass. cr.* 3 *ther. x.*), parce qu'en adoptant un système contraire on serait exposé à tous les désordres qu'il occasionnait dans la société primitive, où la force décidait de tout (23). On a seulement la faculté de défendre son droit (24) lorsqu'il est menacé dans des circonstances où il est impossible d'avoir recours à la protection de l'autorité publique. — *V. au surplus notre cours de droit criminel, et ci-apr., sect.* 3, *ch.* 2, *note* 34.

---

(22) C'est aussi une preuve indirecte de la nécessité de la procédure.

(23) C'est en grande partie pour éviter ces désordres qu'on a institué la société civile, qui doit être régie par des lois, un gouvernement, des magistrats.
Un des plus sages législateurs qui aient jamais existé (MARC AURÈLE), était si persuadé que la maxime *on peut se faire justice à soi-même* est tout à fait destructive de l'état social, qu'il privait de tout droit celui qui la mettait en pratique ; qu'il déclarait, par exemple, déchu de sa créance le particulier qui s'était fait payer par force. — V. *LL.* 13, ff. *quod metus causâ;* 7, ad. *L. jul. de vi privatâ.*

(24) Et à plus forte raison sa propre personne. — V. *le cours du droit criminel.*

COURS
DE PROCÉDURE CIVILE.

PREMIÈRE PARTIE (1).
Introduction à la Procédure.

SECTION PREMIÈRE.
De la Jurisdiction.

Le mot jurisdiction désigne parmi nous le droit qu'un tribunal a de connaître d'un différend, d'une affaire (2) ; ou bien de présider à certaines espéces d'actes qui ne supposent pas toujours une contestation. Dans le premier cas, la jurisdiction se nomme *contentieuse* ; dans le second, *gracieuse* (3) : mais comme la première est celle qui est la plus importante, on l'indique aussi par le simple mot de *jurisdiction*.

La connaissance d'une affaire n'est pas toujours confiée à un seul tribunal ; au contraire, les parties

(1) Les principes exposés dans cette partie sont en général fort importans. Nous reviendrons souvent, par la suite (dans les titres auxquels renvoient les notes de la même partie), sur le développement et l'application dont ils sont susceptibles, et nous y joindrons même diverses règles de détail... Quant à la subdivision de cette partie en trois sections, *voyez ci-dev.*, §. 2, *p.* 3.

(2) C'est-à-dire, de l'examiner et d'y statuer.

(3) Quant à celle-ci. qu'on nomme encore jurisdiction *volontaire*, *voyez ci-apr.*, *ch.* 2, *note* 37, *et part.* 3, *introduction*.

peuvent en général soumettre la décision d'un premier tribunal à l'examen d'un autre , d'un rang plus
élevé ; c'est ce qui a fait distinguer dans la jurisdiction plusieurs *degrés* (4) , c'est-à-dire plusieurs classes de tribunaux auxquels on a la faculté de porter
successivement la même affaire.

Le pouvoir judiciaire est une dépendance de la sou-
veraineté (5) ; c'est donc au souverain seul qu'il appartient d'attribuer la jurisdiction ; et par conséquent
aussi (6) , c'est dans la loi seule qu'il faut chercher
l'étendue et les limites de chaque jurisdiction.

Les lois ont déterminé la jurisdiction de chaque
espèce de tribunal en particulier ; elles ont en outre
établi des règles générales qui s'appliquent à tous les
tribunaux ou à la plupart d'entr'eux ; c'est par ces dernières que nous devons commencer notre traité ; mais
on ne peut les bien entendre , qu'en se formant d'abord
une idée succincte de la jurisdiction des tribunaux
anciens : nous en dirons un mot dans le chapitre premier de cette section ; les autres seront relatifs à la
jurisdiction des tribunaux actuels.

Nous observerons auparavant que , soit en matière
civile , soit en matière criminelle , on distinguait et
l'on distingue encore les juges quant à leur jurisdiction , en juges *ordinaires* et en juges *d'attribution*
ou *exception* ; que les premiers connaissent en général de toutes les espèces de causes , tandis que les
autres ne connaissent que de celles-là seulement que
la loi leur assigne d'une manière expresse ; qu'enfin
les juges *ordinaires* , en matière civile , sont les tribunaux d'arrondissement (7).

---

(4) Ou plusieurs ressorts. — **V.** *la fin de ce chapitre.*

(5) *V.* le cours de droit public.

(6) On peut encore en induire que le juge n'a pas le droit de déléguer
sa jurisdiction. — **V.** *ci-apr.*, ch. 2 , art. 1 , p. 18.

(7) *V.* ci-apr., ch. 2 , art. 5 , et ch. 3 , p. 30 et 31.
Quant à *l'organisation* des tribunaux , comme il doit en être ques-

Nous ferons également quelques remarques sur le sens de plusieurs expressions dont nous venons d'avoir ou dont nous aurons plusieurs fois l'occasion de nous servir dans ce traité.

1. *Ressort* est souvent synonime à *degré de jurisdiction*; ainsi, l'on dit " connaître d'une affaire en *premier* ou en *dernier* ressort, ou en première ou seconde *instance* „ , c'est-à-dire *remplir* le premier ou le second degré de jurisdiction.

2. Le *premier degré* est la première des deux classes de tribunaux auxquels il faut en général soumettre une affaire.

3. *Remplir* un degré, c'est agir comme juge du *ressort* correspondant à ce degré... On dit encore *parcourir* des degrés, *passer par* des degrés, pour indiquer qu'on soumet une affaire aux classes de tribunaux qui forment ces degrés.

4. *Ressort* s'emploie aussi quelquefois dans le même sens que *jurisdiction*; mais il désigne plus spécialement le territoire sur lequel un tribunal a le droit d'exercer sa jurisdiction.

5. *Porter* une affaire... C'est la soumettre à un juge.

---

tion dans le cours de droit public, nous nous bornerons à en dire un mot pendant l'explication orale relative à la jurisdiction particulière de chaque espèce de tribunal.

CHAPITRE PREMIER.

Coup - d'œil sur la jurisdiction des tribunaux anciens (1).

I. On comptait jadis en France trois classes de tribunaux ordinaires; les justices seigneuriales, les bailliages ou sénéchaussées et les parlemens (2).

Ces tribunaux connaissaient de toutes espèces d'affaires, tant civiles que criminelles, savoir : les justices seigneuriales, en première instance ; les bailliages ou sénéchaussées, en seconde instance ; et les parlemens en dernier ressort. Ainsi en règle générale, quelque modique que fût une contestation, quant à son objet, elle devait parcourir au moins trois degrés de jurisdiction (3).

II. Les tribunaux d'attribution étaient en fort grand nombre. Les uns connaissaient en premier et dernier ressort, des matières de leur compétence (4): d'autres

---

(1) Dans l'explication, le professeur fait précéder ce chapitre par un coup-d'œil sur la jurisdiction à Rome et en France, au tems de la féodalité.

(2) Dans plusieurs provinces on en comptait jusques à cinq, parce que les justices seigneuriales s'y divisaient en basses, moyennes et hautes justices. — V. anc. récert., mot *jurisdiction*. — Loiseau compte même jusques à quatre degrés de justice seigneuriale, et par conséquent six degrés dans quelques lieux. — V. *id.*, *de l'abus des justices*.

(3) Cette règle recevait exception, 1.° à l'égard des contestations de la plupart des villes siéges d'évêchés ; les appels des sentences de leurs juges se portaient aux parlemens (ces juges alternaient chaque année avec des juges royaux).
2.° A l'égard des contestations des districts, où l'on avait établi des présidiaux ou tribunaux qui jugeaient certaines affaires, en même-tems en première ou seconde instance, et en dernier ressort.

(4) Tels étaient les bureaux des finances pour la voierie ; les chambres des comptes, pour la comptabilité ; le grand conseil, pour certaines matières bénéficiales ; les intendans, pour la perception de certains impôts indirects.

en dernier ressort seulement (5); d'autres ne jugeaient qu'à la charge de l'appel aux parlemens, ou aux cours d'attributions (6) , suivant la nature de leur jurisdiction, ou suivant celle des affaires.

III. On recourait des décisions rendues en dernier ressort par les tribunaux ordinaires et d'attribution, au conseil d'état du roi, connu sous le nom de conseil privé ou des parties (7).

IV. Cette distribution ancienne de la jurisdiction offrait de grands inconvéniens. 1.º Les ressorts des tribunaux n'étaient ni égaux, ni déterminés par les limites des mêmes territoires (8), et quelques-uns embrassaient un territoire trop étendu (9) , ce qui forçait les plaideurs à des voyages longs et multipliés ; 2.º les droits des tribunaux de même genre n'étaient point par-tout semblables (10) ; 3.º la jurisdiction de la plupart d'entr'eux, sur-tout des tribunaux

---

(5) **Tels** que la cour des monnaies , pour les causes des monnaies ; les cours des aides, pour celles de la plupart des impôts indirects.

(6) **Tels** étaient les maîtrises des eaux et forêts, les élections, les bureaux des finances (dans certains cas), les juges des gabelles, des traites , de la marque des fers, des monnaies, etc.
On pourrait aussi ranger les *officialités* parmi les tribunaux d'attribution. Elles exerçaient la jurisdiction contentieuse appartenant aux évêques ou aux chapitres qui les établissaient, et entr'autres, celle des affaires personnelles des ecclésiastiques , des célébrations de mariage, etc. Le premier ressort était l'officialité diocésaine ; le deuxième la métropolitaine ; le troisième la primatiale ; mais à l'aide des appels comme d'*abus*, on avait beaucoup restreint cette jurisdiction.

(7) Il y avait aussi des causes dont le conseil des finances connaissait. — V. *arr. de cass.*, 22 *frim. xj.*

(8) *Exemple.* Un canton du district de Valence , composé de quatre paroisses , avait son juge seigneurial à Romans , son bailliage à Saint-Marcellin , sa maîtrise à Die , son élection à Valence : les appels de ces tribunaux se portaient à Grenoble.

(9) **Tels** que le parlement de Paris , dont l'ancien ressort forme aujourd'hui celui de neuf cours d'appels différentes.

(10) Des tribunaux réunissaient aussi quelquefois diverses fonctions, qui dans d'autres provinces n'étaient pas attachées aux tribunaux de même genre. Ainsi , à Grenoble le parlement était en même-tems cour des aides ; à Aix , c'était la chambre des comptes.

ordinaires, n'était fondée sur aucune loi positive ; elle résultait plutôt d'usages souvent incertains et variables ; 4.º les luttes fréquentes qui s'élevaient entre les cours supérieures et le ministère, avaient engagé le gouvernement à donner le plus d'autorité qu'il pouvait aux tribunaux d'attribution, que ces cours voyaient de fort mauvais œil.

Il résultait de cet état de choses de nombreux conflicts de jurisdiction (11) dont le jugement était difficile à obtenir ou à faire exécuter, parce que les cours supérieures résistaient souvent aux arrêts du conseil d'état, juge suprème en matière de jurisdiction.

Le privilège de *committimus* ajoutait encore à ces inconvéniens; les princes, les ducs et pairs, maîtres des requêtes, etc., avaient le droit de faire statuer à Paris, sur toutes leurs causes personnelles, possessoires et mixtes ; les officiers des parlemens et autres tribunaux supérieurs avaient celui de porter les leurs devant les bailliages ou sénéchaussés de leurs chefs-lieux (12).

Enfin, le conseil d'état et les cours supérieures se permettaient souvent des évocations (13*), à l'aide desquelles ils tiraient les citoyens de leur jurisdiction ordinaire, ou les privaient des premiers juges que la loi leur avait accordés.

Tous ces inconvéniens ont cessé, grâces à l'organisation judiciaire moderne, ainsi que nous le verrons au chapitre suivant.

---

(11) *V.* ci-apr., tit. des réglemens de juges.

(12) Quant au privilège de *committimus*, *V.* Espagne, au dictionnaire de Prost de Royer, mot *assignation*, n.os 137, 138.

(13*) Action d'appeler, d'attirer devant un tribunal, une cause portée ou qui doit être portée devant un juge inférieur.

CHAPITRE II.

De la jurisdiction des tribunaux civils actuels ; considérée en général.

Nous traiterons sommairement, dans ce chapitre, des principes généraux suivis aujourd'hui en matière de jurisdiction ; des devoirs généraux des juges, et du ministère public ; du tems et du lieu où se rend la justice ; enfin, de la compétence.

ARTICLE PREMIER.

Principes généraux actuels en matière de juris-diction.

Pour obvier aux inconvéniens exposés au chapitre premier, on a établi quatre règles principales.

I.re Règle. Les français plaident tous en la même forme et devant les mêmes juges, dans les mêmes cas. — *L. 24 août 1790, tit. 2, art. 16.*

Ainsi depuis cette loi, personne n'a de privilèges, soit quant à la manière d'instruire les causes (1), soit quant aux tribunaux où elles doivent être portées (2).

II.e Règle. Il y a deux degrés de jurisdiction. — *L. 1.er mai 1790 (3); arr. cass. 4 pluv. x; 30 frim., 21 et 28 flor. xj, etc.*

On excepte les causes où la loi ne détermine qu'un

---

(1) Il y a une exception quant aux enquêtes et interrogatoires. — V. *en ci-après, les tit., notes 56 et 16.*

(2) Autre exception pour les causes purement personnelles des princes ou princesses du sang : elles sont portées au conseil de famille impérial. — V. *statut impérial du 30 mars 1806, art. 33-38 ; M. Merlin, nouv. répert., mot servitude,* § 35.

(3) Une chose assez singulière, c'est que cette loi si importante n'a point été publiée ; mais les dispositions des lois postérieures sont des conséquences du principe qu'elle énonce, et elle a été citée dans une foule d'arrêts de cassation.

seul

seul degré, telles que plusieurs des causes dont connaissent les tribunaux de paix, d'arrondissement et de commerce (4); mais on n'admet pas d'autres exceptions, car il ne peut y avoir plus de deux degrés (5). — *V. d. arr. des 4 pluv. et 30 frim.*

Plusieurs décisions importantes dérivent de la seconde règle.

1.º Lorsqu'un tribunal d'appel infirme un jugement définitif, il n'est pas obligé de renvoyer la cause à un tribunal de première instance; il peut y statuer lui-même; 2.º Lorsqu'en infirmant un jugement interlocutoire, il trouve le procès en état de recevoir une décision, il peut y statuer définitivement; 3.º On ne peut former de nouvelle demande en cause d'appel. — *V. C-pr.* 473, 464, *et ci-après, tit. de l'appel, ch.* 6, *appendix, où nous revenons sur tous ces points.* 4.º Les procès pendans par privilège, en premier ressort, aux anciens tribunaux supérieurs, doivent être repris devant les tribunaux inférieurs actuels. — *V. L.* 19 *oct.* 1790, *art.* 6; *arr. cass.* 6 *therm. an* 7, 23 *fruct. an* 8, 25 *pluv. an* 9, *et ci-apr., le tit. des reprises d'instance.*

III.ᵉ Règle. — Les particuliers ne peuvent être privés des juges que la loi leur accorde. — *V. L.* 24 *août* 1790, *tit.* 2, *art.* 17.

Il suit de là, 1.º que le souverain seul a le droit de délivrer des commissions (6), des attributions,

---

(4) Voyez ci-après, chap. 3, où l'on indique les Tribunaux qui forment les divers degrés de jurisdiction.

Observations. On demandait, il y a déjà deux siècles, qu'il n'y eût qu'un seul degré pour les petites causes, et alors, il y en avait cinq ou six. — V. *Loiseau, de l'abus des justices.*

(5) C'est que la réduction des deux degrés à un seul, étant une dérogation au droit commun, elle doit être restreinte aux termes précis de la loi. — V. d. *arr.* 4 *pluv.*

(6) C'est-à-dire, d'établir des tribunaux chargés temporairement de statuer sur une ou plusieurs causes particulières. Nous en avons un exemple dans les commissions qui prononcent sur les difficultés relatives au desséchement des marais. — V. *à ce sujet, L.* 16 *sept.* 1807, *art.* 42-47.

B

des évocations extraordinaires. — *V. d. art.* 17. — *V. aussi l'art.* 5 *ci-après, n.°* 1, *pag.* 30.

2.° Que la partie assignée devant un juge qui n'est pas le sien, a la faculté de demander son renvoi (7). — *V. C-pr.* 168-172, *et ci-apr.*, *l'art. du déclinatoire.*

5.° Qu'un juge n'a pas le droit de déléguer à un autre juge la décision que la loi lui attribue sur une affaire... Mais il n'en est pas de même lorsqu'il ne s'agit que d'une opération préparatoire ou résultant de la décision, et qui exigerait un déplacement considérable ou coûteux (8). — *Arg. de C-pr.* 1035 *et* 121, ⚡. 1. — *V. L.* 5, *ff. de off. ej. cui mand. ; arr. d'Angers,* 15 *sept.* 1806, *J-C-Nap., t.* 9.

IV.ᵉ Règle. Les tribunaux ne peuvent empiéter sur l'exercice du pouvoir législatif et de l'autorité administrative. — *V. L.* 24 *août, tit.* 2, *art.* 10 *et* 15 ; *C-pén.* 127 ; *et ci-apr., l'appendix de cette section.*

Première conséquence. — Le juge ne peut donner de décision générale et réglementaire. — *C-Nap.* 5.

Deuxième conséquence. — Il ne peut ni citer les administrateurs à raison de leurs fonctions, ni connaître de quelque acte d'administration que ce soit. — *V. D. art.* 15 ; *L.* 16 *et* 24 *fruct. an* 5 ; *M. Henrion, ch.* 4, § 5 ; *arr. cass.* 25 *oct.* 1809 ; *ci-apr. d. appendix.*

---

(7) C'est-à-dire, d'être renvoyée de l'instance ; sauf au demandeur à la citer devant son véritable juge.

(8) Et à plus forte raison, lorsque la loi elle-même autorise à déléguer l'opération, comme on le voit pour les suivantes, dans les articles ci-après cités.
1. Serment de la partie ou des experts, *C-pr.* 121, 305 *et C-N.* 466 ; — 2. Commission d'un huissier pour signifier un jugement de défaut, *C-pr.* 156 ; — 3. Vérification d'écriture et faux incident, *C-pr.* 196, 218 ; — 4 et 5. Enquêtes ordinaires ou sommaires, *C-pr.* 255, 266, 412 ; — 6-8. Interrogatoires des plaideurs, négocians et interdits, *C-pr.* 325, 326 *et* 428, *et C-N.* 496, 500 ; — 9. Accès de lieux, *C-pr.* 295, 296 ; — 10 et 11. Distributions et ordres, *C-pr.* 658, 751 ; — 12. Collations d'expéditions, *C-pr.* 849 ; — 13. Ventes d'immeubles, *C-pr.* 955 ; — 14. Partages, *C-N.* 823, *et C-pr.* 969, 970, 975, 982 ; — 15. Inventaires d'absens, *C-N.* 126. — *V. aussi les tit. relatifs à toutes ces matières.*
Observations. 1. Le juge délégué exerce quelque fois une espèce de

Article II.

Des devoirs généraux des juges en matière de jurisdiction.

Les tribunaux sont composés en général de plusieurs juges ou suppléans, et d'un procureur impérial (9). Des officiers ministériels y sont attachés (10).

Avant de traiter des règles propres à chacune de ces espèces de fonctionnaires ou officiers, nous observerons, 1.º qu'il est défendu à tous de se faire céder des droits litigieux (11) de la compétence du tribunal

---

jurisdiction, mais seulement par rapport à l'opération déléguée — V. C-pr. 263, 264, 276, 277; C. N. 466; et ci-apr., tit. de l'appel, note 9.
2. Nous ne reviendrons plus sur ces délégations, si ce n'est dans les notes.

(9) V. la nomenclature des tribunaux, au chap. suivant.
Les tribunaux de paix n'ont qu'un juge, remplacé au besoin par un premier, et celui-ci, par un deuxième suppléant. — V. L. 29 vent. ix. — Il n'y a de suppléans que dans les tribunaux de première instance...; on n'a point établi de procureurs-impériaux auprès des tribunaux de paix et de commerce; enfin, des auditeurs sont attachés aux Cours impériales.
Au reste, nous ne traitons ici que de la jurisdiction; ce qui est relatif à l'organisation des tribunaux, nous le répétons, doit être exposé dans le cours de droit public... On peut aussi consulter sur ce point, les lois citées dans les premières notes des articles du chapitre suivant.

(10) *Officiers ministériels.* — Le code, art. 1030 et 1031, emploie cette dénomination générale, lorsqu'il prononce des amendes ou dommages contre les fonctionnaires qui ont fait des actes nuls ou frustratoires. — V. ci-apr., note 12, et ch. 4, note 1, n.º 5. — Elle concerne évidemment les avoués et huissiers : outre que le sens de ces deux articles l'annonce, les lois la leur donnent positivement. — V. l. 27 vent. viij, tit. 7; décr. 6 juillet 1810, tit. 4 (il en est même qui l'appliquent aux greffiers. — V. entr'autres, L. 23 février 1791). — S'étend-elle aussi aux notaires, ainsi que l'a décidé le tribunal de Neufchâtel (V. jugem. du 21 janv. 1808, J-C-Nap., t. 13, p. 24)? Cela est fort douteux, dès que les mêmes lois ne les désignent point et que les deux articles déjà cités ne parlent que d'exploits et actes de procédure. Il semble néanmoins qu'on pourrait leur appliquer les mêmes articles pour les actes de procédure dans lesquels le code exige leur entremise, comme dans les inventaires et partages. — V. en ci-apr., les tit., à part. 3, liv. 2.

(11) Même aux défenseurs officieux et notaires. — D. art. 1597.
« Une chose est censée litigieuse, dès qu'il y a procès et contestation sur le fond du droit ». — C-Nap. 1700. — V. arr. de Rouen, 27 juillet 1808, J-C-Nap., t. xj; et le cours de dr. civil.

dans le ressort duquel ils exercent leurs fonctions (12).
— *V. C-Nap.*, 1597. — *V. aussi L.* 1, §. 12, *ff.
extraordinar. cognit.*; 53, *de pactis.*

2.° Que les tribunaux inférieurs sont sous la
surveillance des tribunaux supérieurs, et que la
cour de cassation a droit de censure et discipline sur
tous. — *V. au surplus, S-C.* 16 *therm.* 10, *art.* 82-
85; *L.* 20 *avril* 1810, *art.* 48-62 (13).

§. 1. — Des juges en particulier.

I. On nomme *juge* un des fonctionnaires qui composent un tribunal, et souvent on désigne par ce seul
nom le tribunal lui-même. Dans ce cas, on entend
toujours parler d'un tribunal formé légalement et
prononçant légalement. La loi ne considère point
comme jugement la décision d'un tribunal où ces
deux circonstances ne se rencontrent pas (14).

II. Le devoir du juge consiste dans l'action de

----

(12) Ces termes se restreignent-ils au ressort du tribunal subordonné
où l'on exerce ? un officier ministériel d'un tribunal d'arrondissement
peut-il devenir cessionnaire des droits soumis au tribunal d'un autre
arrondissement de la même Cour impériale ? L'affirmative a été prononcée par la Cour de Colmar, et la négative par celle d'Amiens (V.
jur. C-Nap., t. 5, p. 33, *et* t. 9, p. 150.). La première décision nous
paraît plus conforme aux principes du droit.

(13) La Cour de cassation peut, pour causes graves, en suspendre
les membres, et les mander auprès du Grand-juge, pour rendre compte
de leur conduite. — V. *dd. art.* ; arr. cass. 8 *déc.* 1809, *sect. réunies*,
Nevers, 1810, p. 146.
Il y a aussi un droit de surveillance entre les procureurs impériaux,
suivant leur hiérarchie. Enfin, le Grand-juge ministre de la justice a
celui de surveiller et reprendre les tribunaux et les membres qui les
composent. — V. *encore dd. art.*

(14) « Les arrêts qui ne sont pas rendus par le nombre de juges prescrit, sont nuls ». — *L.* 20 *avril* 1810, *art.* 7.
Dr. interméd. — On a même porté le scrupule jusques à annuller
des décisions rendues par un nombre de juges plus considérable que
celui que la loi indiquait. — V. *arr. cass.* 18 *vend. vij*; 7 *vent. viij*; 13
mess. ix, *etc.* — Il paraît qu'aujourd'hui on ne pourrait le juger ainsi
que par rapport aux arrêts des cours d'assises. — V. *décr.* 6 *juill.* 1810,
art. 39 *et* 92.
Est-on dispensé d'appeler d'une décision du genre indiqué ci-dessus ?
— V. *ci-apr.*, *tit. de l'appel*, ch. 1, *note* 11.

prononcer sur les différends qui lui sont soumis ; c'est ce qu'on appelle *rendre un jugement* (15). On rend un jugement en appliquant les dispositions d'une loi précise, ou en interprétant une loi obscure (16).

On voit par là que le juge n'est que l'organe de la loi ; que le jugement (17) est l'opinion du juge (18), que la loi statue de telle manière sur la cause à lui soumise (19). Cette opinion, tant qu'elle n'est pas détruite par les voies de droit, est considérée comme étant la vérité. Mais il résulte aussi de là,

1.° Que le juge ne doit émettre son opinion ou rendre son jugement, que sur la cause elle-même, c'est-à-dire, sur les questions qui lui sont proposées

---

(15) Par conséquent, s'il n'y a pas de contestation, la décision n'est pas au fond un jugement. — V. *tit. de la saisie immobil.*, *note* 86.

Quid juris si les parties étant d'accord ne demandent que l'homologation du juge ? — V. *ci-apr.*, *tit. des jugem.*, *in pr. n.° 4 et les notes.*

(16) Le juge ne peut refuser de statuer, sous prétexte de l'obscurité ou de l'insuffisance de la loi. — V. *C-Nap.* 4, *et ci-apr.*, *tit. de la prise à partie.* — Il doit alors avoir recours à la loi naturelle. — V. *proc-verb. du conseil d'état*, 14 *therm. ix.* — Le juge d'ailleurs, qui refuse mal-à-propos de statuer, crée par cela seul des motifs de sursis, des fins de non procéder qui ne sont pas dans la loi, et empiéte ainsi sur le pouvoir législatif. — V. *M. Merlin*, *rec. alph.*, *mot question d'état*, §. 1.

Au reste, le refus de rendre la justice peut être poursuivi criminellement, et puni d'amende, et même d'interdiction (cela s'applique également aux administrateurs). — V. *C-pén.* 185.

(17) Ce terme est pris ici dans son acception la plus générale, c'est-à-dire comme indiquant toute espèce de décision d'un tribunal sur une contestation. Mais considérées en particulier, les décisions des tribunaux inférieurs se nomment *jugemens* ; celles des Cours, *arrêts* (*S-C.* 28 *floréal xij*, *art.* 134) ; celles d'un juge agissant individuellement, *ordonnances ;* celles d'un administrateur, tel qu'un Préfet, etc., *arrêtés.* — Les décisions des tribunaux subalternes se nommaient autrefois *sentences.*

(18) Les termes latins *sententia*, *judicium*, d'où dérive le mot *jugement*, l'indiquent assez.

(19) Même lorsqu'on s'en rapporte à sa prudence. — V. *au surplus*, *ci-après*, *l'appendix des conclusions*, *note* 21.

Au reste, il résulte de ces principes, 1.° que le jugement ne peut être basé sur un doute. — V. *arr. cass. crim.*, 18 *germ. x.*

2.° Que le jugement doit être conforme à la décision, ou à ce que le juge pense être la décision de la loi, lors même qu'elle lui paraîtrait contraire à l'humanité. Le juge ne peut par exemple accorder la remise d'un droit qu'il a reconnu légitime. — V. *arr. cass.* 28 *nov.* 1807, 6 *juin* 1809, *et ci-après*, *sect.* 3, *ch.* 3, *note* 7.

B 5

par les plaideurs, sans pouvoir y ajouter ou diminuer, ni les modifier (20).

2.° Qu'il ne peut ni réformer ni modifier le jugement qu'il a prononcé (21).

§ 2. *Du ministère public.*

On désigne, sous le nom de ministère public,
les magistrats qui représentent le gouvernement auprès des juges, et qu'on appèle en général procureurs
impériaux (22) : ils ont, en cette qualité, trois fonctions différentes à remplir.

1.re *Fonction.* — Ils sont chargés de veiller à ce
que les lois et réglemens soient exécutés dans les

---

(20) V. *avis cons. d'état*, 12 *nov.* 1806, *in pr.* — V. *aussi arr. cass.* 2
vend. vij, 12 *germ. ix*, 8 *pluv. xiij*, etc. ; *ci-apr.*, *appendix des conclu-*
sions, *in f.* ; *tit. de la requête civile*, *note* 26 ; *tit. des liquidations* (*pour*
une exception), *etc.*
Les questions des parties sont proposées dans les *conclusions*. — V.
ci-apr., *d. appendix*, *et le* § *des avoués.*

(21) V. *arr. cass.* 23 *niv. vij*, 28 *brum. viij*, 21 *flor. x.* 27 *avr.* 1807. —
V. *aussi* LL. 14, 45, *in pr.*, 55, 62 *et* 46, *ff. de re judicatâ*, *avec les*
notes de Pothier, *pand.*, *h. t.* ; L. 19-21, *ff. receptis* ; L. 1, C. *sentent.* ;
d. tit. de la requête civ., *note* 19.
Observations. 1. Cette règle est fondée sur ce qu'après le jugement, la
mission du juge est finie. — V. *arr. cass. crim.* 16 *flor. vij et* 6 *germ. x*,
n.ºs 394 *et* 145. — Et en effet, dès qu'il n'est chargé que de prononcer
sur une contestation, dès que la contestation est terminée par son jugement, il ne lui reste plus aucune fonction à remplir, par rapport à
cette contestation considérée en particulier.
2. Il résulte de là, qu'il ne peut 1.° ordonner par un second jugement,
l'exécution omise dans le premier. — V. *C-pr.* 136 ; *arr. de Liège*, 29
juin 1807, *J-C-pr.*, *t.* 1. — 2.° Rendre un second jugement où il pro-
noncera la même chose que dans le premier, dont on s'est désisté à
cause d'un vice de formes. — V. *arr. cass.* 27 *avr.* 1807. — 3.° Après
avoir prononcé le jugement, faire une interpellation à une partie, et
en donner acte. — V. *arr. cass.* 11 *juin* 1810, *Nevers*, *p.* 268.
3. Mais la même règle est sujette à exception lorsqu'il s'agit 1.° de
jugemens préparatoires, ou de revisions de comptes. — V. *ci-apr.*, *tit.*
des jugemens, *ch.* 1, *n.° 4*, *et tit. des redditions de comptes*, *in f.* — 2.°
De simples corrections d'omissions de formes ou d'erreurs de fait, re-
connues par les parties (sans rien changer au dispositif). Dans ce cas,
le jugement de rectification est considéré comme ne faisant qu'un seul
jugement avec celui qu'il rectifie. — V. *arr. cass.* 12 *mars* 1810, *journ.*
des avoués, *t.* 1, *p.* 80.

(22) Leur chef, dans le ressort des cours impériales, est le procureur-
général ; il a des substituts sous le titre d'avocats-généraux, procureurs

tribunaux (23), et de faire exécuter les jugemens (24).
— *V. L.* 24 août 1790, *tit.* 8, *art.* 1 *et* 5 ; *décr.* 30
mars 1808, *art.* 79 ; *L.* 20 avril 1810, *art.* 45-47.

II.ᵉ *Fonction.* — On doit leur communiquer (25)
toutes les causes qui intéressent l'ordre public (26)
et les personnes civiles ou réelles, qui à raison de
leur situation ne peuvent valablement se défen-

---

impériaux, substituts de parquet. ...— V. *au surplus*, *L.* 20 avril 1810,
art. 6 ; *décr.* 6 juillet 1810, *art.* 42-55.

Quant à son remplacement en cas d'empêchement, V. *d. décr. art.*
50-52. — Quant à celui des procureurs impériaux et substituts dans les
tribunaux d'arrondissement, v. *décr.* 18 août 1810, *art.* 20-23. — V.
aussi C-pr. 84 ; *L.* 22 *vent. x ij*, *art.* 30.

Observations. 1. La réunion des fonctionnaires précédens, se nomme
le *parquet* : on y discute les conclusions en cas de dissentiment entre
le procureur et l'avocat général. — V. *au surplus d. décr.* 6 *juill.*, *art.* 48
et 49.

2. Il n'y a point de ministère public auprès des tribunaux de paix,
de prud'hommes et de commerce.

(23) Ils ont entr'autres la surveillance des minutes des jugemens,
pour s'assurer qu'elles sont signées, etc. — V. *C-pr.* 138, 140. — Ils
ont aussi celle des officiers ministériels — V. *D. L.* 20 *avril*, *art.* 45, 47.

(24) A cet effet, les agens d'exécution et la force publique (notamment la gendarmerie) sont tenus de déférer à leurs réquisitions. — V.
D. L. 24 août, *tit.* 8, *art.* 5 ; *L.* 16 *févr.* 1791, §. 2, *art.* 10 ; *L.* 28 *germ.*
vj, *art.* 140.

(25) Sous peine de rétractation ou cassation des jugem ens. — V. *ci-*
apr., *tit. de la requête civile*, §. 3, *n.* 8.

La communication doit se faire avant l'audience, et dans les causes
contradictoires, trois jours avant la plaidoirie. — *Décr.* 30 *mars* 1808,
art. 83.

(26) Telles que celles qui sont relatives aux personnes ou objets
qu'on va désigner. — 1 et 2, l'empire et l'état des personnes. — *C-pr.* 83.
— 3-6, les déclinatoires, réglemens, récusations et renvois de juges.
— V. *id. et* 47, 385, 394, 311 *et* 371. — 7. Prises à partie. — V. *d. art.*
83, v 5. — 8 et 9. Requêtes civiles et cassations. — V. *C-pr.* 498 ; *L.*
27 *vent. viij*, *art.* 89. — 10. Désaveus. — V. *C-pr.* 359. — 11. Rectifications des actes de l'état civil. — V *C-Nap.* 99 ; *C-pr.* 856, 858. — 12-14.
Distributions et ordres entre créanciers, et cessions de biens. — V. *C-*
pr. 668, 762 et 900. — 15. Sauf-conduits de témoins. — V. *C-pr.* 782.
— 16 et 17. Nullités d'emprisonnemens et élargissemens. — V. *C-pr.*
795, 815. — 18. Ventes d'immeubles faites par un héritier bénéficiaire.
— V. *C-pr.* 988. — 19. Faux incident. — V. *C-pr.* 251, 249, 227 ; *arr.*
de Turin, 7 *févr.* 1809, *J-C-Nap.*, *t.* 14, *p.* 63. — 20. Déplacemens de
pièces de comparaison pour une vérification d'écritures. — V. *C-pr.*
202. — 21. Refus de *visa* des fonctionnaires. — V. *C-pr.* 1039. — 22.
Adoption. — V. *C-Nap.* 356, 360.

dre (27); celles enfin où les procureurs impériaux
eux-mêmes, ou bien les tribunaux jugent que leur
entremise est nécessaire (28). — *V. C-proc.* 83.

Ils agissent dans ces causes, non par voie d'action,
mais par voie de *réquisition* (29); non comme des
parties principales, mais comme des parties *join-
tes* (30), c'est-à-dire comme des intermédiaires des
plaideurs et des juges, chargés de veiller à ce que les
intérèts de la société ou des personnes précédentes
soient suffisamment défendus..., et ils agissent alors
en prenant la parole, c'est-à-dire, en donnant des
conclusions (31) ou faisant des réquisitoires, après

---

(27) Ou sont censées ne pouvoir valablement se défendre , telles que
les suivantes. — 1-4. Le domaine , les communes , les établissemens
publics et les pauvres (quant aux dons ou legs qui leur sont faits). —
V. *C-pr.* 83 , ✝ 1. — 5. Les personnes défendues par un curateur. — V.
id. ✝ 6. — 6. Les mineurs. — V. *C-pr.* 83 , ✝. 2 et 6, et 885, 886, 891 ; *C-
Nap.* 458 , 467. — 7. Les interdits. — V. *C-pr.* 891 , 892 ; *C-Nap.* 496 ,
515. — 8. Les absens. — V. *C-Nap.* 114 ; *C-pr.* 856 , 863. — 9. Les
femmes non autorisées, ou même autorisées, lorsqu'il s'agit de leur
dot, ou qu'elles sont mariées sous le régime dotal. — V. *C-pr.* 83 , ✝.
6. — Il faut même ajouter aux causes de ces personnes, celles des fi-
déicommis actuels, parce qu'il y est question de tutelle. — *Arg. de
C-pr.* 83 , ✝. 2 ; *M. Merlin , nouv. rép. , mot substit. fidéicomm. , sect.* 1 8.
— *Voyez au surplus pour ces causes et celles de la note précédente , les titres
qui y sont relatifs, et M. Merlin , id. , mot ministere public.*
N. B. La loi du 24 août, *tit.* 8 , *art.* 2 , donnait une nomenclature
bien moins étendue.

(28) Ils ont aussi quelques fonctions et droits accessoires ; ils sont
chargés par exemple , 1 et 2, de suppléer au *visa des assignations* , et
de recevoir les copies destinées aux colons et étrangers. — V. *ci-apr.,
sect.* 3, *ch.* 6 , *n.°* 4 , *et tit. de l'assignat.* , *art.* 3. — 3. De désigner les
jurisconsultes qui donnent leur avis sur les transactions des tuteurs.
— V. *C-Nap.* 467.

(29) Ils ne demandent pas qu'on accorde directement quelque chose
à la société qu'ils représentent , mais ils requièrent qu'on statue de
telle manière sur la cause où ils interviennent.

(30) Ou qui se joignent aux *parties* proprement dites , de la cause.

(31) Comme leurs simples *conclusions* suffisent , on s'est habitué à en
donner le nom à leurs plaidoyers , qui tous, dans ce cas , ne sont au
fond , que des réquisitoires.
C'est en général à l'audience qu'ils donnent leurs conclusions. — *Arg.
du C-pr.* 112. — Et il ne suffit pas qu'ils aient été présens , il faut que
le jugement constate qu'ils ont pris la parole, sinon , il y a lieu à
requète civile. — V. *arr. cass.* 19 *vend. et* 7 *brum. vij* , 13 *flor. x* , 16 *vend.
xiij* , etc. ; *M. Merlin , rec. alph. , mot jugement ; id. nouv. rép. , mot*

que les défenses des parties sont terminées; de sorte que l'instruction étant déjà complette, les parties ne peuvent plus à leur tour prendre la parole (32).

IIIe *Fonction.* — Dans quelques causes d'une importance majeure pour l'ordre public, et spécialement indiquées par la loi, les procureurs impériaux agissent au contraire par voie d'*action*, c'est-à-dire comme parties *principales*, de la même manière qu'un simple particulier dans sa propre cause, parce qu'alors ils réclament directement quelque chose pour la personne civile (la société ou le gouvernement) qu'ils représentent (33). — *V. D. L.* 20 *avril*, *art.* 46.

Observation. — Le ministère public peut être

---

déni, *et addit. à ce mot*, *t.* 13, *p.* 549. — V. *aussi ci-apr.*, *section* 3, *ch.* 3, *note* 12. — Mais il n'est pas nécessaire qu'ils soient présens 1.º à la prononciation (V. *id.*, *mot enregistrement*, § 54); 2.º aux accès de lieux, à moins qu'ils ne soient parties principales. — V. *C-pr.* 300.

Au surplus, il résulte des règles précédentes, 1.º que le procureur impérial ne peut appeler d'un jugement qui homologue un avis de parens. — V. *arr. cass.* 26 *août* 1807. — 2.º qu'on ne peut ordonner que la démence d'un prévenu sera constatée devant un tribunal civil, à la requête du ministère public. — V. *arr. cass. crim.* 15 *frim. an* 8.

(32) Pas même pour conclure. — V. *M. Merlin*, *rec. alph.*, *mot conclusions*, § 2. — Elles peuvent seulement remettre de simples notes relatives aux faits omis ou inexacts. — V. *d. décr.* 30 *mars*, *art.* 87 ; *C-pr.* 111 ; *et ci-apr.*, *tit. des rapports*, *in pr.*, *et du faux incident*, § 1, *in f.*

(33) Ils exercent alors en effet une action, et ils sont parties dans le procès. C'est ce qui peut avoir lieu, 1.º dans certaines causes où ils plaident pour le Gouvernement; 2.º dans les circonstances indiquées par les art. 53, 184, 191, 200, et 491 du code civil (en matière d'actes de l'état civil, de mariage et d'interdiction); 3.º lorsqu'ils poursuivent la suspension, destitution, etc., d'un officier ministériel. — V. *arr. cass. des* 3 *nov.* 1806 ; 13 *mai et* 26 *août* 1807 ; *J-C-pr.*, *t.* 1, *p.* 40, *et J-C-Nap.*, *t.* 9, *p.* 486 *et* 409 ; *et ci-après*, *les art. des avoués*, *de l'ajournement et des procédures spéciales;* *M. Merlin*, *nouv. rép.*, *t.* 2, *p.* 169 *et suiv.* ; *arr. de Turin*, 6 *avr.* 1808, *J-C-Nap.*, *t.* 14, *p.* 221.

Observations. 1. Dans le premier cas, après avoir conclu pour le gouvernement, comme ses défenseurs, ils peuvent conclure contre lui, comme exerçant le ministère public. — V. *M. Merlin*, *réquisit. dans l'arr. cass.* 16 *messid. x.*

2. Ils ne sont point condamnés aux dépens; mais il n'en est pas de même des préfets, quant aux causes de l'état. — V. *Rebuffe, de expensis*, *art.* 1, *n.º* 19; *M. Merlin*, *nouv. rép.*, *mot dépens*, *n.º* 1; *Denisart*, *ibid.*, *n.º* 27-30; *arr. cass. crim.*, 23 *juin* 1809, *Nevers*, *suppl. p.* 147; *ci-apr. sect.* 3, *ch.* 5.

récusé lorsqu'il est partie *jointe*, mais non pas lors-qu'il est partie principale. — *V. C-proc.* 381 ; *Rodier, tit.* 24, *art.* 1 (34).

ARTICLE III.

Du tems où se rend la justice.

Les jugemens peuvent être prononcés tous les jours, à l'exception des jours fériés (35) et de ceux qui sont compris dans les vacances (36).

I. Les jours *fériés* sont les dimanches et ceux où l'on célèbre les fêtes civiles de l'Empire, ainsi que les fêtes religieuses maintenues par les lois et les arrêtés sur les cultes. — *V. L.* 3 *niv.* 8 ; *arrêté* 7 *therm.* 8 ; *L.* 18 *germ. an* 10, *art.* 56 *et* 57 ; *arrêté du* 29 *germ. an* 10, *n.°* 1997.

II. Les *vacances* commencent au 1.er septembre et finissent au 1.er novembre de chaque année. — *Décr.* 10 *fév.* 1806, 6 *juill.* 1810, *art.* 31, *et* 18 *août* 1810, *art.* 37. — Pendant ce tems, les séances des tribunaux civils et d'appel (37) sont suspendues; mais une section ou chambre des vacations statue

---

(34) On trouve au *nouv. répert.*, *h. v.*, beaucoup de décisions relatives au *ministère public.*

(35) Les tribunaux de paix peuvent juger les jours fériés (*V. C-pr.* 8). mais à d'autres heures que celles du service divin. — *V. L.* 26 *octobre* 1790, *tit.* 7, *art.* 2.

(36) Quant au tems où l'on peut faire les notifications et exécutions judiciaires, v. *ci-après*, *sect.* 3, *ch.* 4, §. 1.

(37) Non celles des tribunaux de cassation, correctionnels, criminels et de commerce. — *V. L.* 21 *fruct. an* 4 ; *arrêté* 5 *fruct. an* 8, *art.* 2 et 3 ; *d. décr.* 6 *juill.*, *art.* 29 et 30 ; *décr.* 18 *août* 1810, *art.* 36.
L'expédition des affaires *criminelles* (ce qui en comprend les significations) n'est pas non plus suspendue pendant les jours fériés. — *V. L.* 17 *therm. vj*, *art.* 2 ; *arr. cass.* 27 août 1807, *J-C-pr.*, *t.* 1. — *V. aussi l.* 10, *C. de feriis.* — Toute fois il ne se fait aucune exécution ces jours là. — *D. l. art.* 7 ; *C-pén.* 25.
Même règle à l'égard des actes de jurisdiction *gracieuse*, tels que les émancipations, les tutelles... La loi ancienne n'exceptait que les jours de Pâques, de Noel et des Rois. — *V. l.* 2, *C. eod.* ; *Bernier, tit.* 3, *art.* 5.

alors sur les affaires sommaires et sur celles qui requièrent célérité. — *V. arrêtés des 5 et 18 fruct. 8; L.
21 fruct. 4, art. 2 ; décr. 30 mars 1808, art. 44 et
78 ; d. décr. 6 juill., art. 32.*

Les affaires pressantes dont on peut s'occuper pendant les vacances (38), sont en général celles où les
parties éprouveraient un préjudice irréparable ou trop
considérable, si la décision (du moins une décision
provisoire) en était différée (39).

Article IV.

Du lieu où se rend la justice.

I. La justice doit se rendre dans les bâtimens
publics qui sont consacrés à cet usage (40) : il est
défendu aux juges de donner leurs décisions dans
leurs habitations (*V. ord. d'Ys-sur-Thylle, art.*
12, chap. 12, et art. 94, ch. 1) ; ni d'y faire aucun
acte de leur ministère. — *C-pr.* 1040 *in pr.*

Cette règle reçoit exception à l'égard des jugemens
de paix (41), des référés urgens, des requêtes,

---

(38) A l'égard des jours fériés, v. *ci-apr.*, *tit. des référés*, *note 6.*
Remarques. 1. « L'observation des jours fériés, n'est d'obligation
» que pour les autorités constituées, les fonctionnaires publics, et les
» salariés du gouvernement ». — *D.* arrêté 7 *therm.* — V. aussi arr.
cass. 3 août 1809. *Nevers*, p. 307.
2. Les jours fériés maintenus jusques à présent (outre les dimanches) sont ceux des fêtes de Noël, de l'Ascension, de Toussaint,
de saint Napoléon et du 1.er janvier. — V. d. *arrêté* 29 *germ. x ; décr.*
19 *févr.* 1806; *avis cons. d'état*, 30 *mars* 1810.

(39) Telles sont les adjudications par expropriation forcée et les
paiemens de loyers. — V. *arr. cass.* 16 *flor. an xiij et* 2 *niv. an viij.*
Telles sont encore les affaires qui concernent des objets périssables
et des prescriptions à interrompre, les nominations et excuses des
tutelles, les alimens, les référés urgens, les saisies-revendications,
etc. — V. *L.* 3, *in pr,; L.* 1, §. 2, *in pr.; et L.* 2 *et* 4. *ff. de*
feriis ; C-proc. 808, 828. — V. *aussi d. tit. des référés ; M. Merlin,*
nouv. rép., mot vacations.
Au reste, le législateur seul a le droit d'établir des jours fériés et
des vacances. — V. *L.* 4, *C. eod.*

(40) Et au jour connu des parties. — *D. ord. d'Ys-sur-Th.*

(41) Le juge de paix peut prononcer chez lui (à portes ouvertes)

et des actes d'instruction qui exigent un déplacement (42). — *V. C-pr.* 8, 808, 1040, *in f.*

II. Les jugemens doivent être prononcés *publiquement* (43) dans la salle d'*audience* (44)...., et ils
n'ont d'existence que du jour où ils ont été prononcés. — *V. L.* 24 août 1790, *tit.* 2, *art.* 14; *L.*
3 *brum. an* 2, *art.* 10; *arr. cass.* 22 *brum. an* 7,
4 *frim. an* 8, 7 *therm. xj* (45).

---

et sur les lieux contentieux. — *V. L.* 26 oct. 1790, *tit.* 7, *art.* 2;
C-pr. 8 *et* 42; *ci-apr.*, *tit. de l'accès de lieux*, *note* 10. — Il n'en est
pas de même du tribunal de police. — *V. arr. cass. crim.* 1 *prair. vij.*

(42) Il faut que cela soit autorisé par la loi ou par la nature des
choses, comme dans les actes ou cas suivans. — 1. Accès de lieux. —
V. C-pr. 38 *et* 295. — 2-4. Sermens, dépositions et interrogatoires
de personnes malades. — *V. C-pr.* 121, 266, 328; *C-Nap.* 236, 496.
— 5. Vérification de pièces chez un dépositaire public éloigné. —
V. C-pr. 202 *in f.* — 6. Assemblée du conseil de famille. — *V.*
C-Nap. 415.

(43) Même en matière criminelle. — *V. arr. cass. crim.* 8 *vend. x*,
n.° 14, *et* 13 août 1807, *J.-C-pr.*, *t.* 1. — Mais non pas lorsqu'il
ne s'agit que de discipline intérieure des tribunaux, à moins que
l'observation qui y donne lieu, n'ait été faite publiquement. — *V.*
M. Merlin, *réc. alph.*, *t.* 9, *p.* 335.
Observations. 1. Nous ne connaissons que trois exceptions posi-
tives à la règle de *prononciation publique.* La 1.ère est relative aux
premiers jugemens d'adoption, mais elle n'offre aucun inconvénient,
parce que ces jugemens sont susceptibles d'appel, et que les arrêts dont
ils sont suivis, sont assujettis d'une manière expresse à la règle. —
V. C-Nap. 355, 358. — La 2.e, qui concerne les subrogations à
une poursuite d'ordre, peut n'être que l'effet d'une précipitation
dans la rédaction de la loi. — *V. tit. de l'ordre*, *note* 5. — La 3.e
est relative aux fautes de discipline des officiers ministériels.
— *V. ci-apr.*, *note* 67. — Quelques auteurs en admettent une 4.e,
mais mal-à-propos. — *V. tit. de l'autorisation*, *note* 12.
2. On délibère en secret aux jugemens. — *V. Constit. an* 3, *art.*
208. — Et l'on peut, pour cela, se retirer à la chambre du conseil.
— *V. C-pr.* 116.

(44) *V. L.* 20 avril 1810, *art.* 7.
Audience signifie proprement l'action d'écouter les parties. On
nomme *auditoire* le lieu où se tient l'audience. — *V. Brisson*, *verb.*
signific., *h. v.* — *V. aussi C-pr.* 644, 682. — Suivant Rebuffe, pour
qu'un juge soit considéré comme absent, par rapport à une cause,
il suffit qu'il ne se trouve pas dans l'auditoire, et l'on n'est point
obligé de le faire avertir de s'y rendre. — *V. id. de recusationib.*, *art.*
6, *n.°* 12.

(45) *Voyez aussi* L. C. C. sentent. et interlocut.; Imbert et Automne;
sur id., ch. 1, n.° 3; *M. Merlin*, nouv. répert., mot jugement, §. 1.

III. La police des audiences appartient au juge : il a le droit de prendre des mesures et de prononcer des peines contre ceux qui ne se tiennent pas découverts, dans le respect et le silence ; qui se permettent des voies de fait, en un mot, qui troublent l'ordre de quelque manière que ce soit (46). — *V. C.-pr.* 10–12, *et* 88–92 ; *C-crim.* 504–508. — *V. aussi L.* 26 *oct.* 1790, *tit.* 7, *art.* 3 *et* 4 ; *L.* 17 *avr.* 1791, *art.* 2–6 ; *C-brum.*, 555–559 ; *ci-apr.*, *ch.* 3, *art.* 3, *note* 67.

Il a aussi le droit de prononcer des injonctions, de supprimer et déclarer calomnieux des écrits (47), avec impression et affiche de sa décision. — *V. C-proc.* 1036 ; *C-pén.* 377, *et le cours de dr. crim.*

Article V.

De la Compétence.

LE mot compétence vient de *competere*, qui exprime en général ce qui nous appartient, la chose à laquelle nous avons droit (48*) ; et dans le lan-

---

n.º 8, §. 3, n.º 4 ; Daguesseau, cité ibid. ; et ci-apr., tit. des jugemens, note 27, et des audiences, in f.

Il résulte de tout cela qu'un jugement arrêté à la chambre du conseil, et ensuite prononcé devant un ou plusieurs juges autres que ceux qui l'ont délibéré, n'est pas légal. — V. arr. cass. 26 vend. viij, 7 therm. xj, 3 déc. 1806 ; M. Merlin et Daguesseau, sup. — V. aussi d. L. 20 avr., art. 7.

(46) Les magistrats et procureurs impériaux ont le même droit lorsqu'ils sont en fonctions dans des lieux particuliers. — V. C-pr. 88 in f. ; arr. cass.crim. 17 therm. x, n.º 224. — Mêmes règles pour les fonctionnaires administratifs. — V. C-crim. 509.

A l'égard, 1.º des voies de fait graves, et susceptibles de poursuites criminelles, v. C-pén., art. 222 et suiv. ; — 2.º des imputations calomnieuses et des injures contenues dans les défenses des parties, v. id. 377.

(47) Sur-tout lorsque les injures et la calomnie se rapportent à des juges, dont on attaque la décision dans ces écrits. — V. C-pr. 512 ; arr. cass. 17 mars 1808, J-C-pr., t. 2 ; id. 22 nov. 1809, Nevers, supl. p. 223 ; le cours de dr. crimin.

(48*) Il faut dire l'inverse de l'incompétence.

Il y a *incompétence* dans un jugement, lorsqu'on y a statué sur une

gage de la procédure, le droit de connaître d'une cause (49).

Les lois, pour régler la compétence, ont pris en considération, 1.º la nature des causes, 2.º la valeur des objets réclamés, 3.º le territoire qui comprend dans ses limites ces mêmes objets, ou qu'habitent les parties, 4.º la circonstance où un juge est déjà saisi d'une cause... Nous allons présenter à ce sujet quelques observations générales (50).

I. *Nature des causes.* — Les difficultés les plus sérieuses qui peuvent naître de la nature des causes relativement à la compétence, résultent en général, de ce qu'une cause est mixte, c'est-à-dire, paraît participer de différentes espèces de causes dont la connaissance est attribuée à divers tribunaux.

1.º Lorsqu'il y a le moindre doute, il faut soumettre un différend, plutôt au juge ordinaire qu'au juge d'attribution ou exception, parce qu'en matière d'attribution, il est nécessaire que le législateur se soit exprimé d'une manière précise et positive (51). — *V. disc. de M. Bigot-Préameneu, corps législat.;* 15 *vent.* 12 *; arr. cass. crim.* 28 *vent.,* 9 *et* 16 *prair.,* 28 *therm. et* 6 *fruct. ix;* 27 *vend. x; etc.*

2.º Lorsque le fait de la cause donne lieu à une action civile et à une action criminelle, et que l'on poursuit séparément la première, il ne peut y être

---

cause qui n'était pas de la jurisdiction du tribunal... Il y a *excès de pouvoir* lorsqu'on y a donné une décision qu'on ne pouvait prendre, sur une cause soumise à cette jurisdiction. — V. *au surplus, liv.* 2, *tit. de la cassation,* §. 3, *et notes* 19-21.

(49) Un juge compétent est donc, comme l'indiquent les lois romaines, celui à qui la connaissance d'une cause appartient. — V. *Brisson, de verb. signif.*

(50) On pressent que nous ne pouvons entrer dans des détails... Un traité complet sur la compétence, exigerait, dans l'état actuel de la législation française, un ouvrage plus considérable que le nôtre... Au reste, les règles de compétence propres à chaque espèce de tribunal, seront exposées au chapitre suivant.

(51) C'est d'ailleurs une conséquence de la troisième règle générale, exposée à l'art. 1, p. 17 et 18.

statué avant le jugement de l'action criminelle (52).
— *V. L. 6 brum. ij ; C-brum. 8 ; arr. cass.* 22 *mess.*
7 *; C-pr.* 240, 250 *; C-crim.* 5 *; C-Nap.* 255.

3.° Si dans le cours d'une instance pendante devant
des arbitres, des juges de paix (53) ou des tribunaux
de commerce, une pièce est méconnue, déniée, ou
arguée de faux (54), le jugement doit être suspendu
jusques à ce que les tribunaux civils aient statué sur
la vérification d'écriture ou sur le faux incident ; et
les tribunaux criminels, sur le faux principal (55).
— *V. C-proc.* 1015, 14 *et* 427.

4.° Les tribunaux civils doivent aussi surseoir à

---

(52) **Nous** reviendrons sur cette règle importante dans le cours de
droit criminel, où nous donnerons les développemens nécessaires, et
où nous parlerons aussi de l'influence du jugement criminel sur le jugement civil postérieur.

Observez que quelquefois le juge criminel est aussi obligé de suspendre sa décision jusques à ce que le juge civil ait rendu la sienne.
Cela a lieu, 1.° dans les questions d'état. — V. *C-Nap.* 326, 327. —
2.° Lorsque le délit sur lequel on doit statuer dépend d'une question
préjudicielle de propriété, ou autre purement civile. — V. *arr. cass.
crim.* 22 *therm. xij*, n.° 198, *et* 4 *mess. xj*, n.° 168; *M. Merlin,
rec. alph.*, *mot suppression de titres, et nouv. répert.*, *mots preuve, sect.*
2. §. 3, *art.* 1, *et question préjudicielle; ci-apr., division des demandes
incidentes, note* 9, *et le d. cours de dr. criminel.*

(53) **Le** juge de paix doit d'abord parapher la pièce. — V. *C-pr.*
14; *tarif.* 7.

Arbitres.. L'art. 1015 ne parle que de *l'inscription de faux ;* mais
il est clair que c'est par pure omission. On ne pourrait en effet
vérifier une écriture devant des arbitres, parce qu'il résulte de l'ensemble du titre relatif à la vérification, que cette procédure doit
avoir lieu devant un tribunal civil. Il y faut en effet des dépôts au
greffe, des assistances d'avoués, des communications au procureur
impérial, etc. ; et les tribunaux d'arbitres n'ont ni greffier, ni avoués,
ni ministère public, etc. — V. *ci-apr, tit. de la vérification.*

(54) **Et** si la partie persiste à s'en servir. — *C-pr.* 427. — Quoique cette disposition ne se trouve que dans le titre des juges de
commerce, elle est applicable aux autres, comme conforme aux règles
générales relatives à cette hypothèse. — V. *tit. de la vérification et
du faux incident,* §. 2.

(55) **Mais** rien n'empêche que les premiers tribunaux ne prononcent
cent sur les chefs de demande auxquels la pièce suspectée n'est pas
relative, et même sur le fond de la cause, s'il peut être jugé indépendamment de cette pièce. — V. *C-pr.* 427, 250 ; *et ci-apr., ch.* 4,
note 86 ; *et d. tit. du faux incident.*

là décision d'une cause, lorsque les fonctionnaires administratifs la revendiquent comme faisant partie de leurs attributions. — *V. ci-apr. l'appendix de la présente section.*

II. *Valeur des objets.* — Lorsque la loi indique comment la valeur des objets qui donnent lieu à un différend doit être déterminée, il faut absolument prendre ce mode pour base : sinon la valeur de ces objets, quoique réellement beaucoup plus faible que celle que le législateur a prise pour mesure de la compétence, est considérée comme indéterminée, et par conséquent comme excédant la compétence (56). — *V. arr. cass. 26 vend. 8, 5 et 26 prair.* 10, 11 *et 26 oct. et 2 nov.* 1808 *; M. Merlin, nouv. rép., mot dern. ressort, §. 3 ; sur-tout M. Henrion, ibid., mot justice de paix, §.* 9*, et dans son traité, ch.* 11. — *V. aussi (pour une exception) ci-apr., part.* 2*, liv.* 1*, titre du désaveu, note* 18.

Si les parties ont réclamé une valeur déterminée, le juge excède ses pouvoirs quoiqu'il la réduise dans sa décision, à une valeur inférieure à celle sur laquelle il a le droit de statuer, parce que c'est la demande et non le jugement qui règle la jurisdiction. — *V. L.* 19*, §.* 1*, ff. de jurisdict. ; arr. cass.* 7 *therm. xj,* 12 *mai* 1806*,* 20 *janv.* 1807*,* 4 *et* 5 *octob.* 1808 (57).

---

(56) Il en est de même, à plus forte raison, lorsque l'objet d'une cause n'est pas susceptible d'évaluation ; s'il s'agit, par exemple, des matières suivantes : 1. récusation, — V. *C-pr.* 47, 391. — 2. Nomination de tuteur. — V. *C-Nap.* 448 ; *arr. cass.* 26 *vend. viij.* — 3. Opposition a une séparation. — V. *arr. cass.* 21 *brum. ix.* — 4. Remise de titres. — V. *arr. cass.* 3 *pluv. xiij.* — 5. Interdiction. — V. *C-Nap.* 492, 5oo. — 6. Servitude. — V. *arr. cass.* 5 *prair. x,* 21 *mess. xiij.*

A plus forte raison, s'il s'agit de *compétence*, le jugement est-il toujours susceptible d'appel. — V. *C-pr.* 425, 454, *et ci-apr. tit. de l'appel, note* 27 *; arr. de Trèves et de Bruxelles,* 14 *mars et* 10 *juin* 1808*, Nevers, supl., p.* 178.

(57) Et cela lors même que le demandeur aurait réclamé moins qu'il ne lui revient, parce que c'est sa demande effective, et non pas la demande qu'il pouvait former, qui est soumise au juge. — V. *CUJAS.*

III.

III. *Territoire.* — 1.º Lorsque l'objet litigieux est situé dans le ressort de plusieurs tribunaux, il faut s'adresser au juge du chef-lieu d'exploitation, et au défaut de chef-lieu, à celui de la partie la plus productive des biens. — *Arg. de L.* 11 *brum. vij, art.* 10 *et* 12; *de C-Nap.* 2210; *de C-pr.* 628, 676, 684; *et de L.* 15 *nov.* 1808, *art.* 1. — *V. aussi Espagne,* mot *assignation, n.º* 139.

2.º Un étranger peut être cité devant des tribunaux français pour des obligations contractées avec un français, même en pays étranger. — *V. C-Nap.* 14; *arr. cass.* 7 *sept.* 1808, *Nevers, p.* 449; *et le cours de dr. civil* (58).

IV. *Juge saisi.* — On dit qu'un juge est *saisi* d'une contestation lorsque les parties la lui ont soumise régulièrement, la lui ont pour ainsi dire mise entre les mains. Il est alors utile qu'il y statue, puisqu'il est censé en avoir déjà quelque connaissance, et il y aurait au contraire beaucoup d'inconvéniens à la lui enlever, l'inconvénient entr'autres de faire perdre les fraix des actes de procédure déjà faits, et de retarder le jugement (59). *Ubi acceptum est semel judicium,*

---

ad d. §. 1. — V. aussi, quant *à la règle du texte,* Daguesseau, t. 10; M. Merlin, rec. alph., t. 3, p. 377; arr. ibid; autres arrêts à la jurispr. C-pr., t. 2, p. 194; édit de 1563, et arr. dans Espagne, mot appel, n.º 92, etc.

Observation. La demande règle la jurisdiction, parce qu'elle expose le différend, et que le juge n'étant chargé et n'ayant le droit de connaître que du différend, il n'aurait pas à la rigueur statué sur ce différend, si on le considérait comme déterminé par la décision..... Une partie réclame 1200 francs; le juge en accorde 900. Ce n'est pas sur ces 900 francs que roulait la contestation, mais bien sur les 1200 qu'on réclamait. Le juge a donc statué en dernier ressort sur un objet qui ne constituait pas proprement la contestation... Au reste, on voit que cette règle est une conséquence des principes exposés à l'*art.* 2, §. 1, *n.º* 2, *p.* 10-12.

(58) *Voyez* 1.º et 2.º quant à l'effet des jugemens étrangers, et à l'arrestation des étrangers, *ci-apr.,* part. 2, *liv.* 3, *tit. des règles générales d'exécution, n.º* 1, *et de la contrainte, note* 3; 3.º quant aux défendeurs domiciliés dans plusieurs ressorts, *ci-apr.,* sect. 2, *ch.* 3, *n.º* 14.

(59) Puisqu'il faudrait recommencer la procédure devant le nouveau tribunal. — V. *au reste, ci-ap,* sect. 3, *ch.* 2.

ibi et finem accipere debet. — *L.* 30, *ff. judiciis.*
— *V. aussi Barbosa*, *ax.* 132 ; *M. Merlin, nouv.*
répert., *t.* 2, *p.* 655. — Les règles particulières suivantes sont des conséquences plus ou moins directes
de cette règle générale.

1.re Le juge n'a pas le droit de se déclarer incompétent sans motifs légitimes, et s'il l'a fait, on peut
lui renvoyer la cause (60). — *V. arr. cass. crim.*
9 *prair. ix; ci-apr.*, *liv.* 2, *tit. de la récusation.*

2.e Lorsqu'on a procédé devant lui sans opposer,
in limine litis, de son incompétence, cette irrégularité est couverte. — *V. C-pr.* 169 (61).

3.e Les changemens arrivés dans la condition des
parties (62), ne lui ôtent point la connaissance de la
cause. — *V. L.* 19, *in pr.*, *ff. de jurisdict.; L.* 7 *et*
34, *ff. de judic.; L.* 4, *C. de jurisdic. omn.; Es-*
pagne, mot assignation, *n.°* 139.

4.e De deux juges également compétens pour une
cause (63) ou pour deux causes connexes, c'est le

---

(60) Par la même raison il n'a pas le droit de déléguer sa jurisdiction. — V. *ci-dev. art.* 1, 3.e *règle*, p. 17.

(61) C'est que les parties sont censées y avoir adhéré tacitement.
Il n'en est pas de même, s'il y a une incompétence à raison de la
nature de la cause (*ratione materiæ*); on a le droit de l'opposer en
tout tems, et il est du devoir du juge de la déclarer, si les parties
ne réclament pas. — V. *C-proc.* 170, 424; *ci-apr.*, *l'art. des décli-*
natoires; M. Merlin, nouv. répert., *mot jurisdiction; arr. cass.*, *sect.*
réunies, 16 *pluv. xj*, *ibid.* : *arr. cass. crim.* 18 *prair. viij; L.* 3 *et* 1,
C. jurisdict. omn. judic., *etc.*

(62) Si, par exemple, depuis la demande, l'une d'elles, en chan-
geant de condition, a changé en même tems de domicile. — V. *d.*
L. 19; *arr. cass.* 29 *mars* 1808, *Nevers*, *p.* 204.
Il en est de même lorsque d'autres événemens ont rendu un autre
juge compétent. Si, par exemple, à cause du décès d'une partie, le
tribunal de la succession est devenu compétent pour connaître de la
cause portée avant le décès, à un autre tribunal. — V. *M. Merlin*,
nouv. rép., *mot évocation; arr. cass.* 27 *août* 1807, *ibid.*
On sent que, si l'on adoptait un système contraire, il serait facile
de retarder la décision d'un procès.

(63) Donc lorsque l'un des deux est seul compétent, peu importe qu'il
n'ait été saisi que le dernier... Par exemple : un négociant a son établissement au lieu de son domicile, et un comptoir hors de ce lieu.

premier saisi qui a la jurisdiction. — *V. arr. cass. crim.* 9 *et* 28 *prair. ix, et* 4 *germ. xj; M. Merlin, nouv. rép., mot vente,* §. 2 ; *arr. cass.* 2 *fév.* 1809, *ibid.; autre* 23 *déc.* 1807, *Nevers,* 1808, *supl. p.* 26. — *V. aussi ci-apr., liv.* 1, *d. art. du déclinatoire, et liv.* 3, *tit. de la distribution, note* 15, *n.*º 3.

5.ᵉ La demande accessoire doit être portée au juge saisi de la demande principale. — *V. arr. cass.* 2 *déc.* 1807, *J-C-pr., t.* 2 ; *et ci-apr., ch. des tribunaux civils, note* 63, *et de ceux des actions, n.*º 11, *et liv.* 1, *tit. du désaveu, note* 18.

6.ᵉ Un juge incompétent par rapport à une espèce de cause peut en connaître, si le défendeur la lui soumet par reconvention (64). — *V. M. Merlin, rec. alph., t.* 9, *p.* 297.

7.ᵉ *Ou prorogation de jurisdiction.* — Le juge dont la jurisdiction embrasse tous les objets litigieux d'une valeur donnée, peut encore, si les deux parties y consentent, connaître des mêmes objets lorsqu'ils ont une valeur supérieure (65). — *V. M. Merlin, rec. alph., mot prorogation, par arg. de LL.* 52 *et* 74, *ff. de judiciis, et* 28, *ff. ad municipal; id., nouv. rép., h. v., et t.* 10, *addit., p.* 822 (66).

Sa faillite est déclarée par le tribunal du comptoir avant que le tribunal du domicile ait pris la même décision. C'est ce dernier qui conserve la connaissance de l'affaire. — *Arg. de C-pr.* 59, *.* 6 ; *v. M. Merlin, et arr. cass.* 16 *mars* 1809, *Nevers* 1810, *p.* 205 ; *et ci-apr., sect.* 2, *ch.* 3, *n.*º 1.

(64) Pourvu que le juge ne soit incompétent que *ratione personæ,* et non pas lorsqu'il l'est *ratione materiæ.* — V. *M. Merlin, rec. alph., t.* 9, *p.* 297 ; *et ci-apr., note* 66.

Par *reconvention...* C'est-à-dire, par une réclamation que le défendeur fait contre le demandeur dans la même instance. Le demandeur actionne, *convenit ;* le défendeur actionne à son tour, *reconvenit.*

(65) Il y a alors prorogation de jurisdiction, c'est-à-dire, l'action d'étendre la jurisdiction d'un juge.

(66) Cette règle s'applique également aux juges de paix.
Mais il faut que le juge ne soit pas incompétent *ratione materiæ,*

Par exemple, lorsque des particuliers se présentent volontairement devant le tribunal de paix, ils ont le droit de soumettre leurs différends à un juge autre que leur juge naturel, et même de l'autoriser à statuer en dernier ressort. — *V. C-pr.* 7. — *V. aussi L. 26 oct.* 1790, *tit.* 1 , *art.* 11 (67).

---

c'est-à-dire, *quoàd genus causarum.* C'est à l'égard du juge chargé de connaître *usque ad certam summam*, que la jurisdiction est susceptible de prorogation. — V. *id*, *sup.*, *et M. Henrion*, *ib.*, *mot juge de paix*, §. 3.

(67) Mais il faut que ce soit par une déclaration signée d'eux tous, et insérée dans le jugement. — V. *dd. autorit. ; tarif* 11.

Observations. Nous reviendrons souvent dans la suite, et notamment à l'art. des déclinatoires (*Ci-après*, *partie* 2, *liv.* 1 , *titre des exceptions*, *ch.* 2), sur toutes les règles que nous avons exposées dans le présent article, et dont nous ne pouvions donner ici les développemens parce qu'il eût été nécessaire d'expliquer d'abord divers principes qui appartiennent plus proprement à d'autres articles.

CHAPITRE III.

De la jurisdiction des tribunaux civils (1) actuels, considérée en particulier.*

On peut diviser les tribunaux civils en deux classes, suivant que leur ressort embrasse une portion ou la totalité de l'Empire français. La première classe comprend les justices de paix, les tribunaux d'arrondissement et de commerce, et les cours d'appel ; la seconde, la cour de cassation, le conseil des prises et la cour des comptes (2). Enfin, les français ont le droit de soumettre leurs différends à des arbitres (3). Nous traiterons sommairement de la jurisdiction de ces derniers, et des cinq premieres espèces de tribunaux (4). Nous commencerons par les arbitres, parce que d'après le desir exprimé par les lois, on devrait toujours essayer l'arbitrage avant d'avoir recours aux voies judiciaires. — *V. const. an* 8, *art.* 60.

(1*) Il faut observer que certains juges exercent deux et même trois espèces de fonctions différentes. Ainsi, les juges de paix sont aussi officiers de police judiciaire et juges de police, et les juges d'arrondissement juges correctionnels, et quelquefois juges de commerce. Dans ces cas, ils doivent suivre les lois et les formes propres à ces diverses fonctions. En un mot, les personnes sont les mêmes, mais les fonctionnaires sont différens. — *V. arr. cass. crim.* 1 *prair. vij*, n.° 408 ; 9 *brum. et* 9 *therm. ix* ; 12 *pluv. x* ; 16 *flor. et* 2 *therm. xj* ; 7 *flor. xij*, etc. ; *c-comm.* 640, 641.

(2) On pourrait ranger le Sénat dans cette classe, puisqu'il a le droit d'annuller les jugemens et arrêts qu'il juge attentatoires aux actes constitutionnels. — *S-C.* 16 *therm. x*, *art.* 55.

(3) *Prudhommes*. — Dans plusieurs villes et pour quelques difficultés relatives à la pêche ou aux manufactures, on a établi des jurisdictions de *Prudhommes*. — *V. L.* 12 *déc.* 1790 ; *arrêtés* 23 *mess. ix*, 3 *niv. x* ; *l.* 18 *mars* 1806. — Quant à leur procédure, qui est calquée à-peu-près sur celle des juges de paix, *voyez décr.* 11 *juin* 1809 ; *avis du cons. d'état* 20 *févr.* 1810.

(4) Quant à celle, 1.° du conseil des prises et de la cour des comptes, nous renverrons aux lois relatives à ces institutions. — *V. LL.* 26 *vent.* 8 *et* 16 *sept.* 1807 ; — 2.° des tribunaux criminels et de la haute cour impériale, *voyez le cours de droit criminel* ; — 3.° des administrations *voyez* l'appendix, à la fin de cette section.

ARTICLE PREMIER.

Des arbitres.

ON distingue deux espèces d'arbitres, les arbitres ordinaires et les arbitres de commerce.

§. 1. *Des arbitres ordinaires.*

LES arbitres ordinaires, ou tout simplement les *arbitres*, sont des magistrats privés (5) choisis par plusieurs particuliers pour prononcer sur leurs différends.

Nous allons examiner comment et pour quelle cause ils sont choisis, et quelles personnes on peut choisir. Nous dirons aussi un mot de leurs procédure et jugemens.

I. *Compromis et jurisdiction.* — Le choix des arbitres se fait par un acte *public* ou privé (6), appelé *compromis* (7), où l'on doit désigner les objets (8) en litige et les noms des arbitres, sous peine de nullité. — *V.-C-proc.* 1005, 1006. — *V. aussi L.* 1 *et* 21, §. 6, *et L.* 52, §. 15, *ff. de receptis.*

Toutes personnes ayant la libre disposition de leurs droits (9) peuvent passer un compromis sur leurs

---

(5) Parce qu'ils sont institués par de simples particuliers et pour une seule contestation.

(6) Ou par procès-verbal devant les arbitres choisis. — 1005.

(7) Parce que jadis chaque partie promettait de payer une *peine* ou somme, si elle n'adhérait pas a leur sentence. — V. *Despeisses, ordre judic., tit.* 11, *sect.* 1, *n.°* 3.

(8) Les objets présens, non les futurs. — *L.* 46, *ff. eod.* — Si l'on s'est borné à dire qu'on desirait faire statuer sur les questions qui s'étaient elevées ou qui pourraient s'élever relativement à un contrat, le compromis est valable, suivant la cour de Turin. — V. *arr.* 4 *avr.* 1808, *J.-C-pr.*, t. 2.

(9) *Observations.* — 1. Par conséquent un *mineur* ne peut compromettre, même par l'intermédiaire de son tuteur, celui-ci fût-il autorisé par le conseil de famille. — V. *arr. cass.* 28 *pluv.* x, 4 *fruct. xij.* — II

intérêts privés (10) de tout genre , à moins qu'il ne s'agisse d'alimens (11) , de séparation et de matières sur lesquelles le ministère public doit être entendu (12). — *V. C-proc.* 1003, 1004. — *V. aussi LL.* 3, 52 (*in pr. et §. 2 et 7*) *et* 35, *ff. eod.; L.* 24 *août* 1790, *tit.* 1, *art.* 2; *Despeisses, ordre judic., tit. xj, sect.* 1, *n.°* 3.

---

est vrai que ces arrêts sont antérieurs au code ; mais comme ils se fondent sur la loi du 24 août 1790, art. 2, dont l'art. 1003 du code a reproduit la décision (si ce n'est qu'au lieu de *disposition* , l'art. 2 disait : *exercice* de droits), on peut encore en argumenter... Il est également vrai qu'on permet au tuteur de transiger en observant certaines formes (*V. C-Nap.* 467), mais le pouvoir de transiger ne comprend pas celui de compromettre. — V. *C-Nap.* 1989. — Et si le pouvoir de compromettre peut être ajouté, par simple *lettre*, au pouvoir de transiger, ainsi que l'a décidé la cour de Nîmes (**V.** *arr. de* 1806, *J-C-Nap.*, t. 8, p. 344), cela ne s'applique point assurément au tuteur...

2. À l'égard des *communes* et de l'*héritier bénéficiaire*, voyez ci-apr., tit. de l'autorisation, note 24, et du bénéfice d'invent. , note 24.

3. D'après les mêmes principes, le curateur d'un absent ne peut compromettre pour lui ; et comme le compromis est un contrat synallagmatique, on a jugé que cette nullité était absolue et pouvait être invoquée par les autres parties. — V. *arr. cass.* 5 *octob.* 1808, *Nevers*, p. 555.

(10) Même résultant d'un délit, mais non pas sur le délit. — V. *L.* 32, §. 6, *ff. eod.; C-Nap.* 2046; *C-pr.* 249; *ci-apr., titre du faux incident*, §. 3, *et notre cours de droit criminel.*

(11) « Dons et legs d'alimens, logement et vêtemens ». — V. *C-pr.* 1004. — Nous n'ajoutons pas comme cet *article*, les logement et vêtemens , parce que le mot *alimens* les désigne dans la langue du droit. — V. *L.* 43, 44 *et* 234, §. 2, *ff. verbor. signif.; M. Portalis, exposé des motifs du titre du mariage.*
Mais *quid juris* à l'égard des alimens qui ne résultent pas de dons ou legs ? Il est certain que le code de procédure n'en défend point le compromis , pas plus que le code civil la transaction... Il est néanmoins étrange qu'on ait oublié de renouveler sur cette matière importante les dispositions d'une des plus belles lois du sage Marc-Aurèle. — V. *L.* 8, *in pr.*, *ff. de transactionib.*

(12) *Observations.* 1. Nous n'ajoutons pas comme l'art. 1004, « les » divorces, questions d'état » , parce que ce sont des matières sujettes à communication (aussi bien que les mariages). — V. *ci-der.* §. *du ministère public, note* 26, *p.* 23; *C-pr.* 83, *t.* 2; *C-Nap., titre du divorce; arr. cass.* 6 *pluv. xj.*
2. Les causes de séparations de corps sont aussi sujettes à communication , mais il n'en est pas de même des causes de séparations de biens. Cependant comme l'art. 1004 ne fait aucune distinction , il est clair qu'on ne peut passer un compromis sur ces dernières causes.
3. Le ministère public doit être entendu dans toute requête civile (V. *en le titre, note* 48, *et C-pr.* 498) , et cependant l'art. 1013 autorise indirectement à compromettre sur une semblable requête.. Mais on peut

Le compromis est valable quoiqu'on n'y ait indiqué aucun délai pour la prononciation du jugement arbitral. — *D. L.* 24 *août , art.* 3 *, in pr.; C-proc.* 1007. *in pr.* — Dans ce cas, la loi en fixe la durée à trois mois. — *D. art. in f. et* 1012 , ℣. 2 (13).

Il finit 1.º par la mort, par le refus, le déport ou l'empêchement d'un des arbitres (14) ; 2.º par l'expiration du délai (15) ; 3.º par le partage (16) ; 4.º par le décès de l'une des parties, si tous ses héritiers ne sont pas majeurs (17). — *V. C-pr.* 1012, 1013.

II. *Arbitres.* — On peut choisir pour arbitres toutes sortes de personnes, à l'exception, 1.º de celles que leur âge, telles que les mineurs, leurs infirmités,

---

dire que c'est plutôt une exception à la règle générale de l'art. 1004 , qu'une antinomie.

4. Les exceptions précédentes sont fondées sur ce que les causes qu'elles embrassent sont assez importantes pour exiger des juges (*majores judices*) autres que des arbitres. — *V. L.* 32 , §. *julianus* 7 , *ff. de receptis ; M. Galli.* — D'après ce motif, il semble qu'on eût dû maintenir l'ancienne jurisprudence , qui ôtait aux arbitres la connaissance des requêtes civiles. — *V. Despeisses , sup.*

(13) Ainsi, il y a deux délais d'arbitrage ; 1. le conventionnel, qui est déterminé par le compromis ; 2. le légal, qui a lieu au défaut du précédent , et qui est de trois mois... L'un et l'autre ne courent pas pendant les délais d'inventaire et de délibérer. — *V. C-pr.* 1012 *in f. ; et d. titre du bénéfice d'inventaire.*

(14) A moins que le compromis ne porte qu'il sera passé *outre* , ou que le remplacement sera au choix des parties , ou de l'arbitre , ou des arbitres restans. — *V. C-pr.* 1012 , ℣. 1.

Passer outre , dans le langage de la pratique , signifie continuer un acte , une procédure , sans s'arrêter à un événement , à un obstacle , qui paraissaient au premier apperçu devoir en arrêter la consommation.

Quant à l'*empêchement* , le code ne le caractérise point. Mais dès qu'il ne permet pas aux arbitres de se déporter à leur volonté , il donne à entendre que l'empêchement doit être légitime , ainsi que le veulent d'ailleurs la raison et l'équité. — *V. ci-apr. , note* 21 , *p.* 42.

(15) *Dr. anc.* — Idem. — *V. Pothier , pand. h. t. , n.º* 56 *; Despeisses , sup. Dr. interm.* — Le compromis subsistait jusques à ce qu'une des parties eût notifié sa renonciation. — *D. L.* 24 *août , art.* 3 *, in f. ; arr. d'Angers ,* 15 *août* 1806 *, J-C-Nap. , t.* 9 *; autres , au nouv. répert. , t.* 2 , *p.* 671.

(16) A moins que les arbitres n'aient le pouvoir de prendre un tiers arbitre. — *V. C-pr.* 1012. ℣. 3.

(17) De sorte que lorsqu'ils sont tous majeurs, le compromis ne finit point. — *Dr. anc.* — Règle contraire. — *V. L.* 27 , §. 1 , *ff. eod.*

leur intérêt personnel ou leur immoralité rendent incapables ou indignes de prononcer un jugement. — *LL. 9, §. 1; 41, 47 et 51, ff. eod.; Mornac, sur les LL. 7 et 41, ff. eod.; Fromental, pag. 19; Despeisses, sup.; arr. cass. 20 oct. 1807.* — 2.° Des femmes. — *L. 6, C. eod.; Mornac, sup.; Leprêtre, cent. 3, ch. 40, n.° 14; Despeisses, sup.* (18).

Une fois nommés, les arbitres ne peuvent, 1.° être révoqués que du consentement de toutes les parties. — *V. C-pr.* 1008 (19). — 2.° Être récusés que pour une cause postérieure au compromis. — *V. C-pr.* 1014, *in f.* (20).

---

(18) Quoique le code n'ait pas reproduit ces prohibitions, il paraît juste de les observer, comme conformes aux principes généraux du droit. Il ne pourrait y avoir de difficulté qu'à l'égard des femmes ; mais comme les arbitres sont au fond de véritables *juges*, on ne peut en donner les fonctions aux femmes, puisqu'elles sont exclues de toutes les professions, soit publiques, soit assimilées aux publiques, excepté de l'exécution testamentaire et de la tutelle de leurs enfans. — *V. I. 1, ff. eod. ; CUJAS, ad d. L, in comment., lib. 2, qu. Pauli ; C-Nap.* 1029, 390.

M. Pigeau, *t.* 1, *p.* 20, soutient qu'on doit aussi exclure les juges naturels de la contestation, parce qu'ils peuvent être appelés dans la suite à connaître de la sentence arbitrale ; et il cite la loi 9, §. 2, *ff. eod.* Mais, 1.° si la sentence leur est soumise, ils ont la faculté de se récuser, — 2.° Le §. 2 cité, offre une décision ambiguë, sur le sens de laquelle les interprètes sont partagés, et ont d'autant plus dû l'être, que la nov. 86 semble en donner une contraire. Quoi qu'il en soit, tous s'accordent au moins à décider que les juges peuvent être amiables compositeurs. Tel est d'ailleurs l'usage général, usage bien ancien, puisque Accurse en fait mention comme constant. — *V. Gl. in d.* §. 2; *CUJAS, ad nov.* 86; *Faber, C. de arbitris, def.* 2.

(19) « Pendant le délai de l'arbitrage ». — *D. art.* — De sorte que, pendant cet intervalle, une seule des parties ne peut porter une question du différend aux tribunaux ordinaires. — *V. arr. cass.* 12 *juill.* 1809, *bullet., p.* 161.

Mais il n'est pas besoin de révocation après le délai, puisque le compromis cesse à l'expiration de ce délai. — *V. ci-dev., n.° 2.* — *V. aussi L.* 32, §. 3, *ff. eod.; Despeisses, sup.: ci-dev., note* 15. — Au reste, la révocation anéantit tellement l'arbitrage, qu'on peut reprendre l'action commencée auparavant. — *V. arr. cass.* 23 *pluv. xij ; et ci-apr., titre des reprises d'instance.*

On a jugé qu'une sentence arbitrale, rendue après la faillite d'une des parties, mais sur un compromis antérieur, est valable. — *V. arr. de Nîmes* 1806, *J-C-Nap., t.* 8. — Cela paraît contraire au droit ancien. — *V. Despeisses, sup.*

(20) *V.* à ce sujet, ci-apr. part. 1, titre des expertises, note 11.

Pour quelles causes ! est-ce pour les causes de récusation des juges

Lorsqu'ils ont commencé leurs opérations, ils ne peuvent se déporter (21). — *C-proc.* 1014 *in pr.*

III. *Procédure et jugemens* (22). — 1.º L'instruction est faite par tous les arbitres. — *V. C-pr.* 1011 (23). On y suit les formes et délais ordinaires (24). — *V. C-pr.*, 1009.

2.º Les arbitres doivent juger (25) d'après les règles

---

ordinaires, ou pour celles des juges de paix ? M. Pigeau, *t.* 1, *p.* 25, pense que c'est pour celles des juges ordinaires.

(21) C'est qu'ils pourraient nuire aux parties par la connaissance qu'ils ont déjà acquise de leurs secrets de famille. — V. *L.* 3, §. 1, *ff. eod.* — D'ailleurs, si les parties eussent craint le *déport*, elles auraient évité le retard qu'il occasionne, en choisissant d'autres arbitres. — Au reste, on permet sans doute le déport, dans le cas d'empêchement indiqué à l'art. 1012. — V. *ci-dev.*, *n.º* 1. — Or, on met au nombre des empêchemens légitimes, les inimitiés capitales, l'âge avancé, les maladies, les fonctions publiques, etc. — V. *LL.* 15, 16 *in pr.*, 9, §. *pen. et ult.*, 10 *et* 11 *in pr.*, *ff. eod.* — V. *aussi note* 14, *p.* 40.

(22) Nous n'indiquerons ici que les règles générales; les détails seront exposés dans les passages où les notes suivantes renvoient, parce que ces détails ne peuvent être entendus qu'à l'aide d'autres règles que nous développerons dans la suite.

(23) A moins que le compromis ne les autorise à commettre l'un d'entr'eux. — V. *C-pr.* 1011.

(24) « Les délais et les formes établis pour les tribunaux, si les » parties n'en sont autrement convenues ». — V. *C-pr.* 1009. — Mais il ne résulte pas de là qu'il faille employer le ministère des avoués. 1.º Les avoués ne sont établis qu'auprès des tribunaux indiqués par la loi, et non pas auprès des tribunaux d'arbitres. 2.º Les habitans des campagnes, c'est-à-dire, la partie la plus nombreuse de la population, seraient privés des bienfaits de l'arbitrage, si l'on était forcé d'avoir recours aux avoués, puisqu'ils ne sont établis que dans les villes chefs-lieux de tribunaux, et telle n'a pu être l'intention du législateur. *In ambiguâ voce legis ea potius accipienda est significatio quæ vitio caret.* — *L.* 19, *ff.* legib. — V. *aussi titre de la requête civile*, *note* 21.

Au surplus, 1.º les parties sont tenues de produire leurs défenses et pièces quinzaine au moins avant l'expiration du délai d'arbitrage, et les arbitres de juger sur ce qui a été produit. — V. *C-pr.* 1016, *in pr.*; et *ci-apr.*, *titre des défenses et de l'instruction par écrit.* — 2.º En cas d'incident de faux, etc., on surseoit. — V. *C-pr.* 1015; *et ci-dev.*, art. 5, *n.º* 1, *p.* 31.

(25) *Observations.* 1. *Tiers-arbitre.* — En cas de partage, les arbitres s'ils y sont autorisés, sinon le président du tribunal d'exécution (sur une requête de la partie la plus diligente), nomment un tiers-arbitre, qui prononce après avoir conféré avec les premiers arbitres, ou même seul, s'ils n'ont pas voulu se réunir (on leur en fait sommation). Dans ce dernier cas, il faut qu'il adopte l'avis de l'un des premiers ar-

du droit, s'ils n'ont pas reçu le pouvoir de prononcer comme *amiables* compositeurs. — *V. C-pr.* 1019 (26).

3.° L'exécution des jugemens arbitraux (27) est ordonnée par les présidens des tribunaux civil ou

---

bitres (ils sont obligés de rédiger et motiver séparément cet avis dans un procès-verbal). — V. *C-pr.* 1017, 1018; *tarif* 29, 77.

2. Il paraît qu'on a prescrit cette dernière mesure, parce que l'on considère le tribunal comme formé de la réunion des arbitres (V. *arr. cass.* 19 *pluv. et* 6 *germ. viij*, 14 *fruct. ix*, 21 *flor. xj*), et que l'on obtient alors la majorité des suffrages... *Quid juris* s'il y a quatre arbitres ou davantage, et qui aient tous un avis différent ! Si l'on s'en tient littéralement au texte de l'art. 1018, il suffit que le tiers-arbitre se conforme à l'avis de l'un d'entr'eux; mais alors le jugement serait rendu par la minorité, et il est difficile de croire que le législateur ait voulu consacrer de semblables décisions. L'art. 1016, cité ci-après, semble même supposer le contraire. — *V. au surplus, ci-apr., titre des jugemens, ch.* 1, *n.°* 1.

3. « Le tiers-arbitre est *tenu* de juger dans un mois après son accep- » tation, *à moins* que ce délai n'ait été prolongé dans l'acte de nomi- » nation ». — V. *C-pr.* 1018, *in pr.* — Quelque impérative que soit cette disposition, une cour l'a considérée comme purement comminatoire (V. *ci-apr., sect.* 3, *ch.* 3, *note* 7), et en conséquence, a décidé que si le tiers-arbitre n'est pas révoqué, il peut juger même après le mois précédent. — V. *arr. de Rouen*, 21 *déc.* 1808, *J-C-pr.*, *t.* 3.

4. Les lois romaines veulent qu'en cas de division des arbitres, sur le montant de la condamnation, on s'attache à l'avis qui est pour la moindre valeur, parce qu'il est censé compris dans les autres. — V. *L.* 17, §. 3, *et L.* 19, *ff. eod.* — Mais on ne peut à présent suivre cette règle, il faut faire vider le partage d'après la précédente.

5. *Signature.* Le jugement est signé par tous les arbitres. S'il y en a plus de deux et si la *minorité* refuse de signer, la majorité en fait mention, et la signature des membres qui la composent est suffisante. — V. *C-pr.* 1016, *↑.* 1. — Avant le code cette mesure n'était pas nécessaire. — V. *arr. cass.* 21 *therm. ix.*

(26) Les arbitres proprement dits, sont donc ceux qui doivent juger d'après les règles du droit, et les *arbitrateurs*, ou *amiables compositeurs*, ceux qui en sont dispensés. Mais au moins ces derniers sont-ils tenus de s'astreindre aux règles de l'équité. — V. *Despeisses, sup.* — Au reste, on a long-tems confondu ces deux sortes d'arbitres. — V. *id.*, *in pr.*; *Rebuffe, de arbitris, gl.* 3, *n.°* 8.

Observations. 1. Les arbitres étant de véritables juges (V. *ci-dev.*, note 18), ils ne peuvent ni réformer, ni rectifier, ni interpréter leur sentence. — V. *L.* 19 *in f. et* 20, *ff. eod.*; *Despeisses, sup.*

2. Comme ils reçoivent leur autorité des parties, et qu'il n'est pas permis à celles-ci de se soumettre à la contrainte par corps, les arbitres, quoique juges, n'ont pas le droit de la prononcer. — V. *C-Nap.* 2063; *arr. de Toulouse* 9 *janv.* 1809; *J-C-Nap.*, *t.* 13, *p.* 309; *ci-apr.*, *titre de la contrainte*, note 3.

(27) Même préparatoires... Elle peut être ordonnée par provision, comme celle des jugemens civils. — V. *C-pr.* 1041, 1029.

d'appel (28), des lieux où ils sont rendus, et ces tribunaux connaissent de cette exécution. — *V. C-pr.* 1020, 1021. — *V. aussi d. L.* 24 août, art. 6.

IV. *Voies contre les jugemens.* — Il y en a trois, l'opposition d'exécution, l'appel et la requête civile (29): la première se porte aux tribunaux précédens ; les deux autres aux tribunaux civils pour les objets de la compétence des juges de paix, et aux cours d'appel, pour ceux de la compétence des tribunaux civils. — *V. C-proc.* 1028, *in f.*, 1023, 1026, *in f.*

Mais on n'a ni la voie de la simple opposition, ni celle du recours en cassation, et celle de la tierce opposition serait inutile (30). — *V. C-proc.* 1016, *in f.*, 1028, *in f.*, 1022.

---

(28) Ceux-ci ordonnent l'exécution lorsqu'on a compromis sur appel. — V. *C-pr.* 1020. — Les ordonnances d'exécution sont rendues sur requête, sans l'entremise du ministère public, et écrites sur la minute des sentences, minutes qu'un des arbitres doit déposer dans trois jours au greffe civil ou d'appel. — V. *C-pr.* 1020, 1021 ; *tarif* 91. — Ce n'est qu'alors qu'ils produisent hypothèque. — V. *C-Nap.* 2123, ♦. 2. — *Voyez aussi liv.* 3, *titre des règles sur l'exécution*, note 3.

Les règles sur l'exécution provisoire des jugemens des tribunaux ordinaires sont applicables à ceux des arbitres. — V. *C-pr.* 1024 ; *et ci-apr.*, *art. des tribunaux civils*, p. 54 ; *et titre de l'appel, ch.* 5, *n.°* 2.

(29) On peut, excepté dans les arbitrages sur appel ou requête civile, appeler de la sentence, pourvu qu'on n'y ait pas renoncé lors du compromis ou depuis. — V. *C-pr.* 1010.

Dr. anc. — On pouvait appeler lors même qu'on y avait renoncé. — V. *Boniface*, t. 2, *part.* 3, *liv.* 2 ; *nouv. répert.*, t. 1, p. 358.

Dr. nouv. — On n'avait cette faculté que quand on se l'était réservée. — V. *d. L.* 24 août, *art.* 4 *et* 5 ; *const. an* 3, *art.* 211 ; *L.* 27 *vent. viij*, *art.* 3.

A l'égard des autres règles relatives, 1.° à *l'appel* des sentences arbitrales, *voyez* titre de l'appel, notes 19 et 121 ; 2.° aux *requêtes civiles*, *voyez* en le titre, §. 2 in pr., et notes 21, 23 et 49 ; — 3.° a *l'opposition d'execution*, *voyez* titre de l'opposition, note 28.

(30) On ne peut recourir que du jugement que rend le tribunal d'exécution, sur appel ou requête civile. — V. *C-pr.* 1028, *in f.*

Quelle sera donc la voie qu'on aura pour attaquer les jugemens arbitraux rendus sur un appel ou une requête civile, puisqu'ils ne sont pas sujets a appel (V. *note* 29) et qu'on n'admet point une requête civile (V. *en le titre*, *note* 18) sur une requête civile !...

Dr. nouv. — Le recours était recevable si les parties se l'étaient réservé. — *Constit. an* 3, *art.* 211.

Voyez au surplus, quant a ces divers points, ci-apr., liv. 2, titre de la cassation, §. 2, et de la tierce-opposition, note 16.

(45)

§. 2. *Des arbitres de commerce.*

Les contestations entre des associés (31) ou leurs veuves ou ayant-cause, sont jugées par des arbitres nommés par eux dans un acte écrit ou judiciaire, ou d'office par le juge de commerce; et qui doivent prononcer dans un délai convenu ou déterminé également par le juge. — *V. C. comm.* 51, 62, 53, 55, 54. — *V. aussi ord. de* 1673, *tit.* 4, *art* 9, 10, 14.

Ces arbitres prononcent sans aucune formalité, sur les pièces et mémoires des parties et même d'une seule partie, lorsque les autres n'ont pas remis dans les délais qu'on leur a accordés. En cas de partage, on appele un *sur-arbitre* (32). — *V. C-comm.* 56-60.

Leurs jugemens sont rendus exécutoires par une ordonnance (33) du président du tribunal de commerce. Ils sont susceptibles d'appel (34) et de recours, si l'on n'y a pas renoncé (35). — *V. C-comm.* 61, 52, 63; *d. tit.* 4, *art.* 13 (36).

---

(31) Et pour raison de la société. — V. *C-comm.* 51; *arr. de Colmar,* 24 août 1808, *J-C-pr.,* t. 2. — On a jugé que cela n'est pas relatif aux sociétés en *participation.* — V. *arr. de Gênes, 29 déc.* 1808, *id.,* t. 3; *et ci-apr.,* sect. 2, ch. 3, note 23.

(32) Nommé par les arbitres (s'il ne l'est pas par le compromis), et en cas de division, par le tribunal de commerce. — V. *C-comm.* 60; *d. tit.* 4, *art.* 11. — Si l'objet de la contestation excède 1000 fr., cette nomination ne peut être faite en dernier ressort. — V. *arr. cass.* 22 *fruct. xiij.*

(33) Pure et simple, rendue sans modification, dans les trois jours du dépôt de ces jugemens au greffe (ils y sont transcrits). — V. *C-comm.* 61, *in f.*

(34) Devant la cour impériale. — V. *en l'art. ci-apr.* et *C-comm.* 52.

(35) Le tuteur du mineur ne peut renoncer à l'appel. — *Id.* 63. — Quant au recours, *voyez nouv. répert.,* mot *société,* sect. 7.

(36) On voit que ces arbitres diffèrent en plusieurs points des arbitres ordinaires. 1.° Ils ne sont pas assujettis aux formes de la procédure; 2.° ils nomment le sur-arbitre; 3.° on peut recourir de leurs décisions, 4.° ils sont forcés... De là on a conclu qu'ils sont irrévocables. — V. *arr. cass.* 13 *fruct. viij* et 21 *niv. ix; nouv. répert.,* t. 13, p. 538.
Quant aux règles des droits ancien et intermédiaire, *voyez d. tit.* 4.

ARTICLE II.

Des justices ou tribunaux de paix.

LE juge de paix connaît (37), 1.° en premier et dernier ressort, de toutes les affaires suivantes (38), jusques à la valeur de 50 francs (39) ; 2.° en premier ressort seulement de celles indiquées au n.° 1.er, jusques à la valeur de 100 francs, et de toutes les autres quelque valeur qu'on ait réclamé. — *V. L.* 24 *août* 1790, *tit.* 3.

Jousse, ibid. ; nouv. répert., t. 3, p. 575 ; d. arr. 13 fruct. et 21 niv., etc.
Arbitres forcés et tribunaux de famille. Les premiers avaient été créés pour les affaires des communes, créanciers des émigrés et successions. — V. LL. 10 *juin* et 12 *juill.* 1793, 12 *brum.* et 17 *niv.* ij. — Les seconds, pour celles des proches parens et alliés, enfans, pupilles, tuteurs. — V. d. L. 24 *août*, *tit.* 10 ; 27 *mars* 1791, *art.* 9. — Ils furent tous supprimés par la loi du 9 vent. an 4. — V. *arr. cass.* 9 *pluv. xiij.* — On pouvait recourir de leurs jugemens. — V. *nouv. répert.*, t. 2, p. 49, *et additions*, t. 13, p. 538.

(37) Quant à l'organisation des tribunaux de paix, voyez LL. 29 vent. et 8 pluv. ix ; S-C. 16 therm. x, art. 9 et 10 ; L. 28 flor. x ; avis du cons. d'état, 29 vend. xj ; et le cours de droit public.
Ce qu'il importe d'observer d'après les textes cités, c'est que le tribunal est formé d'un juge, remplacé au besoin par un premier, et celui-ci par un second suppléant... Si tous les trois sont *empêchés*, on s'adresse au tribunal civil, qui renvoie la cause au tribunal de paix le plus voisin. — V. *L.* 16 *vent. xij.* — Observons encore, 1.° que ce tribunal doit donner deux audiences (*pour le lieu*, v. *ch.* 2, *note* 41, *p.* 27) par semaine. — V. *C-pr.* 8. — 2.° Que les lois anciennes, relatives à sa jurisdiction (nous allons les analyser), ont été maintenues. — V. *L.* 20 *avr.* 1810, *art.* 44.

(38) Il prononce aussi, en dernier ressort, une amende de 50 fr. contre ceux qui ne paraissent pas au conseil de famille. — V. *C-Nap.* 413.

(39) Par conséquent il ne connaît pas en dernier ressort, de celles dont la valeur est indéterminée, telles que les affaires relatives à une brèche de clôture, à un recomblement de fossé, etc. — V. *arr. cass.* 4 *brum. x*, 10 *fruct. xij ; ci-dev.*, *ch.* 2, *note* 56, *p.* 32 ; *M. Henrion, ch. xj.* — Au reste, il y a une circonstance où son jugement, quoique rendu en dernier ressort, est susceptible d'appel (c'est le jugement définitif qu'il rend après la péremption du jugement interlocutoire). — V. *au surplus*, *C-pr.* 15, *et ci-apr.*, *part.* 2, *liv.* 1, *titre de la péremption*, *note* 20.
Quant à la *prorogation* de sa jurisdiction, *voyez ch.* 2, *art.* 5, *n.°* 4, *règle* 7, *p.* 35 *et* 36. — Observez aussi que cette jurisdiction est extraordinaire ou d'attribution. — V. *ci-apr.*, *note* 63, *p.* 53.

1. Causes purement (40) personnelles et mobilières (41). — *D. tit.* 3, *art.* 9, *in pr.*

2. Dommages faits aux champs, fruits et récoltes.
— *V. d. tit.*, *art.* 10, *N.* 1 (42).

5. Actions possessoires (43), et entr'autres, dépla-

----

(40) *Causes.* Ce mot est employé par la loi comme synonime d'*action*,
parce que ces deux termes ont le même sens dans la coutume de Nor-
mandie, et que le rédacteur de la loi (Thouret) était avocat à Rouen.
— V. M. Henrion, *ch.* 5, *note* 1; *et nouv. répert.*, *mot juge de paix*, §. 4.
    Purement. Cela exclut les actions mixtes. — V. *titre des matières som-
maires*, *note* 4. — Quant à la distinction et à la nature des actions,
voyez ci-apr., *sect.* 2, *ch.* 2, *art.* 1.

(41) Après une longue discussion sur la nature des actions *mobilières*,
où il part de la définition de CUJAS (*consultat.* 3) et des développemens
de Brodeau (*lett. R*, *somm.* 30), et sur-tout de Rouillé (*cout. de Nor-
mandie*, *liv.* 8, *ch.* 2), M. Henrion (*ch. xj*, *et répert.* §. 9) établit les
règles suivantes.. 1. La complainte n'a pas lieu pour meubles.. 2. L'action mobilière est toujours pétitoire; on la nomme action en revendication; on ne peut l'exercer que pendant trois ans (V. *C-Nap.* 2279,
2280).. 3. On l'exerce devant le juge de paix si la chose ne vaut pas
plus de 100 fr.. 4. Comme le juge de paix n'a le droit, ni d'évaluer, ni
de faire évaluer l'objet, il faut qu'il renvoie... D'où il résulte qu'il n'est
compétent que lorsque le meuble perdu ou volé a été vendu en foire
ou dans un marché, pour 100 fr. ou moins, et qu'il ne l'est alors que
parce que l'acheteur (*d. art.* 2280) a le droit de ne rendre que le prix.
    M. Henrion pense néanmoins que le juge de paix est encore compé-
tent pour les deux actions mobilières suivantes.. 1. Lorsqu'il s'agit de
denrées vendues dans des marchés, et dont le prix est établi par des
mercuriales (V. *titre des liquidations*, *note* 11).. 2. Lorsque le demandeur évalue le meuble; réclame, par exemple, ou le meuble, ou bien
100 fr., ou moins de 100 fr. — V. *au surplus*, *quant aux actions mobilières*, *ci-apr.*, *sect.* 2, *ch.* 2, *art.* 2.

(42) D'après ce qu'on a dit, *note* 39, s'ils sont indéterminés ou excèdent 50 fr., il ne peut y statuer qu'en premier ressort. — V. *arr. cass.*
21 *pluv. x.* — Il n'en est pas de même si le demandeur en a laissé la
fixation à la prudence (V. *append. des conclusions*, *note* 21) du juge, et
si le juge les a fixés à 50 fr. et au-dessous. — V. *arr. cass.* 6 oct. 1807,
J-C-pr., *t.* 1.

(43) Après avoir indiqué les déplacemens de bornes et autres actions
énoncées dans l'alinéa ci-dessus du texte, l'art. 10 ajoute *et autres actions possessoires*, d'où l'on a conclu que la loi attribue au juge de paix,
sans distinction, toutes les actions possessoires. — V. *M. Henrion*, *ch.*
16 et 23, *et répert.* §. 10; *arr. cass.* 19 *vend. xj.* — On n'excepte pas
même les questions de possession en matière de contentieux administratif (*contre l'avis de M. Henrion*, *ch.* 25); on se borne à réserver
alors la connaissance du fond à l'autorité administrative. — V. *M. Merlin*, *nouv. répert.*, *mot complainte*, §. 7; *décr.* 24 *mars* 1806, *rapporté*,
ibid. — Néanmoins, si pendant l'instance l'autorité administrativ· a
pris un arrêté, il faut surseoir au jugement jusques à ce qu'on l'ait fait

cement de bornes (44), usurpations sur les terres, arbres, haies, fossés et clôtures (45), et entreprises sur les arrosages de prés (46), commises dans l'année. — *V. d. art.* 10, ℣. 2. — *V. aussi arr. cass.* 19 *vend. xj*, 10 *fruct. xij*, 26 *messid. xiij*.

4. Réparations locatives (47) des maisons et fermes, — *V. d. art.* 10, ℣. 3 ; *arr. cass.* 13 *juillet* 1807.

5. Indemnités dues au locataire pour non jouis-

---

réformer par l'autorité compétente. — V. *arr. cass.* 13 *mars* 1810 ; *Nevers*, p. 149 ; *J-d. avoués*, t. 1, p. 228.

Observations. 1. Le juge de paix ne connaît des objets désignés au même alinéa, que quant à la possession. — V. *M. Henrion*, d. §. 10.

2. C'est la demande de dommages, jointe à la demande relative aux mêmes objets, qui détermine, s'il en connaît en premier ou dernier ressort.. Ainsi, 1.º ne réclame-t-on point de dommages, en réclame-t-on d'indéterminés, ou bien qui excèdent 50 fr., il y a lieu au premier ressort. — V. *arr. cass.* 26 *messid. xiij*, 25 *avril* 1806. — 2.º Réclame-t-on des dommages inférieurs à 50 fr., c'est le dernier ressort. — V. *au nouv. répert.*, t. 3, p. 556, *quatre arrêts de cass.*, *et un du 23 oct.* 1808, *J-C-pr.*, t. 2, p. 431.

3. Quant aux caractères et règles des actions possessoires et de la complainte, *voyez* ci-apr., sect. 2, ch. 2, art. 2, §. 2.

(44) Si le déplacement est accompagné de circonstances qui caractérisent un délit, il faut se pourvoir à la police correctionnelle. — V. *C-pén.* 456. — V. *aussi L.* 6 *oct.* 1791, tit. 2, art. 32 *et* 6 ; *M. Faure et M. Henrion*, *ch.* 13. — Mais si c'est un simple déplacement (fait dans l'année), le juge de paix ordonne le rétablissement de la borne et condamne aux dépens et dommages. — V. *M. Henrion*, *ib.*, *et répert.* §. *xj*.

(45) Conformément aux règles exposées *ci-dev.*, *note* 41, M. Henrion *répert.*, §. 13, pense que le juge de paix connaît de la première action dans les deux cas suivans.. 1. Demande en maintenue de la possession de l'arbre, et restitution des fruits enlevés.. 2. Demande en restitution de l'arbre, ou de 100 fr. et au-dessous (cependant la loi ne restreint pas la jurisdiction à cette somme).

Quant aux clôtures, il décide, *id.*, §. 14, que le juge de paix ne peut statuer sur la demande relative à une haie ou à un fossé existans depuis plus d'une année ; mais qu'il en est autrement si la plantation ou l'ouverture sont seulement commencés, ou ne sont finis que depuis moins d'un an, ou s'il ne s'agit que d'élaguer des branches qui s'avancent sur un sol voisin.

(46) La loi dit arrosages de *prés* (d. ℣. 2) ; mais comme la jurisdiction du tribunal de paix comprend toutes les actions possessoires, on a jugé qu'elle s'étend aux cours d'eaux qui servent à d'autres espèces d'arrosages. — V. *arr. cass.* 2 *mars* 1809 ; *Nevers*, 1810, *suppl.*. p. 85. — A l'égard des petits cours d'eaux, *voyez* M. Henrion, sup., §. 15.

(47) C'est-à-dire, celles qui sont de plein droit à la charge du locataire. — V. *id.*, §. 16 ; C. Nap. 1754, et le cours de droit civil.

sance ,

sance, lorsque le fond du droit n'est pas contesté (48) ;
et au propriétaire, pour dégradations (49). — *V. d. art.*
10, ♯. 4 ; *arr. cass.* 5 *pluv. xj.*

6. Paiement des salaires et gages d'ouvriers (50)
et domestiques, et exécution des engagemens (51)
contractés avec leurs maîtres. — *V. d. art.* 10, ♯ 5.

7. Injures verbales, rixes et voies de fait pour lesquelles on ne s'est pas pourvu par la voie criminelle. — *V. d. art.* 10, ♯. 6 (52).

Voilà ce qui forme la jurisdiction ordinaire des

---

(48) Suivant M. Henrion, *répert.*, §. 16, 1.º il faut au moins que le
propriétaire justifie de quelque manière, qu'il peut contester le fond
du droit. — V. *aussi arr. cass.* 16 *déc.* 1807, *ibid.*, *mot quest. préjudicielle.*
2.º Après la contestation en cause (si, par exemple, il a demandé à
appeler un garant, tel que l'ancien fermier), le propriétaire n'est pas
recevable à proposer un déclinatoire.

(49) Il n'en est pas de même des dégradations réclamées par le propriétaire contre l'usufruitier. — V. *arr. cass.* 10 *janv.* 1810, *J-d. avoués,*
t. 1, *p.* 10. — C'est que la jurisdiction ci-dessus (n.º 5) n'a été accordée au juge de paix que par *exception* aux règles générales. — V. *ibid.*

(50) Ceci concerne, non les ouvriers dont il est question au code
Napoléon, 1787 *et suiv.*, mais les journaliers, c'est-à-dire ceux dont
l'engagement peut commencer et finir dans la même journée. — V. *M.*
Henrion, *id.*, §. 17.

(51) Si ce qui est réclamé pour de semblables engagemens tient nécessairement au rapport de domesticité. — V. *M. Merlin*, *rec. alph.*,
mot justice de paix; *arr. cass.* 22 *frim. ix*, *ibid.*

(52) *Dr. interm.* — C'est-à-dire lorsqu'elles ne concernent pas des
fonctionnaires publics. — *Arg. de L.* 22 *juill.* 1791, *tit.* 2, *art.* 18-20;
arr. cass. 21 *pluv. xj*, n.º 84.

Dr. actuel. — Le nouveau code pénal, *art.* 471, ♯. 11, range dans la
classe des contraventions les injures légères (les injures graves sont au
nombre des délits. — V. *id.* 367-373); et parmi les contraventions dont
le jugement est déféré au tribunal de paix comme juge de police, le
nouveau code criminel, *art.* 139, ♯. 5, place les injures verbales, sans
autre observation. A-t-on dérogé par-là au ♯. 6 de la loi de 1790, extrait ci-dessus au texte ? il nous semble que non. Ces deux codes n'en-
lèvent point aux particuliers le choix de la voie civile, relativement
aux crimes, délits ou contraventions qui leur causent quelque dommage ; donc lorsqu'ils choisiront cette voie, il faudra qu'ils agissent
conformément aux lois civiles encore en vigueur sur la jurisdiction civile, et qu'ainsi ils se conforment dans cette hypothèse au même verset,
c'est-à-dire, qu'ils portent la cause au juge de paix.

D

tribunaux de paix (53). Lorsque la valeur des objets sur lesquels ils prononcent n'excède pas 3oo fr., leurs jugemens sont exécutoires par provision, sans caution : au-delà de cette somme il faut une caution (54). — *V. C-pr.* 17 ; *tarif* 21 ; *et M. Treillard.*

Mais les lois leur ont encore donné quelques attributions particulières. Ils connaissent par exemple, en première instance, de toutes les contraventions aux lois sur les douanes (55) et les brevets d'invention. — *V. L. 4 germ. ij, tit.* 6, *art.* 13-17 ; *L.* 14 *fruct. an* 3, *art.* 3, 4 *et* 10 ; *L.* 25 *mai* 1791, *tit.* 2, *art.* 10 *et* 11 ; *M. Henrion, sup.,* §. 21 (56).

Enfin, ils ont une jurisdiction gracieuse dans un grand nombre de circonstances (57).

---

(53) Nous ne l'appelons ici *ordinaire*, que par opposition aux attributions suivantes, dont le juge de paix est moins souvent dans le cas de faire usage ; car au fond il n'est qu'un juge d'attribution. — *V. ci-apr.*, art. 3, *note* 60, *p.* 61.

Au surplus, il résulte des règles précédentes, que le juge de paix ne connaît pas des actions relatives à la propriété ; — *V. arr. cass.*, 15 *fruct. iv.* — et par conséquent à l'exécution d'une vente d'immeubles, au délaissement d'une maison louée, etc. — *V. arr. cass.* 21 *pluv. x*, 2 *vent. xij.*

A l'égard, 1.° des incidens de faux et vérification, *voyez* ci-dev., ch. 2, art. 5, n.° 1, p. 30, *in f.*

2.° De l'appel et de la cassation des jugemens de paix, *voyez* ci-apr., art. 3, n.° 2, et part. 2, tit. de la cassation, §. 2.

(54) *Dr. interm.* — Ils étaient exécutoires sous caution, jusques à 1co fr. — *D. L.* 24 *août*, art. 9, *in f.*

(55) Leurs jugemens ne sont pas alors exécutoires par provision. — *V. M. Merlin, nouv. répert.*, t. 4, *p.* 829.

Les contraventions pour marchandises anglaises et exportation de grains sont du ressort correctionnel, de même que celles où il y a flagrant délit. — *V. LL.* 10 *brum. et* 23 *vent. v, et* 22 *vent. xij ; M. Merlin, id.*, *p.* 292.

(56) Ils peuvent aussi autoriser les arrestations dans une maison particulière, les saisies sur débiteurs forains, et l'apposition de scellé. — *V. C-pr.* 781, 822, 909, 921 ; *et ci-apr., tit. de la contrainte et de la saisie foraine.* — Ils connaissaient aussi jadis des contraventions relatives aux barrières et aux patentes.

(57) *Exemples.* 1. Convocation et présidence des conseils de famille ; — *V. C-Nap.* 406-416. — 2. Réception des émancipations ; — *V. id.*, 477-479. — 3. Conciliation des plaideurs ; — *V. en le titre ci-après.* — 4. Apposition et levée des scellés sur les effets de leurs arrondissemens ;

Article III.

Des tribunaux civils , ou d'arrondissement, ou de première instance.

Nous avons dit que ces tribunaux ont la jurisdiction ordinaire (58) en matière civile : nous allons indiquer les causes sur lesquelles ils prononcent, en distinguant celles qu'ils jugent en premier, ou en dernier ressort, etc.

I. *En premier ressort seulement* (59). — 1.º Toutes les affaires personnelles, réelles et mixtes, d'une valeur excédant 1000 fr.; excepté seulement (60) celles qui sont réservées aux juges de paix et de commerce. — *D. L. 24 août, tit. 4, art. 4.*

— V. *C-pr.* 907 , 912 ; *et ci-apr. , le titre du scellé.* — 5-7. Assistance aux ouvertures de portes pour les saisies, aux arrestations de débiteurs faites dans des maisons particulières , et aux inventaires d'absens ; — V. *C-pr.* 587 *et* 781 ; *C-Nap.* 126. — 8. Actes de notoriété pour le mariage ; — V. *C-Nap.* 70, 71 , 155. — 9 et 10. Actes d'adoption et tutelle officieuse ; — V. *C-Nap.* 353 , 363. — 11 et 12. Nomination de conseil de tutelle et de tuteur ; — V. *C-Nap.* 392 , 398. — 13. Testamens en tems de peste ; — V. *C-Nap.* 985. — 14 et 15. Déclaration de tiers-saisis , et serment des co-habitans et experts en cas de scellé ; — V. *C-pr.* 571 , 914 et 935 , *et ces titres.* — 16. Etablissement d'un gérent d'exploitation , en cas de saisie d'animaux et ustensiles agricoles ; — V. *titre de la saisie-exécution, §. 4.* — 17. Procès-verbaux de retard ou refus de transcription ; — V. *C-Nap.* 2199. — etc. — V. *au surplus, ci-apr. , les titres relatifs aux mêmes objets.* — Quant aux affaires de commerce , *voyez C-comm.* 106 , 234 , 243 , 245 , 414.

(58) *V.* ci-dev. , sect. 1 , in pr. , p. 11 ; et ci-ap. , note 60. Les trois dénominations ci-dessus sont données indifféremment par les lois à ces tribunaux ; nous préférerions la première... Quant à leur *organisation , voyez* L. 27 vent. viii , tit. 2 ; L. 20 avril 1810 , ch. 5. — Observez seulement qu'il faut trois juges pour un jugement. — V. *d. L.* 27 vent. , *art.* 16 ; *d. L.* 20 avril , *art.* 40. — Celle-ci maintient, pour la jurisdiction, les lois antérieures (nous allons les analyser). — V. *id. , art.* 34.

(59) En règle générale , tous leurs jugemens sont susceptibles d'appel. — V. *titre de l'appel , ch.* 1 , *notes* 13-15 ; *arr. cass.* 23 *mars* 1808 , *n.º* 43 ; *L.* 1 *mai* 1790 , *citée ibid.*

(60) Ces expressions de la loi prouvent que ces tribunaux sont en effet les juges *ordinaires* en matière civile, et que les tribunaux de paix et de commerce ne sont que des juges d'exception ou attribution. — V. *M. Henrion , ch.* 2. — C'est donc surabondamment que la loi leur a

2.º Toutes les contestations relatives aux domaines nationaux. — *V. arr. cass.* 13 *prair. x*, 12 *mess. xiij*; *M. Merlin, nouv. rép. mot domaine; et ci-apr. liv.* 1, *sect.* 6, §. 3 (61).

3.º Les difficultés d'exécution des jugemens de commerce (*v. C-pr.* 442, 553) et des condamnations civiles prononcées par les tribunaux criminels de tout genre. — *V. arr. cass.* 23 *frim. xiv;* 5 *déc.* 1806; 2 *janv. et* 28 *mars* 1807; *M. Merlin, nouv. rép.*, mot *exécution.*

II. *En dernier ressort seulement.* — Les appels des tribunaux de paix (62) et de certains jugemens d'arbitres. — *L.* 27 *vent. viij, art.* 7; *et ci-dev., art.* 1, *n.º* 3, *page* 43.

III. *En premier et en dernier ressort.* — 1.º Les affaires personnelles et mobilières jusques à 1000 fr. en *principal* (63). — *D. L.* 24 *août, art.* 5.

---

attribué spécialement certaines causes que nous allons désigner, et qui étant indéterminées quant à leur valeur, ne pouvaient appartenir aux juges de paix, savoir : 1. Actes civils. — V. *C-N.* 50, 54, 99. — 2. Oppositions à mariage. — V. *C-N.* 177, 178. — 3. Absence. — V. *C-N.* 112, 115. — 4. Autorisation des femmes. — V. *C-N.* 219. — 5. Interdiction. — V. *C-N.* 492. — 6. Homologation d'avis de parens. — V. *C-pr.* 889. — V. *également ci-apr., les tit. relatifs aux mêmes objets.*

Observation. Dès que ces tribunaux sont les juges *ordinaires*, il est inutile de répéter leur qualification; ainsi, toutes les fois que nous nous servons dans notre ouvrage de ces mots simples *le tribunal, le président*, nous entendons parler des tribunaux d'arrondissement ou de leurs présidens.

(61) Même lorsqu'il ne s'agit que de revenus. — V. *dd. autorit.*, *et arr. cass.* 2 *et* 4 *germ.*, *et* 3 *flor. ix.*

(62) Et par conséquent, leurs appels en matières 1.º de douanes. V. *L.* 4 *germ. ij, tit.* 6, *art.* 16. — 2.º De récusation; — V. *C-pr.* 47. — quoique le tribunal civil ne connaisse qu'en premier ressort des récusations qui l'intéressent. — V. *en le tit.*, et *C-pr.* 391.

Quid juris si lorsqu'il s'agit d'un objet excédant 1000 fr., le tribunal a aussi à statuer sur un appel incident d'un jugement de paix ou arbitral ? Il ne pourra prononcer en dernier ressort; il faudra qu'il rende deux jugemens séparés. — V. *arr. cass.* 24 *therm. viij; M. Merlin, rec. alph., t.* 3, *p.* 598.

(63) *Observations.* 1. On considère comme *principal*, non seulement le capital primitif, mais encore les intérêts échus et les dépens dûs avant la demande par laquelle on les réclame, parce que ces objets forment dès-lors de véritables capitaux productifs d'intérêts, tandis

2.º Les affaires réelles dont l'objet contesté produit 5o fr. de revenu *déterminé* en rente ou par prix de bail (64). — *V. d. art.* 5.

3.º Toutes sortes d'affaires, lorsque les parties ont consenti à être jugées définitivement. — *V. art.* 6 (65).

4.º Les actions civiles relatives à la perception des contributions indirectes, quelle qu'en soit la valeur. — *L.* 11 *sept.* 1790, *tit.* 14, *art.* 2 ; *arr. cass.* 23 *mars* 1808 (66).

5.º Les demandes en rétablissement de productions

---

qu'après la demande, ils ne sont que des accessoires. — V. *arr. cass.* 22 *juill. et* 18 *nov.* 1807 *; M. Merlin , nouv. rép. , mot dernier ressort ,* §. *xj* ; 5 *arr. cass. ibid. ; id. , mot fruits.* — V. *aussi L.* 51 , § 1 , *ff. hereditat. petit. ; L.* 35 , *ff. de usuris et fructib.*

Mêmes règles à l'égard des dommages réclamés à la même époque. — V. *arr. cass.* 7 *janvier* 1806. — M. Merlin l'applique aussi aux fruits échus alors. — V. *rec. alph. , t.* 4 , *p.* 653 ; *et ci-apr. , tit. des liquidations , note* 2.

Quid juris pour plusieurs demandes distinctes formées dans le même acte , contre ou par plusieurs parties , et en totalité supérieures à 1000 francs ! .... — V. *à ce sujet nouv. rép. , mot dernier ressort ,* §. 7 *et suiv.*

2. On réunit aussi pour former le *principal* la demande primitive et les demandes *reconventionnelles* ou faites par le défendeur , parce qu'un procès est composé des demandes respectives des parties. — V. *arr. cass. ,* 18 *et* 24 *vend. xij ;* 22 *juillet* 1806 ; 21 *avr. ,* 27 *mai ,* 26 *août et* 2 *déc.* 1807 , *etc.; M. Merlin , nouv. rép. , t.* 3 , *p.* 566 *; M. Henrion , ch.* 10 *; l. 10 ,* §. 1 , *ff. de appellationib. ; L.* 11 , §. 2 , *ff. de jurisdict.*

Mais on ne réunit pas la reconvention formée par le garant contre le seul garanti , et même contre le demandeur principal lorsqu'elle est étrangère et n'a pas été jointe à la cause primitive. — V. *arr. cass.* 17 *niv. xiij ,* 23 *mai et* 6 *avr.* 1808 , *J-C-pr., t.* 2 , *p.* 221 , 224.

3. La règle sur la réunion des demandes reconventionnelles est une exception à la règle générale d'après laquelle le juge compétent pour la demande principale , l'est par là-même pour la compensation dont oppose le défendeur. — V. *D. L ,* 11 , *jurisdict. ; L.* 22 , *ff. de judiciis ; M. Henrion , d. ch.* 10 *; ci-dev. , ch.* 2 , *art.* 5 , *règle* 5.ᵉ , *p.* 35.

(64) Et non pas évalué par capital. — V. *arr. cass.* 14 *germ. x ,* 23 *nov.* 1807 ; *et ci-dev. , ch.* 2 , *art.* 5 , *n.º* 2 , *p.* 32.

(65) V. *aussi arr. cass.* 21 *brum. et* 14 *flor. ix ;* 2 *messid. x ; et* 6 *avr.* 1807. — Celle qui a consenti peut même , lorsque l'autre ne s'est pas expliquée , demander la cassation. — V. *d. arr.* 2 *mess.*

(66) V. *aussi arr. cass.* 2 *niv. vij ,* 13 *prair. x ,* 1 *brum. xiij ,* 24 *févr.* 1808 *; M. Merlin , nouv. rép. , t.* 3 , *p.* 120. — Mais cela ne comprend pas les actions , 1.º en dommages contre une commune pour recette volée ; 2.º pour déficit d'une caisse ; 3.º pour frais d'un procès criminel ; — V. *arr. cass.* 14 *mess. viij ,* 4 *pluv. x ,* 10 *juin* 1806. — Quant au mode de procédure , *voyez* ci-apr. , part. 2 , liv. 1 , sect. 6.

communiquées à des avoués. — *V. à ce sujet, C-pr.* 107, *et ci-apr. §. des avoués, et liv.* 1, *§. de l'instruction par écrit.*

IV. *En premier ou en dernier ressort.* — Les affaires de commerce, lorsqu'il n'y a pas de tribunal de commerce dans leur arrondissement. — *V. d. L.* 24 *août, tit.* 12; *C-com.* 640, 641, 616, *et l'art. suiv.*

V. *En dernier ressort et même sans recours.* — Les fautes de discipline des officiers ministériels qui n'ont été ni commises, ni découvertes à l'audience. — *V. décr.* 30 *mars* 1808, *art.* 103 (67).

Exécution provisoire. Les tribunaux civils *doivent* (68) déclarer leurs jugemens exécutoires par provision et *sans caution*, s'il y a un titre authentique (69), une promesse reconnue ou un premier jugement dont on n'ait pas appelé (70); et ils le peuvent

---

(67) Les tribunaux y statuent dans ce cas, en assemblée générale, à la chambre du conseil, après avoir appelé l'individu inculpé. — V. *id.* — Ainsi, ils sont alors affranchis de la règle générale qui assujettit toutes les causes à une discussion publique, et tous les jugemens à une prononciation à l'audience. — V. *M. Merlin, nouv. rép.*, t. 3, p. 687; *ci-dev.*, ch. 2, art. 4, n.° 2, *et note* 43, p. 28.
Mais dans le cas opposé, la jurisdiction appartient à la chambre qui tenait l'audience. — V. *d. art.* 103; *C-pr.* 90.

(68) On induit cette obligation de ce que l'art. 135, d'abord conçu en termes *impératifs*, pour les premiers cas, ne l'est plus qu'en termes *facultatifs* pour les derniers. Néanmoins on pourrait trouver quelque difficulté dans cette interprétation, sur-tout en comparant l'art. 135 avec l'art. 438 qui, relativement aux matières de commerce où l'exécution provisoire est bien plus nécessaire que dans les matières civiles, se borne à l'autoriser; mais les orateurs du gouvernement et du tribunat ont déclaré positivement que les tribunaux civils *doivent* ordonner l'exécution provisoire. — V. *MM. Treilhard et Faure.*

(69) De sorte que si un acte est attaqué par des moyens qui peuvent en détruire l'authenticité, on ne doit pas ordonner l'exécution provisoire, sans caution. — V. *arr. de Nîmes*, 18 *nov.* 1807, *J-C-pr.*, t. 1.

(70) Leurs jugemens sont encore exécutoires par provision, dans les cas suivans. 1. Amendes contre des témoins défaillans. — V. *C-pr.* 263. — 2. Mesures pour police d'audience. — V. *C-pr.* 89, 90, *et ci-dev.*, ch. 2, art. 4, n.° 3, p. 29. — 3. Récusation d'experts. — V. *C-pr.* 312. — 4. Récusation de juges, dans certains cas. — V. *en ci-apr.*, *le tit. in f.* — 5. Expédition d'actes ou compulsoire. — V. *C-pr.* 840, 848, *et ci-apr. part.* 3, *liv.* 1, *tit.* 5.

avec ou *sans caution*, lorsqu'il s'agit d'affaires urgentes. — *V. C-pr.* 135 (71).

Présidens. Les chefs des tribunaux civils, c'est-à-
dire les Présidens ou ceux qui les remplacent, ont
une jurisdiction particulière (72).

1.° Ils statuent provisoirement et sauf l'appel, sur
les référés. — *V. C-pr.* 806, 807, *et ci-apr. liv.* 1,
tit. des référés.

2.° Ils autorisent ou font beaucoup d'actes où il n'est
pas besoin de l'intervention immédiate du tribunal,
et peuvent en général prendre toutes les mesures
d'urgence (73). — *V. décr.* 30 *mars* 1808, *art.* 54.

---

(71) **Telles** que scellés et inventaires, réparations, expulsions de
locataires, sequestrations, réceptions de cautions, nominations de tuteurs et autres administrateurs, redditions de comptes, pensions et
provisions alimentaires. — V. *C-pr.* 135, 155 *in pr.*
Mais ils ne peuvent ordonner l'exécution provisoire pour les dépens (quand même ils seraient adjugés pour tenir lieu de dommages),
ni par un deuxième jugement, lorsqu'ils l'ont omise dans le premier.
— V. *C-pr.* 137, 136, *et ci-apr.*, *sect.* 3, *ch.* 4, *note* 10, *et tit. de l'appel*, *note* 88.

(72) Les juges commis pour présider à des opérations ont aussi quelquefois une jurisdiction relativement à ces opérations. — V. *C-pr.* 221,
234, 236, 259, 263, 264, 276, *etc.* ; *les tit. des vérifications*, *faux incident*, *enquêtes*, *etc.* — Il y a même des cas où leurs ordonnances sont
exécutoires par provision. —. V. *dd. art.* 263, 276.

(73) *Exemples.* 1-3. Les saisies-gageries, foraines, et revendications.
V. *C-pr.* 819, 822, 826. — 4. Les délivrances et collations d'expédition
d'actes et jugemens. — V. *C-pr.* 841, 844, 854, 852, 203. — 5. Les
assignations à bref délai. — V. *C-pr.* 72, 839. — 6-8. Les citations en
autorisation, séparation, cession de biens et homologation de concor-
dats. — V. *C-pr.* 861, 865, 875. — 9. Les mises en liberté faute d'alimens. — V. *C-pr.* 802. — 10. Les nominations de notaires pour représenter les absens. — V. *C-pr.* 928, 931, 942. — 11. *id.* des notaires et
experts de scellé. — V. *C-pr.* 935. — 12. Celles des rapporteurs sur requête. — V. *C-pr.* 110, 859, 860, 885. — 13. *Id.* des juges commis aux
interrogatoires, distributions et ordres. — V. *C-pr.* 326, 658, 751. —
14 *Id.* des huissiers pour certains actes. — V. *en ci-apr le* § *. note* 38.
— 15. *Id.* des tiers-arbitres, et exécution des jugemens d'arbitres. — V.
en l'art. ci-dev., *p.* 43. — 16. Les réquisitions et levées de scellés — V. *C-
pr.* 909, 928. — 17. Les ventes judiciaires de meubles. — V. *C-pr.* 946,
986. — 18. Les exécutoires pour taxes d'experts et désistemens. — V.
C-pr. 319, 403. — 19-21. Les ouvertures de testamens mystiques et
olographes, et de paquets cachetés, et les envois en possession des
légataires universels, etc. — V. *C-pr.* 916-918 ; *C-Nap.* 1007, 1008 ;
— *V. aussi d. décr.* 30 *mars* 1808, *art.* 54 *et* 63.

3.º Ils statuent sur plusieurs des difficultés qui s'élèvent entre les avoués, relativement aux causes (74).

Article IV.

Des tribunaux de commerce.

I. Voici les affaires principales sur lesquelles les tribunaux de commerce statuent (75) :

1. Engagemens entre marchands (76) , négocians et banquiers. — *V. C-com.* 631 , ꝟ. 1.

2. Actes de commerce entre toutes sortes de personnes. — *V. id.* ꝟ. 2 , *et* 632 , 633 (77).

---

(74) *Exemples :* 1. (sans formes ni frais) distribution , litispendance et connexité. — V. *d. décr.* , *art.* 63. — 2. (*id.* et sans recours) préférences des réquisitions de distributions et ordres — V. *tarif* 95 , 130. — 3. Réglement des qualités. — V. *tit. des jugemens* , *ch.* 1.
N. B. Ils sont aussi chargés 1. De la police des audiences. — V. *C-pr.* 88 *in pr.* , 89 *in f.* — 2. Quelquefois des fonctions d'officier de police judiciaire. — V. *C-pr.* 239. — 3 et 4. De concilier les époux en cas de séparation de corps et de divorce. — V. *C-pr.* 878 ; *C-N.* 236, 281. — 5. D'ordonner l'arrestation des enfans requise par les parens ou tuteurs. — V. *C-N.* 376 *et suiv.* , 468.

(75) Quant à leur *organisation* , *voyez C-com.* , *liv.* 4 , *tit.* 1 ; *décr.* 6 *oct.* 1809. — Il faut trois juges pour un jugement. — V. *C-com.* 626. — Les lois relatives à leur jurisdiction (nous allons les analyser) ont été maintenues. — V. *L.* 20 *avril* 1810 , *art.* 44.
Observation. C'est au chancelier de l'Hôpital que l'on doit ces tribunaux utiles (ainsi que les anciens présidiaux). — V. *Loiseau , de l'abus des justices.*

(76) Les marchands et négocians sont compris sous la dénomination de commerçans. « Sont commerçans ceux qui exercent des actes de commerce et en font leur profession habituelle ». — *C-com.* , *art.* 1.
Les articles 632 et 633 indiquent avec beaucoup de détails les divers actes de commerce. On peut dire en général qu'il y a acte de commerce lorsqu'on achète des denrées ou marchandises pour les revendre ou en louer l'usage , ou pour les travailler et ensuite revendre sous une autre forme. — V. *d.d. art.* — V. aussi *M. Merlin , rec. alph. , mot tribunal de commerce,* §. 5 *; et les notes suivantes.*
D'après ces principes , on a considéré comme marchands les entrepreneurs du service public des pompes funèbres. — V. *arr. cass.* 9 *janv.* 1810 , *au journ. de Sirey , id. p.* 125.

(77) Quant aux actes de commerce, *voyez* la note précédente.
Les ventes des denrées provenant du crû des propriétaires , ou faites à un marchand pour son usage particulier, ne sont pas rangées dans cette classe. — V. *id.* 638.

3. Lettres de change proprement dites. — *V. id.* 632, *in f.*

4. Lettres de change réputées simples promesses, et billets à ordres, souscrits par des négocians (78). — *V. id.* 636, 637.

5. Actions contre les employés des marchands. — *V.* 634 (79).

6. Billets des percepteurs et comptables. — *Id.*

7. Faillites des négocians, du moins dans quelques points. — *V. pour les exceptions*, id. 635 (80*).

II. Ces tribunaux prononcent, 1.° *en premier et dernier ressort* jusques à 1000 francs de principal (81), et même au-delà si les parties ont déclaré y consentir. — *V. id.* 639.

2.° *En premier ressort seulement*, sur une valeur plus forte. — *V. id.*

3.° *En dernier ressort seulement*, sur les appels des jugemens de prud'hommes. — *V. décr.* 11 *juin* 1809, *art.* 27.

III. Ils peuvent déclarer leurs jugemens exécutoires

---

(78) Même lorsque des individus non négocians les ont souscrits avec eux. — V. *id.* 637 ; *arr. de Bruxelles*, 27 *juin* 1809, *J-C-Nap.*, t. 13, *p.* 200. — Mais non pas lorsque des non négocians les ont souscrits *seuls* (v. *d. art.* 636), et cela quoique des négocians les aient ensuite endossés. — V. *arr. d'Aix*, 2 *août* 1808, *J-C-pr.*, t. 3. — Néanmoins on a jugé que dans ce cas le non-négociant peut être appelé en garantie devant le tribunal de commerce de l'endosseur assigné. — V. *arr. de Paris*, 15 *février* 1810, *au journ. des avoués*, t. 1, p. 100.

(79) C-d., leurs facteurs, commis et serviteurs...., mais à raison seulement du trafic des maîtres. — V. *d. art.* 634, *et note* 76.

(80*) Les veuves communes et les héritiers de tous ces individus sont justiciables des tribunaux de commerce pour les engagemens contractés par leurs auteurs.... S'il y a contestation sur les qualités, on la fait d'abord régler par le juge civil. — V. *ordonnance de* 1673, *tit.* 12, *art.* 16 ; *Jousse, eod.* ; *arr. cass.* 23 *mess. ix*, 20 *frim. et* 6 *mess. xiij*, 1 *septemb.* 1806, 13 *juin* 1808 ; *C-pr.* 426.
Observations. 1. Ils ne peuvent connaître de la propriété. — V. *arr. cass.* 13 *oct.* 1806. — 2. Ni de la vente des navires saisis. — V. *avis du cons. d'état*, 17 *mai* 1809. — 3. Ni des prêts sur gages, suivant la cour de Turin. — V. *arr.* 4 *juin* 1807, *J-C-pr.*, t. 1.

(81) Sauf sur la compétence. — V. *tit. de la procéd. de commerce.*
Dr. anc. Ils jugeaient en dernier ressort jusques à la valeur de 500 myriagrammes de blé — V. *const. an* 3, *art.* 214 ; *arr. cass.* 21 *niv. ix.*

sans caution, lorsqu'il y a un titre non attaqué, ou une condamnation antérieure dont on n'a pas appelé ; et sous caution ou justification de solvabilité, dans les autres cas (82). — *V. C-proc.* 439.

Article V.

Des Cours impériales.

I. Les cours impériales statuent (83) sur les appels , 1.° des jugemens civils et de commerce. — *V. L.* 27 *vent. viij, tit.* 3, *art.* 27 ; *C-com.* 644. — 2.° de certains jugemens d'arbitres ordinaires. — *V. ci-dev. art.* 1, *n.° 4, page 44.* — 5.° De ceux des arbitres de commerce. — *C-com.* 52. — 4.° Des ordonnances de référés. — *V. ci-apr.*, *liv.* 1, *tit. des référés.* — 5.° Des jugemens des *consuls* les plus voisins de leur ressort. — *V. ord. de* 1681, *liv.* 1, *tit.* 9, *art.* 18 ; *M. Merlin, nouv. rép.*, t. 3, *p.* 33.

II. Elles connaissent aussi 1.° de l'exécution des jugemens, soit de premier, soit de dernier ressort ,

---

(82) Mais faut-il qu'ils l'ordonnent expressément ! *Voyez ci-apr.*, *sect.* 3 , *ch.* 1, *n.° 1 , note* 9.

Observations. 1. Quant à la caution ou justification de solvabilité , *voyez* ci-apr., tit. des réceptions de caution , liv. 3, et de la procédure de commerce, liv. 2.

2. Le président a aussi une jurisdiction. — *V. ce dernier tit.* ; *et ci-dev.*, *le §. des arbitres de commerce*, p. 45 , et *C-com.* 243 , 245.

3. Exécution de leurs jugemens. — *V. ci-dev. art.* 3 , p. 52.

(83) Quant à leur organisation et service , *V. décr.* 30 *mars* 1808 ; *L.* 20 *avril et décr.* 6 *juillet* 1810.

Observations. 1. La loi du 20 avril maintient quant à la jurisdiction de ces cours, toutes les lois antérieures (celles qu'on va citer). — *V. id. art.* 2. — Elle ajoute que leurs arrêts ne peuvent être cassés que pour contravention expresse à la loi. — *V. art.* 7. — Quant à l'annullation , *v. d. art.*, *et ci-apr. tit. des audiences et des jugemens.*

2. Les arrêts sont rendus par sept juges au moins, et dans les questions d'état, de prise à partie, de renvoi après cassation, et de discipline du corps des officiers ministériels , par deux chambres réunies. — *V. L.* 27 *vent. viij* , *art.* 27 ; *décr.* 30 *mars* 1808 , *art.* 22 *et* 27 ; *d. décr.* 6 *juill. art.* 7.

3. Elles peuvent délibérer en assemblée générale , sur les affaires d'ordre public , dans le cercle de leurs attributions. — *V. à ce sujet , d. décr.* 6 *juill.* , *art.* 61-69.

dans certains cas. — *V. ci-apr.*, *liv.* 2 , *tit. de l'appel* ; *ch.* 5 , *n.°* ij ; *et ci-dev.* , *art.* 1 , *n.°* 3 , *p.* 43.

2.° En premier et dernier ressort, de la réhabilitation des faillis. — *V. C-com.* 604-614.

3.° *Idem*, des prises à parties. — *V. C-pr.* 509 ; *S-C.* 28 *flor. xij*, *art.* 101 , ʬ. 7 (84).

4.° *Idem*, des fautes de discipline , comme les tribunaux civils. — *V. ci-dev. art.* 3 , *n.°* 5 , *p.* 54.

III. Le premier président de ces cours a une juridiction particulière. Il statue 1.° sur les requêtes en abréviation de délai ; 2.° sur les difficultés (85) relatives aux distributions , litispendance et connexité des causes. — *V. décr.* 30 *mars* 1808 , *art.* 18 , 25.

Article VI.

De la Cour de cassation.

I. Cette cour statue sur les objets suivans :

1.° Cassation des jugemens en dernier ressort (86) ;

2.° Renvois et réglemens de tribunaux (87) ;

---

(84) A l'exception de celles qu'on dirige contre les cours impériales, ou une de leurs sections, et les juges de cassation (elles sont du ressort de la haute cour impériale). — V. *dd. art.*

Jadis les prises à partie principales contre un tribunal en entier, étaient du ressort de la cour de cassation. — V. *constit. viij* , *art.* 65. — Il ne lui reste plus que la connaissance des demandes de ce genre formées *incidemment* à des plaintes en forfaiture. — V. *M. Merlin*, *nouv. rép.* , *mot prise à partie* , §. 2.

(85) Entre avoués. . . . sans formes ni frais. — V. *d. art.* 25 , *et ci-dev.* , *note* 74 , *p.* 56.

Il a aussi le droit de révoquer ou modifier les ordres des présidens civils relatifs à la détention des enfans. — V. *C-Nap.* 382 , *et d. note* , *n.°* 5. — V. *un autre cas de jurisdiction* , *à part.* 3 , §. *des rectifications d'actes* , *note* 25.

(86) Et quelquefois en premier ressort. — V. *d. tit. de la cassat.* , *notes* 6 *et* 10.

(87) V. pour les détails, les titres des renvois, réglemens et récusations (note 23) , *ci-après* , *part.* 2 , *liv.* 1. — Il faut seulement observer que le renvoi demandé pour défaut de *sûreté publique* , ne peut être

3.º Annullation des actes où les juges ont commis forfaiture ;

4.º Renvoi de ces juges aux cours criminelles. — *V.*, sur tous ces points, *L.* 27 *vent.* 8, *art.* 76.

II. Lorsque la cour casse un jugement, elle renvoie la cause à un nouveau tribunal (88), pour connaître du fond de la contestation. — *D. art.* 76.

Si le jugement de ce dernier tribunal (sur le fond), est ensuite attaqué par les mêmes moyens que le premier, la cour peut demander au souverain une interprétation de la loi sur le sens de laquelle on a été divisé. Si elle n'use pas de cette faculté, elle ne peut statuer qu'en sections réunies et sous la présidence du Grand-juge... Si elle casse alors, et si le troisième jugement est encore attaqué par les mêmes moyens, toute procédure est suspendue et l'interprétation de la loi est de droit. — *V. L.* 16 *sept.* 1807 (89).

---

prononcé que sur le réquisitoire du procureur général. — *D. L.* 27 *vent. viij*, *art.* 79.

(88) C'est le tribunal (du même genre) le plus voisin de celui dont le jugement est cassé. — V. *D. L.*, *art.* 87. — V. *aussi D. L.* 20 *avril* 1810, *art.* 7.
Observations. 1. L'arrêt de cassation est transcrit sur les registres de ce dernier tribunal. — V. *D. L.* 27 *vent.*, *art.* 85. — La cour de cassation a seule le droit d'ordonner cette transcription, ainsi que la radiation des motifs d'un jugement. — V. *arr. cass.* 10 *brum. xij*, 19 *et* 26 *prair. xj.*
2. Elle a aussi le droit d'indiquer une cour où les colons (lorsque les deux parties sont domiciliées en France) peuvent porter l'appel des jugemens rendus dans les colonies. — *L.* 24 *pluv. v.*

(89) V. aussi l'exposé de M. Faure , séance du 12 sept.
A l'égard des cas et de la procédure de cassation , et de plusieurs autres règles de détail, *voyez* ci-après, part. 2 , liv. 2, d. tit. de la cassation.
Quant à l'organisation *de la cour de cassation*, v. *L.* 27 *vent. viij*, *tit.* 6. — Observons seulement 1.º qu'il faut onze juges pour prononcer, et cinq pour vider un partage ; 2.º qu'il y a trois sections, dont la première (celle des *requêtes*) statue sur l'admission des requêtes en cassation, et définitivement sur les demandes en renvoi et réglement de juges ; la seconde (la section *civile*), sur les requêtes admises par la première, et la troisième (la section *criminelle*) sur les jugemens criminels, sans requête préalable d'admission. — V. *d. L. art.* 60-64 ; *ci-apr.*, *liv.* 2, *tit. de la cassation*, *et le cours de dr. criminel.*
Quant au droit de *censure*, v. *ci-dev.*, *ch.* 2, *art.* 2, *p.* 20.

CHAPITRE IV.

Des officiers établis auprès des tribunaux ou dans leur ressort.

On en distingue cinq espèces, savoir : les greffiers, les avoués, les huissiers, les notaires et les avocats (1).

§. 1. *Des greffiers.*

Les greffiers sont chargés 1.º d'écrire, de conserver et d'expédier (2) les actes du juge, qui doit tou-

____

(1) Nous avons dit , (*ch. 2, art. 2, page* 19), que ces officiers ne peuvent devenir cessionnaires de droits litigieux; ils sont encore sujets à quelques règles dont il est utile de faire mention.

1.º Les notaires, avoués et huissiers sont passibles de la contrainte par corps, pour la restitution des titres et deniers à eux confiés par suite de leurs fonctions. — V. *C-Nap.* 2060 , ⚹ 7.

2.º Les avoués et huissiers supportent les frais des actes vicieux, ou qui excèdent les bornes de leur ministère ; ... ils peuvent être condamnés à des amendes , à des dommages envers les parties, et même censurés et suspendus de leurs fonctions (V. *c-pr.* 1031 , 1030, 293 *et* 132; *décr. du* 30 *mars* 1808 , *art.* 102 *; ci-dev.* , *ch.* 2 , *note* 10 , *p.* 19 , *et art.* 3 , *n.º* 5 , *p.* 54; *et ci-apr.* , *ch. des dépens, n.º* 2); ils ont le droit de réclamer leurs frais (à l'audience et sans conciliation), sur une assignation accompagnée du mémoire de ces frais. — V. *c-pr.* 49 , ⚹. 5 ; *décr.* 16 *févr.* 1807 , *art.* 9.

3.º Les notaires , greffiers et huissiers doivent tenir un répertoire de leurs actes. — V. *L.* 22 *frim. vij* , *art.* 49 *et* 53 ; *avis cons. d'état*, 6 *juill.* 1810. — V. *aussi Guenois sur Imbert* , *liv.* 1 , *ch.* 2 . *in f.*; *C-com.* 176.

4.º Les avoués, notaires , greffiers et huissiers fournissent un cautionnement pour la garantie des dommages causés dans l'exercice de leurs fonctions. — V. *LL.* 7 *et* 27 *vent. viij* , *art.* 99; *C-Nap.* 2102 , *in f.*; *décr.* 6 *juill.* 1810, *art.* 59 , *et* 18 *août suivant* , *art.* 27.

5.º Il ne leur est plus défendu comme autrefois, d'écrire pour autrui ou de signer comme témoins, des actes sous seing-privé. — V. *avis du cons. d'état*, 1 *avril* 1808.

6.º L'officier ministériel qui signe une opposition à un mariage , non motivée , encourt l'interdiction. — V. *C-Nap.* 176. — N. E. L'expression officier *ministériel* ne s'applique évidemment dans le même article 176, qu'aux avoués et huissiers. — V. *ci-dev.* ch. 2 , *note* 10 , *p.* 19.

(2) Ils signent avec le juge la minute des jugemens. — V. *c-pr.* 138 , 18 , 39 , 42 , 273-275 , *etc.* — Et il leur est défendu , sous peine de faux , de les expédier avant qu'ils soient signés. — V. *c-pr.* 139.

Dr. anc. Il leur était aussi défendu d'écrire, et à plus forte raison d'expédier les décisions du juge , si elles n'avaient pas été prononcées publiquement. — V. *ord. de* 1667 , *t. xj* , *art.* 32 ; *proc. verb.* , *t.* 6 , *art.* 5.

jours être assisté d'eux. — *V. C-pr.* 1040 *et* 30 (3).

2.° De présider aux actes judiciaires d'instruction et d'exécution qui exigent l'entremise d'un officier public, mais non pas la présence du juge (4).

3.° De recevoir et transmettre au juge les notifications qui intéressent directement celui-ci (5).

---

(3) *V. aussi L.* 26 *oct.* 1790, *tit.* 6, *art.* 6, *et tit.* 8 ; *arr. cass. crim.* 27 *prair. ix* , *n.* 226 ; *C-pr.* 121 *et* 200, *▼. 1 ; C-Nap.* 496 , *etc.* — En général, un juge ne peut écrire lui-même, et par conséquent faire fonction de greffier, que lorsqu'il s'agit de jurisdiction volontaire ou gracieuse. — V. *Guipape* , *qu* 564; *Airault* , *ordre judiciaire* , *liv. z* , *part.* 3, *n.*os 58 *et* 59 ; *Chorier, liv.* 2 , *sect.* 7 , *art.* 5 ; *Rodier, tit.* 22 , *art.* 15 , *qu.* 3.

Le greffier peut être suppléé par des commis assermentés. — V. *décr.* 18 *août* 1810 , *art.* 25 , 26.

(4) Ainsi 1. Ils rédigent les dépositions de commerce. — V. *C-pr.* 432. — 2. Ils peuvent présider aux vérifications d'écriture faites par des experts , et écrire les rapports de ceux-ci. — V. *C-pr.* 208 , 217. — 3. Ils reçoivent les affirmations des parties et les soumissions de caution. — V. *C-pr.* 571 , 665 , 671 ; 519. — 4. Ils transcrivent les saisies immobilières. — V. *C-pr.* 680. — 5. Ils délivrent les mandemens de distribution. — V. *C-pr.* 665 , 671 , 771. — 6. Ils dressent les procès-verbaux de pièces à vérifier ou produites à l'appui des divorces. — V. *C-pr.* 196 , 198 ; *C-Nap.* 287. — 7. Ils conservent les clefs des objets placés sous le scellé. — V. *C-pr.* 915. — 8. Ils certifient l'existence des oppositions ou appels , l'accomplissement des conditions d'adjudication , les consignations d'alimens , *et vice versà* ; les non productions ; les jours d'arrêts de récusation. — V. *C-pr.* 164 , 548 ; 738 , 803 ; 107 ; 396. — 9. Ils affichent dans l'auditoire les annonces de ventes des rentes et immeubles saisis , les demandes en séparation, les jugemens d'interdiction. — V. *C-pr.* 644 , 682 , 866 , 897 ; *tarif* 91.

Observation. A l'égard de la nomination et des règles de service des greffiers , v. *L.* 27 *vent. viij* , *art.* 92 ; *décr.* 30 *mars* 1808 , *art.* 90-93, *et* 6 *juill.* 1810, *art.* 54-60.

(5) Tels que 1. Les renvois. — V. *C-pr.* 370. — 2. Les récusations et appels de récusations. — V. *C-pr.* 45 , 47 , 385 , 392 , 393 , 395. — 3. Les réquisitions de juger. — V. *C-pr.* 527.

Observations. 1. On leur notifie aussi les appels des jugemens de saisie. — V. *C-pr.* 726 , 734 , 736. — Et les oppositions aux scellés. — V. *C-pr.* 915.

2. Les parties peuvent se faire des *communications de pièces*, par la voie du greffe. — V. *en le* §. *ci-après* , *liv.* 1.

3. Pour remplir leurs fonctions, les greffiers doivent tenir divers registres , tels que ceux de productions , d'audience , d'opposition aux jugemens de défaut , d'appel , de distribution et adjudication entre créanciers, d'ordre de scellés, de renonciation aux successions et communautés. — V. *C-pr.* 108 , 109 , 114 *et* 115 ; 18 *et* 138 ; 163 *et* 549 ; 658 *et* 751 ; 925 ; *C-N.* 793 , 784 , 1497 ; *C-pr.* 997.

4. Jadis, suivant *Imbert*, *liv.* 1 , *ch.* 6 , *in f.* , le greffier était passible de récusation : le code ne s'explique pas sur ce point.

§. 2. *Des avoués.*

Les avoués sont des officiers chargés de représenter et défendre les parties devant les tribunaux auxquels ils sont attachés (6).

I. *Fonctions.* D'après cette définition, on voit que les avoués ont deux fonctions principales. La première ou la *représentation* des parties, comprend le droit de postuler et de conclure, droit qu'ils ne partagent avec personne. — *V. L.* 27 *vent.* 8 , *art.* 94 *; L.* 20 *mars* 1791 , *art.* 3 *; M. Merlin, réquisit. dans arr. cass.* 16 *mess. x.*

Postuler , c'est faire tout ce qui est nécessaire à *l'instruction* d'un procès, c'est-à-dire , rédiger tous les actes, remplir toutes les formalités prescrites par la loi pour éclairer le juge et le mettre en état de prononcer en connaissance de cause (7).

Conclure , c'est présenter au tribunal les diverses questions sur lesquelles il doit prononcer ; c'est-à-dire , résumer en propositions abrégées , claires et précises , toutes les réclamations d'une partie , dont on a essayé d'établir la justice par l'instruction. — *V. ci-dev. ch.* 2 , *art.* 2 , §. 1 , *et note* 20 , *p.* 21 *et* 22 ; *et sur-tout ci-apr., l'append. au tit. des audiences.*

Un avoué représente tellement sa partie , 1.° qu'en général les communications qui lui sont faites dans le cours de l'instruction , sont censées faites à la partie

---

(6) Quant à leur *organisation* et à leur *service* , *v. L.* 27 *vent. viij* , *tit.* 7 *; L.* 29 *pluv. ix ; décr.* 6 *juill.* 1810 , *art.* 112-115.
Observation. Ils ont leur domicile dans la ville où siége leur tribunal , et ils ne peuvent postuler dans deux villes différentes. — **V. L.** 20 *mars* 1791 , *art.* 9 ; *arrêté* 18 *fruct. viij.*

(7) « La postulation consiste dans l'exposition de son droit ou de » celui de son ami , et dans la contradiction de celui de l'adversaire ». — *L.* 1, §. 2 , *ff. de postulando.*
La postulation est défendue sous peine d'amende et dommages (avec contrainte par corps) , à tous particuliers autres que les avoués : et il est aussi défendu aux avoués de prêter leur nom pour cette fonction. — V. à ce sujet, *décr. du* 19 *juill.* 1810.

elle-même. — *V. C-pr.* 75, *in f.*, 121, *in f.*, 494, 669 (8).

2.° Que quelquefois lorsque la loi ordonne une communication directe à la partie, elle exige aussi qu'elle soit faite à l'avoué (9).

3.° Que souvent même elle n'exige que la simple communication à l'avoué (10).

4.° Que le décès ou la cessation de fonctions de l'avoué interrompent l'instance , et l'exécution du jugement de défaut. — *V. ci-apr. tit. des reprises d'instance , et C-pr.* 162.

5°. Que ce qu'il fait est souvent considéré comme tenant lieu de ce que ferait la partie elle-même. — *V. C-pr.* 196, 198, 228, 261.

6.° Que la loi lui donne le titre de *dominus litis,* de maître de la cause. — *V. L.* 22, *in pr.*, *et L.* 23, *in pr.*, *C. de procuratorib.*

Il ne faut pourtant pas conclure de ces dernières expressions, que l'avoué ait le droit de disposer de l'objet de la contestation. On *tient* au contraire que lorsqu'il s'agit d'un acte qui forme contrat, c'est-à-dire, qui produit quelque obligation entre son client et l'adversaire (11), l'avoué a besoin d'un mandat spécial, sinon il s'expose à être désavoué et à des peines

---

(8) V. aussi, id. 77, 80, 102, 110 , 142, 204, 215, 228, 270, 280, 297, 315, 403, 670, 726, etc.; tarif, 29; arr. de Bruxelles , 18 janv. 1808, J-C-pr., t. 1.

(9) Comme quand il s'agit de l'exécution d'un jugement. — V. *C-pr.* 147, 148.

(10) *Exemples.* 1 Opposition à un jugement de défaut. — V. *C-pr.* 160, 162. — 2. Signification de ce jugement. — V. *C-pr.* 155. — 3. Assignation pour assister à une enquête. — V. *C-pr.* 261. — 4. *Id.* pour un appel de jugement d'ordre. — V. *C-pr.* 764. — *V. en d'autres aux art.* 167, 224, 257, 315, 518, 523, 534, 711, 734, 740, 751, 972.

(11) *Exemples.* 1-5. Une adition , un délaissement, une aliénation, un aveu , une offre. — V. *les autorités citées au texte.* — 6. Une réception de paiement. — V. *L.* 86, *ff. solutionib.; Basset,* t. 2, *p.* 94; *Despeisses, du mandement , sect. 4 , in f.; M. Merlin, nouv. répert., mot paiement , t. 9 , p.* 128. — 7. Une transaction. — V. *L.* 7, *C. de transactionib.*

très-

très-graves. L'avoué n'est proprement *dominus litis*, que quant à l'instruction de l'affaire. — *V. L. 60, ff. eod.; Faber, C. eod., def. 1 et 3 in pr.; Rodier, tit. 31, art. 12; C-Nap. 1988, 1989; C-pr. 182, 352, 360; et sur-tout ci-apr. le tit. du désaveu.*

Au reste, dans l'instruction, il est tenu d'agir en homme de bien, et de la même manière que le client, s'il *estait* en personne. — *V. L. 35, §. 3, in pr., et L. 77 et 78, ff. eod.; tarif 129* (12).

La *seconde fonction* de l'avoué est la *défense* des plaideurs (13). Cette défense résulte, ou des parties de l'instruction confiées à l'avoué, ou des plaidoieries et mémoires qui exposent spécialement les moyens de la cause. Dans ce dernier cas, la défense peut être faite par la partie elle-même ou par un gradué, mais avec l'assistance de l'avoué. — *V. L. 22 vent. xij, art. 32, le n.º suivant, et le tit. des audiences* (14).

---

(12) *Responsabilité.* Il résulte de la règle ci-dessus que les avoués sont tenus de leur dol et de leur faute grossière. Mais quand y a-t-il faute grossière ? On peut appliquer ici les remarques que nous faisons *ci-après, note 71, p. 80*, à l'égard des notaires, en observant qu'on doit être fort réservé lorsqu'il s'agit de prononcer, par interprétation de doctrine, une responsabilité contre un avoué, parce que la loi elle-même en a déterminé dans un si grand nombre d'occasions, et les circonstances et les effets, qu'elle semble avoir voulu ne laisser que fort peu d'hypothèses à l'arbitrage du juge. On peut consulter à ce sujet les textes cités ci-dev., *ch. 2, note 10, p. 19; et ch. actuel, note 1, p. 61; ci-apr., note 23, p. 69; et ch. des dépens, n.º 2.*

D'après les mêmes motifs, nous pensons que les avoués ne sont pas tenus de la faute légère. ainsi que Pothier (*du mandat, ch. 5, art. 1, n.ºs 131, 132.*) semble le décider; d'autant que les exemples indiqués par cet auteur sont tous relatifs à des fautes grossières, et que la jurisprudence n'a admis la responsabilité que pour celles-ci (*v. d. note 71*), excepté dans quelques procédures telles que le décret et le retrait, qui n'ont plus lieu à présent (V. *Denisart, mot nullité, n.ºs 25-29*) .... encore pourrait-on soutenir que dans ces mêmes procédures la jurisprudence ne punissait que des fautes grossières.

(13) Ils sont aussi chargés 1.º de faire les enchères aux adjudications qui ont lieu en justice. — V. *C-pr. 707, 965, et ci-apr., tit. des saisies immobil., et ventes judiciaires.* — 2.º De certifier l'époque des significations des jugemens. — V. *C-pr. 548.*

(14) A plus forte raison par l'avoué lui-même. — V. *ci-apr. §. 5, in f. Justice de paix.* Un parent, un ami, un voisin peuvent y excuser un défendeur défaillant, en représentant qu'il n'a pu être instruit de la procédure. — V. *C-pr. 21; ci-apr., tit. de l'opposition, note 12.*

E

II. *Constitution.* Pour qu'un avoué ait le droit de
représenter une partie, il faut qu'il ait été constitué
par elle. La constitution d'avoué est expresse, ou tacite, ou légale. Elle est *expresse*, lorsqu'elle est
contenue dans un mandat positif (15); elle est *tacite*,
lorsque le client remet à l'avoué les titres qui servent
à l'instruction, même une simple copie de (16) l'assi-

---

(15) Ce mandat peut être donné par acte privé ou notarié (*v. tarif*
68, *in f.*), même par une simple lettre. — V. *Pothier, du mandat, ch.*
5, *art.* 1, *n.º* 128. — Bien plus, la loi suppose aussi qu'il peut l'être
verbalement. — V. *C-pr.* 76 ; *et ci-apr.*, *tit. des défenses*, *notes* 9-11. —
Enfin, il suffit pour l'établir, de produire un acte duquel le consentement de la partie résulte indirectement. — V. *Pothier, ib.*

(16) Parce qu'une partie n'est censée avoir remis à l'avoué, soit
cette copie, soit l'original de l'assignation, soit les autres pièces, que
pour le charger de la défendre. — V. *Pothier, sup.*, *n.º* 128.
Observations. 1. *Quid juris* si la remise des pièces a été faite dans un
autre objet, dans celui par exemple, de prendre conseil! Pothier,
sup., *n.º* 129, se borne à dire que la question est susceptible de difficulté. Nous pensons que comme l'avoué est un fonctionnaire, son
affirmation sur ce fait, mérite plus de confiance que celle de la partie,
et qu'en conséquence la preuve de l'objet véritable de la remise doit
être à la charge de la partie, sur-tout si les délais de constituer avoué
et de fournir des défenses sont passés, parce qu'il n'est pas à présumer
qu'elle en eût attendu l'expiration sans retirer ses pièces, si elle n'eût
voulu que prendre conseil. Il est vrai que les lois romaines (*v. L. quæ
omnia* 25, *in pr.*, *ff. procuratorib.*) établissent que *non ferendus est procurator qui sibi adserit procurationem*; mais il faut faire attention que
les procureurs n'étaient alors que des personnes privées.
2. La représentation de l'original de la demande ne suffira pas pour
établir la constitution, si la partie a désavoué l'huissier et fait juger le
désaveu valable, à moins que l'avoué ne soit porteur des autres pièces,
et sauf l'observation précédente. — V. *Pothier, ib.*
3. La simple élection de domicile chez un avoué ne suffit pas non
plus pour une constitution. — V. *arr. des* 15 *juin et* 5 *août* 1807, *des
cours de Liége et Montpellier, J-C-pr. t.* 1, *p.* 80 et 156. — Il en est de
même d'une procuration générale *ad negotia*, passée sans élection de
domicile. — V. *arr. de Turin*, 6 *fruct. xiij, J-C-Nap.*, *t.* 9.
4. Au reste, l'avoué, tant qu'il n'est pas désavoué par son client,
n'est point obligé de produire à l'adversaire de celui-ci, le titre sur
lequel il fonde sa constitution. — V. *Pothier, n.º* 127. — En cela
l'avoué diffère du mandataire (*arg. de C-Nap.* 1997, *et de L.* 25 *vent.
xj, art.* 13), parce que, on le répète, ses fonctions lui font accorder
de la confiance.
5. La constitution pour former une demande embrasse le pouvoir de
défendre aux demandes incidentes, telles que les reconventions, qui
surviendront pendant l'instance. — V. *L. servum* 33, §. 4, *ff. procuratorib.* — V. aussi *LL.* 56, 62, 57, *et ult.*, §. 1, *ff. eod.*
6. Lorsque la constitution est simplement tacite, l'avoué doit être
réputé l'avoir acceptée, par cela seul qu'il aura fait quelque acte en
conséquence de cette constitution. — *Arg. de C-Nap.* 1985, *in f.*

gnation qu'il a reçue. — *V. Basset*, *t.* 2, *p.* 95 ;
ancien rép., *t.* 5, *p.* 514 ; *Pothier*, *infrà*, *n.°* 128.
— Elle est *légale*, lorsque la loi désigne l'avoué, ou
indique ceux entre lesquels les parties le choisiront ;
et c'est ce qui a lieu en général dans les causes où
plusieurs parties ont les mêmes intérêts à défendre (17),
ainsi que dans celles qui ne sont qu'une suite des
causes primitives (18).

La constitution d'avoué est *forcée*, c'est-à-dire que
les parties ne peuvent se dispenser de l'assistance d'un
avoué, excepté devant les tribunaux où la loi n'admet
point son ministère, tels que ceux de paix et de commerce (19). — *Arg. du C-pr.* 75 et 85 (20).

------

(17) *Exemples.* 1.° lors des contestations de collocation dans un ordre
entre créanciers, et des auditions de comptes. Dans ce cas, les créanciers postérieurs aux allocations contestées, et tous les oyans-comptes
(qui ont le même intérêt) sont représentés par un avoué qu'ils sont
tenus de choisir, sinon par celui du dernier créancier, ou par le plus
ancien avoué des oyans. — *V. C-pr.* 760, 529, *et ci-apr.*, *tit. des reddi-*
tions de comptes et de l'ordre, *notes* 15 *et* 18.

2.° Lors des levées de scellés et contestations sur distributions de
deniers saisis ou provenant de saisies, ou sur la caution de l'héritier
bénéficiaire. Dans ces cas, les opposans et contestans sont représentés
par le plus ancien de leurs avoués. — *V. C-pr.* 667, 932. 933, 994, *et*
ci-apr. tit. de la distribution, du scellé, de l'inventaire et du bénéfice
d'inventaire.

(18) Telles que les requêtes civiles signifiées six mois après le jugement de la cause. — *V. C-pr.* 496 ; *v. aussi, ci-apr.*, *n.°* 3, *p.* 69.
A l'égard des liquidations de dommages, *v. en le §.*, *note* 5, *liv.* 3.

(19) Il faut aussi excepter, 1.° certaines affaires qui intéressent
l'Empire. — *V. ci-apr.*, *part.* 1, *liv.* 1, *sect. des procédures spéciales*,
§. 2 *et* 3. — 2.° Les demandes en restitution de pièces produites au
greffe. — *V. C-pr.* 107, *in f.* — 3.° Les interrogatoires sur faits et articles. — *V. C-pr.* 333.
Observations. 1. Le tarif détermine souvent une taxe pour l'avoué qui
assiste à un acte extrajudiciaire ; mais il ne faut pas en induire que cette
assistance soit alors nécessaire, puisque la loi ne l'exige positivement
que pour les instances. — *V. ci-apr.*, *part.* 2, *titre de la saisie immobi-*
lière, *note* 95 ; *part.* 3, *titres du scellé*, *notes* 32 *et* 41 ; *des ventes judiciaires*,
note 24 ; *du bénéfice d'inventaire*, *note* 8 ; *de la renonciation*, *note* 2.
2. *Quid juris* si un plaideur ne trouve point d'avoué ! Jadis les syn-
dics des procureurs lui en indiquaient un, qui était alors forcé d'occuper. Il est naturel aujourd'hui d'accorder ce droit à la chambre de discipline, puisqu'elle a celui de donner un avoué aux indigens. — V.
arrêté 13 *frim. ix*, *art.* 2.

(20) *V.* aussi c-pr. 162, *v.* 1, 344, 397, 444 ; c-comm. 627 ; tarif 101 ;

La constitution d'avoué produit en général les obligations et actions propres au mandat (21). Elle soumet, par exemple, l'avoué à rendre tout ce qu'il a perçu à l'occasion de la cause, et le client à rembourser ce que l'avoué a avancé pour lui, et à payer ses honoraires (22). — *V. L.* 42, §. 2, *et L.* 46, §. 4, 5 *et* 6, *ff. de procuratorib; C-Nap.* 1993, 1999. — *V. aussi Pothier*, n.° 151 *et suiv.*

---

ci-apr., tit. de l'assignat., art. 2, des défenses, n.° 2, des matières sommaires, §. 1 ; Pothier, sup., n.° 126.

(21) Comme elle n'est pas gratuite, Coquille (*quest. et rép.*, n.° 197) soutenait qu'elle a plus de rapport avec le louage qu'avec le mandat ; mais le système contraire a prévalu dans l'usage (V. *Pothier*, *sup.*, *n.°* 125 *et* 131), quoique on ait admis aussi plusieurs différences entre ces deux contrats. — V. *ci-dev.*, *notes* 15, 16 (n.° 1 et 4) ; *et ci-apr.*, *notes* 24 *et* 25, *p.* 69.

(22) *Observations.* 1. L'avoué, *suivant Masuer*, *tit.* 31, *n.°* 25, a le droit de recevoir les dépens offerts par l'adversaire de son client pendant l'instance ou à raison du défaut, mais non pas ceux qui ont été accordés par le jugement. Il atteste que tel est l'usage.

2. L'avoué a le droit de demander la *distraction*, à son profit, des dépens obtenus par le plaideur, en affirmant, lors du jugement, qu'il a fait la plus grande partie des avances. — V. *C-pr.* 133. — V. *aussi Pothier*, *ibid.*, *n.°* 135 ; *M. Merlin*, *nouv. répert.*, t. 3, *p.* 705. — Bien plus, il n'est pas tenu de rendre ces dépens à son client, lorsque l'arrêt qui les adjugeait à celui-ci est rétracté. — V. *anc. répert.*, t. 5, *p.* 731 ; *nouv. répert.*, t. 3, *p.* 709 ; *arr. de Paris et de cassat.*, 14 *avr.* 1806 *et* 16 *mars* 1807, *ibid.*

Le condamné qui était déjà créancier du client, a-t-il le droit d'empêcher la distraction en opposant de la compensation ? Un arrêt de Paris, de 1738, a jugé que non, et Pothier, tout en convenant que cette jurisprudence est contraire à la rigueur du droit, l'approuve comme fondée sur l'utilité publique. Mais il faudrait prendre un parti contraire, si la distraction n'avait été prononcée qu'après le jugement, ou si ce jugement condamnait chacune des parties aux dépens sur divers chefs, parce qu'alors la compensation se serait opérée avant qu'on fût autorisé à la distraction. — V. *id.*, 137.

3. L'avoué a encore le droit de *retenir* jusques au paiement de ses honoraires et déboursés, les actes de procédure qu'il a faits. Quant aux titres de la partie, il ne peut les retenir que jusques au paiement des déboursés relatifs à ces titres. — V. *L.* 25, *in f.*, *et* 26, *ff. eod.* ; *Faber*, *C. de procurator.*, *def.* 22 ; *ord. de* 1453, *art.* 43 *et* 44 ; *Coquille*, *sup.* ; *arr. de Paris*, *de* 1547, *ibid.* ; *Pothier*, *sup.*, *n.°* 133 ; *répert.*, *mot procureur*, t. 13, *p.* 716 ; *L.* 3 *brum. an* 2, *art.* 17.

4. Son action pour les mêmes honoraires et déboursés se prescrit par cinq ans à l'égard des procès non terminés, et par deux ans à l'égard des autres. — V. *au surplus*, *C-Nap.* 2273, 2274, *et le cours de droit civil.* — *Quant au droit ancien*, *voyez Despeisses*, *du mandement*, *sect.* 4,

Elle rend aussi l'avoué responsable des titres du client. — *V. L.* 20 *mars* 1791, *art.* 3; *Expilly, ch.* 69. — Et elle l'assujettit à diverses peines s'il ne fait pas ce qui lui est prescrit par la loi pour l'instruction (23).

III. *Fin des fonctions.* Les fonctions de l'avoué, comme celles de tout mandataire, finissent à son décès et à celui du client. — *V. C-Nap.* 2003; *Despeisses, sup., sect.* 5, *n.*ᵒˢ 7 *et* 8; *Pothier, sup., n.*ᵒ 139, 140; *M. Merlin, rec. alph., t.* 1, *p.* 603 (24).

Mais elles ne finissent pas, 1.ᵒ par une révocation, si l'on n'a pas constitué en même tems un autre avoué. — *V. C-pr.* 75, *in f.* (25).

---

n.ᵒ 2 ; *Pothier, sup., n.*ᵒ 138. — Lorsqu'il a rendu les pièces, il est censé payé. — V. *d. n.*ᵒ 138.

5. Jadis le procureur avait pour les mêmes objets, une *hypothèque* qui remontait à sa constitution, si elle résultait d'un acte public. — V. *cinq arrêts de Paris, dont le dernier est de* 1782, *dans Pothier, sup., n.*ᵒ 134, *et à l'anc. répert., mot procureur, t.* 13, *p.* 716. — Aujourd'hui l'avoué ne peut acquérir hypothèque que par une inscription fondée sur un contrat spécial et *ad hoc*, ou sur un jugement. — V. *M. Merlin, nouv. répert., h. v., t.* 10, *p.* 80. — A plus forte raison ne peut-il plus avoir de privilège, si ce n'est dans les cas spécialement indiqués par la loi. — V. *ci-apr., titre de la distribution et de l'ordre ; et pour le droit ancien, Expilly, arr.* 186; *Chorier, liv.* 2, *sect.* 8, *art.* 1; *Faber, lib.* 8, *tit.* 8, *def.* 7.

6. Le particulier qui a chargé un avoué de défendre un client que celui-ci ne connaît point, est passible des dépens tant qu'il n'indique pas le domicile réel du client — V. *arr. de Paris,* 18 *nov.* 1809, *J-d. avoués, t.* 1, *p.* 19.

7. L'avoué doit avoir un registre de recette. — V. *tarif* 151. — V. aussi *anc. répert., mot procureur ; M. Merlin, rec. alph., mot avoué, §.* 1; *arr. cass.* 18 *mars* 1807.

(23) *Exemples.* 1 et 2. S'il ne fait pas les remises, restitutions ou communications de pièces ordonnées ; s'il ne paraît pas à l'audience lorsqu'il la poursuit. — V. *C-pr.* 107, 191, 192, 536; *décr.* 30 *mars* 1808; *art.* 28, 69; *tarif* 75. — 3. S'il ne réitère pas par écrit une constitution verbale. — V. *C-pr.* 76. — 4. S'il présente une seconde requête civile. — V. *C-pr.* 503.

Observations. 1. Les avoués sont déchargés des pièces, deux ans après le jugement des procès. — V. *C-Nap.* 2276.

2. Ils en signent et garantissent les copies. — V. *tarif* 28 *et* 72.

(24) A leur mort naturelle ou civile, même à celle de l'administrateur qui a fait la constitution. — V. *Despeisses, d. n.*ᵒ 7.

Mais la mort n'empêche pas le jugement d'une cause qui est en état. — V. *titre des reprises d'instance.*

(25) *V.* aussi *Despeisses, d. sect.* 5, *n.*ᵒ 3; *Pothier, n.*ᵒ 141; *M. Mer*

2.° Lorsque l'affaire est terminée par la prononcia-tion du jugement définitif : si l'exécution de ce juge-ment a lieu dans une année, l'avoué est tenu, sans nouveau pouvoir, *d'occuper* (26*) dans les contesta-tions qu'elle a fait naître. — *V. C-pr.* 1058 (27).

IV. *Surveillance.* Les avoués sont soumis à la surveillance d'une chambre, chargée de leur police et discipline. — *V. à ce sujet, arrêté du 13 frim. ix* (28), *et ci-dev., chap. 3, art. 3 et 5, pag.* 54 *et* 59.

---

lin, anc. et nouv. répert., mot révocat. de procureur, §. 2; Rodier, tit. 26, art. 2, qu. 5; Imbert, liv. 1, ch. 17, n.° 37.

Observations. 1. *Quid juris* si le client, sans faire de révocation, a sim-plement retiré ses pièces et en a déchargé l'avoué ? Il est bien certain que les fonctions de celui-ci ne finissent point par rapport à la partie adverse, qui a toujours le droit de lui faire des notifications : mais ne finissent-elles pas entre le client et son avoué ?.. Il semble que celui-ci ne soit plus tenu que d'avertir son client des poursuites.

2. Pothier, *sup.*, *n.°* 142, prétend, sans citer aucune autorité, que l'avoué qui s'est constitué n'a pas, comme le mandataire *ad negotia*, le droit de répudier le mandat, *rebus adhuc integris*, ou pour un empê-chement légitime ; qu'il est tenu, en un mot, d'occuper jusques à ce que l'instance soit terminée. Nous pensons, au contraire, que l'avoué est toujours libre (sur-tout pour motif légitime) de répudier, pourvu que ce soit en tems opportun, que le client ait par exemple le tems de choisir un autre avoué et de le mettre en état de reprendre l'instruction. — *Arg. de C-Nap.* 2007. — Il est vrai que le droit ro-main lui refusait cette faculté après la contestation en cause ; mais, 1.° il exceptait le cas d'empêchement légitime ; 2.° il chargeait le préteur de juger cette question, d'après les circonstances ; 3.° il refu-sait la même faculté au client (*V. L.* 8, §. 3, *L.* 9 *et seq.*, *ff. de pro-curatorib.*), ce que nous n'avons point admis. — *V. aussi Despeisses*, *sect.* 3, *n.°* 2.

(26*) C-à-d., remplacer, représenter la partie, postuler pour elle. Mais il n'en doit pas être de même si le procès est terminé par une transaction, un désistement accepté, ou un acquiescement exprès (V. *en les titres*), parce que la loi n'en dit rien, et qu'il n'y a pas les mêmes motifs.

(27) *Dr. anc.* — *Idem*, sauf que le tems n'était pas bien déterminé. — *V. Basset*, t. 2, p. 94; *nouv. répert.*, t. 3, p. 578; *Rodier, tit.* 32, *in f.* *Observations.* 1. Même règle, si le jugement est attaqué, dans six mois, par requête civile. — *V. en le titre*, *note* 46. 2. Tant que l'affaire n'est pas dévolue au tribunal supérieur, l'avoué a le droit d'appeler, et même de recourir. — *V. ci-apr.*, *tit. de l'appel*, *ch.* 2; *M. Merlin, rec. alph.*, t. 2, p. 155.

(28) Elle a le droit de prononcer contr'eux certaines peines, dont quelques-unes, telles que le rappel à l'ordre, la censure et l'interdic-tion de la chambre, sans appel aux tribunaux. — *V. d. arrêté, art.* 8; *arr. cass.* 2 *therm. x; M. Merlin, nouv, répert.*, t. 2, p. 172.

§. 3. *Des huissiers.*

I. *Fonctions.* Les huissiers (29) sont chargés ;

1.º D'un service personnel auprès des tribunaux auxquels ils sont attachés (30).

2.º De faire les significations d'actes de procédure entre les avoués (31) des mêmes tribunaux.

3.º De notifier toutes les autres espèces d'actes (32) aux parties.

4.º De faire tout ce qu'exige l'exécution des ordres de justice et des actes exécutoires par eux-mêmes (33*).

Les deux premières fonctions appartiennent exclusivement aux huissiers appelés *audienciers* (34) ; les autres à tous les huissiers exerçant dans le ressort

---

(29) Ce nom vient, dit-on, de ce que les huissiers sont chargés d'ouvrir ou fermer les portes, ou *huis*, des audiences... On les appelait autrefois *sergens*, de *serviens*, servant. — V. *anc. et nouv. répert.*, mot *huissier.*

Quant à leur nomination et à leur service, *voyez nouv. répert.*, *ibid.*, §. 1 ; *décr. 6 juill.* 1810, *art.* 116-122.

(30) Ce qui embrasse les appels des causes et les publications des cahiers de charges. — *Arg. du tarif* 110, 152-155. — V. *nouv. répert.*, *sup.*, §. 6.

(31) *Exemples.* 1. Les qualités d'un jugement. — V. *c-pr.* 142-143. — 2. Les sommations pour convenir de pièces de comparaison. — V. *c-pr.* 199.

Mais, 1.º dans l'usage, ces notifications sont quelquefois suppléées par un récépissé de copie, que l'avoué auquel on notifie met sur l'original. — V. *Rodier, tit. xj, art.* 12.

2.º Il n'est pas besoin de l'entremise d'un huissier pour les communications de pièces. — V. *en ci-apr. le* §.

Il résulte de tout cela que les notifications entre avoués ne sont pas du ministère exclusif de l'huissier, de sorte qu'il n'est point passible de l'amende encourue par le rédacteur d'une requête, pour y avoir fait usage d'un acte privé non enregistré. — V. *arr. cass.* 8 *août* 1809.

(32) Excepté les actes respectueux. — V. *C-Nap.* 154, *et note* 35, *in f.*

(33*) Les actes de notification et d'exécution d'un huissier sont appelés *exploits*... On leur a donné dans les premiers tems et ce nom et celui de *procès-verbaux*, parce que les huissiers fesaient verbalement au juge, le rapport de leurs opérations (on n'exigeait pas alors qu'ils sussent lire et écrire). — V. *Loiseau, des offices, liv.* 1, *ch.* 4, *n.º* 35.

(34) Pour tout le reste, ils sont assujettis aux mêmes règles que les simples huissiers. — V. *tarif* 156, *in f.*

d'un même tribunal civil (35). — *V. L. 27 vent. viij, tit. 7 ; arrêté 22 therm. viij, art. 7 ; décr. 30 mars 1808, art. 94-99, et 6 juill. 1810, art. 116-119.* — Faits hors de ce ressort (36), leurs actes sont nuls. — *V. arr. cass., au rec. alph., t. 5, p. 116.*

II. *Obligations.* 1.º Un huissier est tenu de prêter son ministère lorsqu'il en est requis. — *Déclarat. du 9 août 1564 (37).*

Cette règle reçoit exception en cas qu'il y ait empêchement légitime. — *V. d. déclarat.* ; — ou lors-

---

(35) *Observations.* 1. L'huissier de la *justice de paix* en fait toutes les notifications , à moins qu'il ne s'agisse d'une récusation , ou qu'il ne faille une désignation du juge (V. *C-pr.* 45, *et ci-apr.*, *note* 38) ; et il peut , mais dans ce ressort seulement , faire toutes autres espèces d'actes. — V. *L. 19 vendém. an 4, art. 27; L. 3 brum. an 4, art. 166; arr. cass. 21 flor. viij, 10 brum. xij, etc. ; C-pr. 16 et 20.* — Enfin , c'est lui qui notifie les citations en conciliation. — V. *C-pr. 52.*

2. Les huissiers de la cour de *cassation* ont le même droit dans la ville où elle siége , pour tous les actes qui sont de sa compétence. — V. *L. 2 brum. iv, art. xj; L. 27 vent. viij, art. 70; arr. cass. 1 février 1808, J-C-pr., t. 2.*

3. Les huissiers chargés du service criminel , ou de celui des cours d'assises et spéciales , ne peuvent *instrumenter* en matière civile que dans le canton de leur résidence. — V. *d. décr. 6 juill. 1810, art. 116, 117.*

4. S'il s'agit de délits forestiers et de droits réunis , ou de douanes , les gardes et les préposés des régies peuvent faire toutes les notifications nécessaires. — V. *arr. cass. crim. 6 niv. xiv; M. Merlin, nouv. répert., mot garde-bois, sect. 1, §. 3, n.ª 7; avis cons. d'état, 6 juin 1807.* — *Décr. 1 germ. xiij, art. 28; L. 22 août 1791, tit. 13, art. 18; nouv. répert., mot huissier, §. 1, n.º 16.* — Les citations en police de mairie peuvent être faites par un avertissement du maire. — V. *C-cr. 169, 170.*

(36) Même par un huissier de cour d'appel. — V. *arr. cass. 13 frim. xij; nouv. répert., mot huissier, §. 4; arr. cass. 12 avr. 1808, J-C-pr., t. 2, et Nevers, p. 187.* — Il en est autrement si l'huissier a été chargé de l'exécution d'un arrêt. — V. *arr. cass. 22 juill. 1806, J-C-pr., t. 2; M. Merlin, nouv. répert., ibid.* — V. *aussi tarif 156, in f.*

(37) *V.* aussi Despeisses , ordre judic. , tit. 1 , n.º 3 ; Rodier , tit. 2 , obs. 7 ; M. Merlin , nouv. répert. , mot huissier , §. 1 , n.º 10 ; ci-apr. , titre de la prise à partie , note 13.

En cas de refus , il s'expose à l'interdiction et à des dommages. — V. *M. Merlin, d. n.º 10.* — D'où il résulte , 1.º qu'il doit aussi des dommages , s'il a différé une exécution , sans avoir averti sa partie des obstacles qu'il éprouvait. — V. *arr. au d. n.º 10.* — 2.º Qu'il ne peut , sans pouvoir , accorder un délai au débiteur. — V. *id., n.º 11.*

Enfin , il est passible de peines si , au lieu de faire une exécution , il avertit le débiteur , et le met ainsi en état de la prévenir. — V. *code pénal, liv. 3, tit. 1, ch. 3, sect. 2, §. 4.* — V. *aussi répert., id., n.º 13.*

qu'il s'agit d'actes pour lesquels l'huissier doit être désigné par le juge (38).

2.º Il ne peut, sous peine de nullité, instrumenter pour ses parens et alliés et ceux de son épouse, en ligne directe, et pour ses parens et alliés collatéraux jusques au 6.ᵉ degré. — *V. C-pr.* 66 (39).

Au reste, la remise de l'acte qu'il va notifier ou exécuter, équivaut pour l'huissier à un mandat (40); mais quand il s'agit d'une saisie immobilière ou d'un

---

(38) Ce sont en général les actes dont il est le plus essentiel d'assurer la notification. — V. *M. Treilhard.* — *Exemples.* 1. Les citations, lorsque l'huissier est étranger à la justice de paix ; — V. *C-pr.* 4 ; — 2. Les significations des jugemens de défaut ; — V. *C-pr.* 156, 350, 435; — 3-6. Les assignations pour interrogatoire, convention de pièces de comparaison, référé urgent, élargissement ; — V. *C-pr.* 329, 199, 808, 795, 802 ; — 7. Les commandemens qui précèdent l'arrestation du débiteur ; — V. *C-pr.* 780, 784 ; — 8. Les notifications relatives aux sur-enchères d'aliénations volontaires. — V. *C-pr.* 832.

(39) *V.* aussi Bornier, tit. 2, art. 2 ; Rodier, art. 16, obs. 9 ; Espagne, mot assignation, n.ᵒˢ 65 et 66.
En *justice de paix*, l'empêchement est réduit aux parens et alliés de l'huissier, en ligne directe, et au deuxième degré de la ligne collatérale. — V. *C-pr.* 4, *in f ; M. Faure.*
Il n'est pas défendu à l'huissier de notifier à ses parens, *suivant Rodier, sup.*

(40) C'est un mandat tacite... *Quid juris* si l'huissier n'a ni mandat de ce genre, ni mandat exprès ? Plusieurs auteurs pensent qu'il suffit au demandeur d'agir par voie de désaveu (*v. en ci-apr. le titre*) ; d'autres, qu'il est besoin d'une inscription de faux, parce que l'exploit fait preuve contre le défendeur (*v. ci-apr.*, n.º 4, *p.* 77), et que la condition des parties doit être égale. Rodier, *tit.* 2, *art.* 16, *n.*º 8, semble adopter le dernier avis ; mais il n'a pas réfléchi que la voie de l'inscription serait le plus souvent impraticable, puisqu'elle forcerait le demandeur à une preuve de faits négatifs : en conséquence nous préférons le premier avis, d'après lequel on accorde aussi au défendeur (en cas de désaveu valable) une action en dommages contre l'huissier. — *V.* aussi *ci-apr. notes* 58 et 60, *p.* 76 *et* 77.
Observation. L'huissier ne peut excéder les limites de son mandat ; par exemple, 1.º assigner le défendeur quand il n'est chargé de le faire qu'en cas de refus de paiement, et que le défendeur offre de payer. — V. *Masuer et Fontanon*, *tit.* 1, *n*ᵒˢ 7 *et* 8 ; *Despeisses, sup., n.*º 3. — 2.º Recevoir un paiement et en passer quittance. — *Arg. ex L.* 49. *ff. solutionib. ; Faber, C. eod., def.* 24 et 48. — Cette dernière règle reçoit exception, lorsque le débiteur ne peut éviter une exécution rigoureuse que par un paiement entre les mains de l'huissier, ou que celui-ci est porteur de l'obligation ; car, dans ce cas, il est censé avoir un mandat tacite d'exiger. — V. *Faber, eod. ; Pothier, des obligat., n.*º 437.

emprisonnement, il a besoin d'un pouvoir spécial. — *V. C-proc.* 556 (41). — Et il est tenu, s'il en est requis, de prouver que celui pour qui il fait une saisie-arrèt, existait à l'époque où il en a reçu la commission. — *V. C-proc.* 562 (42).

5.° Un huissier doit exercer son ministère en personne. — *Espagne, sup., n.° 141 ; anc. rép., mot huissier* (43). — Il y a même des actes tels que les saisies-exécutions, les emprisonnemens et les protèts, où il faut qu'il soit assisté de deux recors (44) ou témoins, français, majeurs, et qui ne soient ni domestiques ni parens ou alliés jusques au 6.ᵉ degré, des parties (45) et de l'huissier. — *V. C-pr.* 585, 783 ; *C-comm.*, 173 *in pr.*

4.° Lorsqu'il est en fonctions on doit le respecter, sinon l'on s'expose à une poursuite criminelle (46).

---

(41) Mais, 1.° son client seul, et non pas la personne contre laquelle il agit, peut le désavouer, puisque le code ne l'oblige pas à donner copie de son pouvoir. — V. *M. Merlin, nouv. répert.*, t. 3, p. 583 ; *arrêt du parl. de Paris, ibid ; plus. arr. modernes à la J-C-pr.*, t. 1, p. 148 ; t. 2, p. 401 ; t. 3, p. 234, 317, 327 ; *Nevers*, 1810, *supl.*, p. 90 ; *J. des avoués*, t. 1, p. 34.
2.° Un pouvoir d'agir par *toutes formes exécutoires*, équivaut à un mandat spécial, suivant la cour de Bruxelles. — V. *arr.* 13 *juin* 1807, *J-C-pr.*, t. 1.

(42) Sous peine d'interdiction et des dommages des parties. — *ib.*

(43) Ainsi, il commet un faux, lorsqu'il déclare qu'il a remis la copie, quoiqu'il l'ait fait remettre par une autre personne. — V. *arr. cass. crim.* 9 *niv. xij* et 16 *janv.* 1806, *au nouv. rép. mot exploit*, t. 5, p. 32.

(44) Ce mot vient de *se recorder*, se ressouvenir... C'est qu'autrefois on touchait les témoins au bout de l'oreille (on croyait que cet organe était le siége de la mémoire) comme pour les inviter à se ressouvenir de ce qu'ils avaient vu. — V. *Despeisses, sup., n.°* 23.

(45) *Dr. anc.* Il suffisait qu'ils ne fussent pas parens ou alliés du demandeur. — V. *ord. de* 1563, art. 3, *citée par Despeisses, d. n.°* 23.
Il était aussi défendu au demandeur de paraître à l'acte, sauf à se faire suppléer par un particulier (sans armes) qui indiquait les lieux et les personnes. — V. *ord. de Moulins*, art. 32; *Despeisses, d. n.°* 23; *ci-apr., tit. de la saisie-exécution, note* 22.

(46) L'exercice de ses fonctions commence au domicile des parties où il doit notifier ou faire exécuter un acte; et il est alors considéré comme fonctionnaire public. — V. *avis du cons. d'état*, 5 *vent. xiij.*

— *C-proc.* 555. — Cette règle s'applique à tous les officiers chargés de l'exécution des actes et jugemens. — *D. art.; C-pén.* 209 *et suiv.*; 224 *et suiv.* (47).

III. *Formes des exploits* (48). Un exploit doit énoncer (sous peine de nullité),

1.° Les noms, demeure et immatricule de l'huissier. — *V. C-pr.* 61, ѵ. 2 (49).

2.° Le jour de l'acte (50). — *V. id.* ѵ. 1.

3.° La personne pour laquelle il est fait. — *V. d.* ѵ: 1 (51).

4.° Celle à qui la copie en est remise, ou le domicile de celle qu'il concerne (52).

---

(47) Ils peuvent, en cas de résistance, demander l'appui de la force publique. — **V. L.** 3 *août* 1791, *art.* 7, 8, 14, 22, 42 *et* 43; *M. Merlin, nouv. rép., mot huissier,* §. 1, *n.°* 8. — **V.** *aussi ci-apr., appendix du domicile, note* 18; *Automne sur Imbert, liv.* 1, *ch.* 5.

(48) **Nous** ne parlons ici que des formes générales; les formes particulières des diverses espèces d'exploits sont exposées dans les titres qui les concernent... Il faut observer que ces formes générales ne sont malheureusement indiquées dans aucune loi expresse; il a fallu les déterminer d'après les formes particulières légales qui semblent être de l'*essence* de tous les exploits. Or, nous avons dû considérer comme formes *essentielles* à des notifications ou exécutions, les cinq premières énonciations du n.° III ci-dessus, parce que si l'on en omet quelqu'une, ces deux espèces d'actes seraient tout à fait inutiles. Au reste, telle était l'ancienne jurisprudence — **V.** *les autorités des notes suivantes.*

(49) Cet article ne concerne que les ajournemens; mais la forme qu'il prescrit est essentielle à tous les exploits, parce qu'il faut bien savoir si l'huissier a eu le droit d'instrumenter. — **V. M.** *Merlin, rec. alph., mot triage,* §. 3; *arr. cass.* 7 *vent. vij, ibid.*

(50) Même observation qu'à la note 49. — **V.** *aussi arr. de Bruxelles,* 20 *avril* 1807, *J-C-pr.,* t. 1, p. 54. — Quant aux motifs, *v. ci-apr.,* sect. 3, §. *des dates.*

(51) Même observation... Quant aux motifs, la partie à qui l'on communique l'acte, ou contre laquelle on fait une exécution, serait hors d'état de se défendre, si on ne lui fesait pas connaître celle qui agit. — **V.** *aussi Rodier, tit.* 2, *art.* 2, *n.°* 4.

(52) Cette forme est exigée par c-pr. 68. « *Tous exploits,* y dit-» on en général, seront faits à personne ou domicile ».
En règle générale, il faut une copie pour chacun des défendeurs. — V. *Guenois sur Imbert, infrà.*
Dr. anc. Avant François 1.ᵉʳ il n'était pas nécessaire de donner une copie de l'exploit. — V. *Automne sur Imbert, liv.* 1, *ch.* 5, *in* f.

5.º Le lieu où il se fait (53).

6.º (Sous peine d'amende) les frais de cet acte (54) et la patente de l'huissier (55).

L'acte terminé doit, sous peine de nullité, être enregistré dans les quatre jours suivans (56).

Les frais de l'acte nul par son fait, et même de la procédure annullée (57), peuvent être mis à la charge de l'huissier, sans préjudice des dommages de la partie. — *V. C-pr.* 71, 1031 ; *arr. à la J-C-pr.*, *t.* 2, *p.* 558 ; *t.* 3, *p.* 225 (58).

---

(53) Celle-ci est une conséquence de la précédente. Si l'exploit est fait au *domicile*, l'indication du lieu est essentielle, parce que, sans cela, la désignation du domicile serait incomplette : si c'est à la *personne*, le défaut d'indication du lieu ôterait les moyens, 1.º d'assurer la remise, ou de la contester, si elle n'a pas été faite ; de prouver par exemple *l'alibi* de la personne, dans beaucoup de circonstances : 2.º de contester la compétence de l'huissier, s'il n'a pas agi dans son ressort.

(54) Cette peine d'abord prononcée pour les ajournemens (*v. C-pr.* 67) a été étendue à tous les exploits, et on peut même y ajouter celle de l'interdiction, ainsi qu'en cas de taxe excessive. — *V. tarif* 66 *in f. et* 156 : *décision du grand juge, du* 31 *juill.* 1808. — *V. aussi Guenois sur Imbert, liv.* 1, *ch.* 5.

(55) L'omission de la patente entraînait d'abord la nullité de l'acte, mais on s'est ensuite réduit à une amende. — *V. L.* 1 *brum. vij*, *art.* 37 ; *arr. cass.* 21 *therm. ix et* 28 *mars* 1808 ; *autres, J-C-pr.*, *t.* 1 ; *M. Merlin, nouv. répert., mots exploit et patente,* §. 2. — Il n'est pas même besoin que l'huissier indique le n.º de sa patente, ainsi qu'on l'avait exigé dans le principe ; il suffit qu'il déclare qu'il est patenté. — *V. arr. cass.* 2 *niv. ix, J-C-pr.*, *t.* 1 ; *M. Merlin, rec. alph.*, *mot patente.*
Tout particulier sujet à une patente, doit aussi, sous peine d'amende, l'énoncer dans les actes judiciaires ou extrajudiciaires relatifs à son commerce, à sa profession ou à son industrie. — *V. d. art.* 37 ; *arr. cass.* 8 *vent. viij,* 21 *therm. ix,* 22 *juill.* 1807 ; *M. Merlin, d.* §. 2. *n.*ᵒˢ 5-7.

(56) *V. L.* 22 *frim. vij,* art. 20, 25 et 34, et ci-apr., sect. 3, §. des délais, note 10. — L'huissier est responsable de la nullité. — *V. d. art.* 34. — L'enregistrement se fait au bureau de son domicile, ou à celui du lieu où il a fait l'exploit. — *V. d. L. art.* 26.

(57) C'est-à-dire, sans doute, de la procédure que l'annullation de l'exploit, qui en était la base, a forcé aussi d'annuller.

(58) *Responsabilité.* — On voit qu'on n'admet plus l'ancien adage : *à mal exploiter, point de garant.* — *V. Denisart, mot nullité, n.º* 25.
Quand y aura-t-il lieu à des dommages ?.. Suivant les circonstances,

IV. *Effets des exploits.* Les actes d'un huissier font foi des faits propres à son ministère, c'est-à-dire, de ceux qui sont relatifs à la remise ou à l'exécution de l'acte dont il est chargé (59). — *V. ord. de* 1455 ; *Despeisses, sup., n.° 34 ; Espagne, n.°s 70 et 165 ; Chorier, liv. 2, sect. 1, art. 6* (60).

---

suivant l'exigence des cas, disent *les art.* 71 et 1031. — Mais quels sont ces cas et circonstances ?.. La loi en indique plusieurs. Par exemple, l'huissier est passible de dommages, 1.° et 2.° lorsque sans ordre de justice, il procède à une saisie-revendication ; lorsqu'il signifie une opposition irrégulière à une saisie-exécution. — V. *C-pr.* 826, 609, *et les tit. de ces 2 saisies.* — 3.° Lorsqu'il ne conduit pas dans une prison légale, le débiteur arrêté. — V. *C-pr.* 788, *et le tit. de la contrainte.* — 4.° V. *ci-dev.*, *note* 42, *p.* 74.

A l'égard des circonstances non indiquées par la loi, on peut voir ce que nous observons *ci-après*, *note* 71, *p.* 80, au sujet de la responsabilité des notaires.

Observations. 1. Lorsqu'il y a lieu à la responsabilité, *quid juris*, si l'huissier est insolvable ?.. D'après la maxime *factum executoris*, *factum partis*, il est clair que le défendeur qui a des dommages à réclamer (*v. en des exemples*, *ci-dev.*, *notes* 40 *et* 42) a une action contre le demandeur. Celui-ci doit d'ailleurs s'imputer d'avoir mal choisi son huissier. — V. *Faber, C. de execut. rei judic.*, def. 37 *et* 8 ; *arr. de Bruxelles*, 2 juin 1806, *et* 10 mars 1808, *Nevers*, 1809, *supl. p.* 218 ; *et au prat. fr.*, *t.* 4, *p.* 386.

2. Quant aux taxes des huissiers, *voyez* C-pr. 62, et tarif, liv. 1, ch. 3 ; liv. 2, tit. 1 et 2, ch. 5.

3. L'huissier répond du prix des ventes de meubles saisis. — V. *C-pr.* 625, *et ci-apr.*, *tit. de la saisie-exéc.*, *in f.*

(59) Ainsi, quant à la remise, l'exploit doit faire foi, 1. du jour, 2. du lieu, 3. de la personne, 4. du domicile où elle est faite, 5. de la *dation* de la copie, 6. de l'acceptation de cette copie, 7. du transport de l'huissier au domicile du défendeur, et de ce domicile à celui du voisin, etc. — V. *à l'égard du n.° 5*, *Despeisses*, *n.° 26 ; Automne sur Imbert*, *liv.* 1, *ch.* 5 *in f.* Quant à l'*exécution*, l'acte doit faire foi des énonciations suivantes : 1. jour, 2. lieu, 3. maison, 4. terres, 5. *carence* ou existence des meubles, 6. présence ou absence de l'exécuté, 7. déplacement des meubles, 8. action de les décrire, 9. et 10. résistance qu'a éprouvé l'huissier, ou injures qu'il a reçues, etc. — V. *à l'égard des n.°s* 9 *et* 10, *Chorier, sup. ; Guipape et Ferrière*, *qu.* 628.

(60) Relativement aux autres parties de l'acte, il nous semble qu'il faut distinguer entre leur existence et les faits qu'elles contiennent.

1.° Quant à leur existence, la déclaration de l'huissier la constate à l'égard du demandeur, puisqu'il est son mandataire (V. *ci-dev.* n.° 2, *p.* 73). Il en est autrement à l'égard du défendeur ; il faut la signature de celui-ci pour être certain qu'il a fait telle ou telle réponse (V. *Bouvot, mot sergent*, *part.* 1 ; *Chorier et Despeisses*, *sup. ; Rodier*, *tit.* 2, *art.* 16, *n.° 7 ; ci-dev. note* 40 ; *ci-apr.*, *sect.* 3. *ch.* 6, *note* 14).

2.° L'intervention de l'huissier ne donne aucune authenticité aux faits contenus dans les mêmes parties, parce qu'elles ne sont pas de son

Mais lorsqu'il s'agit de contestations sur la régularité des exploits, ce n'est point, comme dans les autres espèces d'actes, l'original que l'on examine par préférence, mais la copie, parce qu'elle sert d'original au défendeur (61).

§. 4. *Des notaires.*

RECEVOIR et conserver les actes (62) des particuliers, y donner de l'authenticité, en assurer la date

---

ministère. Mais lorsque l'existence de ces mêmes parties est certaine, les plaideurs peuvent tirer avantage des faits qu'elles contiennent, sauf au demandeur à désavouer l'officier ministériel qui a dressé les actes; et au défendeur de se rétracter, si ses aveux, etc. n'ont pas été acceptés. — **V.** *au surplus d.* note 40 ; **M.** *Merlin, nouv. répert.* t. 3, p. 337.

(61) D'où il résulte que l'irrégularité de la copie n'est pas couverte par la régularité de l'original. — **V.** *Graverol, liv.* 2, *tit.* 1, *arr.* 59 ; *Espagne, mot assignation, n.°* 70 ; *Rodier, tit.* 2, *art.* 16, *n.°* 13 ; *plus. arr. cass. au nouv. rép.,* t. 2, p. 76, t. 3, p. 217 ; *autres arr.,* J-C-pr., t. 3, p. 173 *et* 215, *et* t. 1, p. 53 ; *arr. d'Aix* 7 *mai* 1809, J-C-Nap., t. 14, p. 23.
Bien plus, le défendeur peut faire valoir les irrégularités de l'original, qu'il n'a pu reconnaître par l'inspection de la copie, telles que l'omission de l'enregistrement. — **V.** *Rodier, d. n.°* 13.
Observations. Les exploits peuvent être écrits par toutes sortes de personnes, ainsi que Rodier, *tit.* 2, *art.* 2, *n.°* 3, l'établit très-bien ; mais cela ne doit point s'entendre des parties de l'acte où l'on énonce des faits propres au ministère de l'huissier, tels que ceux exposés cidev., note 59 : ils ne peuvent en effet exister qu'au moment même de l'acte ; ils ne doivent donc être notés que dans cet instant, et il est naturel que ce soit par l'huissier, puisque c'est son attestation qui leur donne de la certitude, et que c'est sans doute pour cela (*d. art.* 2) qu'on exige qu'il sache écrire. D'ailleurs, il y aurait un faux manifeste, si on les notait à l'avance.

(62) « Les *actes et contrats* auxquels les parties *doivent* ou *veulent* » donner le caractère d'authenticité ». — *L.* 25 *vent. xj, art.* 1. — Il résulte delà, 1.° qu'il est des actes où il faut absolument une forme authentique, tels que des donations, emprunts avec subrogation, contrats de mariage, sociétés anonymes, etc. ; d'autres, que les parties sont libres de faire revêtir de cette forme, mais avec l'entremise d'un notaire. — **V.** *M. Favard, au nouv. rép., mot notaire,* §. 2 ; C-Nap. 931, 1251, ♥. 2, 1394 ; C-com. 40 ; *etc.*
2.° Que la loi du 25 ventôse n'est pas seulement relative aux formes des contrats, ainsi que l'ont prétendu quelques personnes. — **V.** *ci-upr., sect.* 3, *ch.* 1, *note* 13, *n.°* 3.
3.° Que le notaire est principalement chargé de la *rédaction* des actes ; qu'il ne répond point de la vérité des faits qu'on lui propose de rédiger ; qu'il atteste seulement ceux dont il est témoin dans ses fonctions, *quorum noticiam et scientiam habet propriis sensibus, visus et au-*

(79)

Et en délivrer des grosses ou expéditions (63); telles sont les principales fonctions (64) des officiers publics appelés notaires. — *L. 25 vent. xj, art. 1 (65).*

1. *Territoire et parties.* Les notaires ne peuvent exercer ces fonctions hors du territoire qui leur est assigné, sous peine de nullité (66) de leurs actes,

---

ditus, suivant l'expression de Dumoulin. — *V. id., cout. de Paris,* §. 8, gl. 1, n.° 64; *Pothier, des obligations,* n.° 736; *rec. alph, mot signature,* §. 3, *et succession,* §. 11; *ci-apr., sect. 3, ch. 3, note 1, et ch. 6, n.° 8, et notes 12 et 14.*

Observation. Le fonctionnaire qui écrit des conventions autres que celles qui ont été *tracées* ou *dictées* par les parties, commet un faux. — *V. C-pén.,* 146, 147.

(63) Si l'on excepte quelques actes simples, tels que les certificats de vie, procurations, actes de notoriété, quittances de louages et intérêts; les notaires conservent la minute de tous ceux qu'ils reçoivent... Ils en délivrent des grosses ou expéditions aux parties intéressées, et même à d'autres personnes, avec l'autorisation du juge. Ces expéditions sont scellées avec un cachet particulier. — *V. d. L. 25 vent., art.* 20-27; *et ci-apr., part. 3, tit. de l'expédition des actes.*

(64) *Autres fonctions.* Ils doivent avoir un tableau des interdictions et séparations, et des mariages de négocians, et transcrire les contre-lettres à la suite des contrats de mariage. — *V. d. L. art.* 18; *C-Nap.* 501, 1397; *C-comm.* 67-70; *C-pr.* 872; *tarif* 92, 175; *ci-apr., tit. de l'interdiction, note* 9.

Ils président quelquefois aux ventes judiciaires d'immeubles. — *V. C-pr.* 955, 970; *C-Nap.* 827. — Ils dirigent les opérations matérielles des partages. — *V. C-pr.* 976-983. — Ils font tous les inventaires judiciaires, excepté ceux des faillis. — *V. C-pr* 935, 943; *C-comm.* 486; *M. Favard, sup.,* §. 2. — Ils représentent les absens dans les successions, scellés et inventaires. — *V. C-Nap.* 113; *C-pr.* 928, 942; *tarif* 77. — Ils délivrent les certificats de vie et de propriété d'inscriptions. — *V. décr.* 21 *août et* 23 *sept.* 1806; *L.* 28 *flor. vj, art.* 6. — Ils notifient les actes respectueux et ils peuvent notifier les protêts, et dresser les procès-verbaux de refus de transcription et les contrats d'assurance. — *V. C-Nap.* 154, 2199; *C-comm.* 173 *et* 79.

(65) A l'égard 1.° de l'origine des notaires, *voyez* M. Favard, sup., §. 1; Furgole, *des donations, art.* 5. — 2.° De leur organisation, *voyez* L. 6 oct. 1791; *d. L.* 25 vent.; M. Favard, *ibid.* — 3.° De l'histoire des lois du notariat, v. M. Réal, *exposé des motifs de d. L.*

Observations. 1. La loi du 25 ventose ne révoque les précédentes qu'en ce qu'elles ont de contraire à ses dispositions. — *V. d. L. art.* 69; *lettre de S. E. le grand-juge, du* 25 *vent. xij.*

2. Les notaires sont-ils des officiers ministériels? — *V. ci-dev. ch.* 2, *note* 10, *p.* 19.

(66) *Dr. anc.* Il n'y avait point de nullité. — *V. d. L.* 6 *oct., tit.* 1, *sect.* 1, *art.* 5; *sect.* 2, *art.* 11; *L.* 18 *brum. an* 2.

Le notaire commet un faux, si, dans ce cas, il déclare avoir passé

des dommages des parties et même de suspension ou
de destitution. — *V. d. L. art.* 6 *et* 68 (67). — Il y
a également lieu aux premières peines, si le notaire
suspendu ou destitué reçoit des actes. — *V. id.* ,
art. 8 , 52 *et* 68.

Le ministère des notaires est forcé, à moins d'empêchement légitime. — *D. L.* , *art.* 3 (68). — Ils ne
doivent, par exemple, ni ne peuvent le prêter,

1.° A leurs parens et alliés directs indéfiniment ,
et aux collatéraux, jusques au 3.ᵉ degré. — *D. L.
art.* 8 *et* 68 (69).

2.° Aux particuliers qu'ils ne connaissent pas , ou
dont deux témoins instrumentaires (70) ne leur attestent pas les noms, état et demeure. — *D. L. art.* 11 (71).

---

l'acte dans son territoire. — V. *arr. cass. crim.* 11 *avril* 1809 , *Sirey* 1810 ,
p. 292. — V. *aussi C-pén.* 146.

(67) Mais ils peuvent expédier hors de leur ressort, les actes qu'ils
ont été obligés de déplacer pour une vérification d'écritures. — V. *en
le tit.* , *et C-pr.* 205.

S'il a été convenu qu'une quittance sera passée devant notaire ,
c'est au créancier qu'appartient le choix du notaire , *suivant un arrêt
du parlement de Paris, de* 1783 , *nouv. rép.* , *mot quittance.* — V. *aussi
ci-apr.* , *sect.* 3 , *ch.* 6 , *note* 8 ; *part.* 3 , *tit. de l'inventaire* , *note* 5.

(68) V. aussi d. L. 6 oct. , tit. 1 , sect. 2, art. 6. — Si le notaire refuse sans motif , il peut être suspendu et même interdit. — V. *lettre de
S. E. le grand-juge , au nouv. rép.* , *sup.* , §. 5.

(69) Ni recevoir les actes qui contiennent quelques dispositions en
faveur de ces personnes. — *D. art.* 8.

(70) C'est-à-dire qui ont les qualités désignées au n.° 11, p. 82.
Dr. anc. Même règle. — V. *nouv. repert.* , *mot notaires* , §. 5 , *n.°* 2.

(71) *Responsabilité.* — Après avoir indiqué les contraventions de
formes qui font annuller un acte, la loi du 25 ventose , *art.* 68 , ajoute:
« sauf, *S'IL Y A LIEU* , les dommages-intérêts contre le notaire contre-
» venant ». Mais *quand y aura-t-il lieu ?* voilà une grande question.
Entre plus de vingt arrêts qui l'ont décidée, la plupart affranchissent
le notaire de toute responsabilité lorsqu'il a commis la contravention ,
même par sa faute, mais sans aucun dol (ils donnent une décision
semblable pour les avoués). On les trouve cités ou rapportés dans
Chenu, cent. , *qu.* 55 ; *Bouguier , lett.* N , *n.°* 3 ; *Montholon , ch.* 61 ;
Jouet et Brodeau , lett. N , *somm.* 9 ; *et lett.* D , *n.°* 4 ; *Lange , liv.* 4 ,
ch. 36 ; *Furgole , tr. des testamens , ch.* 12 , *n.°* 15 ; *Denisart , mot nullité* ,
n.° 25-34 ; et le même système a été suivi depuis le code , par les cours
de Rouen et Douai. — V. *arr. de juin* 1809 , *et* 9 *mai* 1810 , *J-C-Nap.* ,
t. 13 , *p.* 25 , *et Nevers , 1810 , supl.* , *p.* 124.

II.

II. *Notaires et témoins.* Les actes doivent être reçus par deux notaires non parens ou alliés entr'eux au degré précédent, ou par un notaire assisté de deux témoins (72) ou d'un plus grand nombre si la loi

---

Ce système offre des avantages et des inconvéniens : il dégage sans doute les notaires et officiers ministériels des inquiétudes et des agressions continuelles auxquelles ils seraient exposés dans l'exercice délicat de leur profession, mais il fait aussi courir bien des risques aux parties, sur-tout eu égard à ce que plusieurs des arrêts précédens n'ont tenu aucun compte de la faute grossière, que les lois assimilent au dol (*magna culpa dolus.* — L. 226, *ff. verb. signif.*). — *V. entr'autres l'arrêt rapporté par Bouguier, sup., in f.*

Quelques autres arrêts paraissent avoir fait cette dernière distinction, et ils ont en conséquence prononcé la responsabilité en cas de faute grossière. — *V. Chenu, sup. ; Expilly, ch.* 100; *Louet et Brodeau, lett. V, somm.* 6; *arr. de Paris et Colmar,* 19 *mai* 1806 *et* 4 *juillet* 1809, *J.-C.-Nap.*, *t.* 7, *p.* 125, *et t.* 13, *p.* 178. — Mais il s'en faut que ce parti fasse cesser tous les doutes ; il reste toujours à savoir ce qui constitue précisément la faute grossière d'un notaire ou officier ministériel, dans les circonstances où la loi ne prononce pas la responsabilité... Voudrait-on, par exemple, dire avec Bouguier, *sup.*, que *culpa est, imò LATA, non intelligere quod omnes homines ejusdem vocationis intelligunt ?* On recevrait pour réponse le motif d'après lequel les arrêts qu'il analyse, dont un rendu sur son propre rapport, n'ont point tenu compte de semblables fautes (telles qu'une omission de lecture aux parties, et même de signature de la part du notaire) : *Clientes sibi imputare debent quod peritiorem non adhibuerint....* Déciderait-on avec la cour de Paris (*d. arr.* 19 *mai* 1806), que lorsque la loi exige une mesure, telle que celle de faire attester par des témoins l'individualité des parties inconnues aux notaires (*v. ci-dev., le texte,* *v.* 2.°, *p.* 80), l'omission rend ceux-ci responsables ?... Tout en admettant la justesse de la décision quant à la même hypothèse parce que l'omission d'une semblable mesure est vraiment une faute grossière, on pourrait objecter que les formes essentielles des actes sont également indiquées et exigées par la loi, et qu'un notaire ne doit pas plus les ignorer, omettre ou violer que se dispenser de la même mesure.... Il serait facile de multiplier ces observations si nous n'étions forcés d'abréger... Nous remarquerons toutefois qu'après avoir lu tous les passages et arrêts précédens, la question de la responsabilité nous a semblé avoir besoin d'une discussion nouvelle et d'une discussion très-approfondie. L'article 1383 du code civil, que plusieurs tribunaux ont pris pour base de leurs jugemens, ne suffit pas pour la résoudre. D'ailleurs en l'appliquant à la lettre on détournerait presque tous les hommes honnêtes, des professions à l'égard desquelles on en a fait usage, puisqu'il rend responsable d'un dommage causé par négligence ou imprudence, c.-à-d. d'une faute très-légère, que dans ces professions il est presqu'impossible d'éviter ces sortes de fautes, et qu'une seule de ces fautes suffirait souvent pour consommer la ruine du fonctionnaire qui l'aurait commise. — V. *au surplus, quant aux avoués et huissiers considérés en particulier, ci-dev. notes* 12 *et* 58, *p.* 65 *et* 76.

(72) Les notaires reçoivent les actes en personne, mais ils peuvent se faire aider pour les ventes. — V. *arr. cass.* 23 *fruct.* [illegible].

l'exige, comme en matière de testamens. — *V. d. L.*
art. 9, 10 *et* 68 ; *C-Nap.* 971, 976, 977 ; *arr. cass.*
20 *juill.* 1809, *J-C-Nap.*, *t.* 13, *p.* 66.

On ne peut prendre pour témoins les parens et alliés
au même degré, des parties et des notaires (73) ; les
clercs et serviteurs de ces derniers ; ceux qui ne sont
pas citoyens, majeurs (74), signataires et domiciliés
dans l'arrondissement communal (75) où l'acte se
passe ; enfin, les condamnés à des peines afflictives
ou infamantes. — *V. d. L. art.* 9 *et* 10 ; *C-pén.* 28
et 34 (76).

III. *Rédaction.* Il faut (sous peine d'amende) écrire
l'original ou minute d'un acte, sur du papier timbré,
lisiblement, *uno contextu* (77), sans abréviations,

---

(73) Mais la loi ne défend pas d'employer des témoins parens entr'eux.
— V. *arr. de Bruxelles*, *du* 25 *mars* 1806, *J-C-Nap.*, *t.* 7.

(74) La loi du 25 ventose ne parle point de la condition de *majorité* ;
mais elle est exigée par la loi du 6 octobre 1791, tit. 1, sect. 2, art. 4.
Clercs. On considère comme tels, même ceux qui, sans aspirer au
notariat, travaillent habituellement chez un notaire. — V. *arr. de
Bruxelles*, 12 *avr.* 1810, *Nevers*, *supl.*, *p.* 107.

(75) C'est-à-dire dans l'arrondissement de la sous-préfecture, car à
l'époque de la loi sur les notaires, le ressort de sous-préfecture était
ainsi appelé. — *V. const. an* 8, *art.* 1 *et suiv.*; *L.* 13 *vent. ix*, *ch.* 1.

(76) Quant aux qualités des *témoins* testamentaires, V. *C-Nap.*
974, 975, 980 ; *nouv. rép.*, *h. v.*, §. 2 ; *ci-apr.*, *sect.* 3, *ch.* 1.

(77) Uno contextu actus testari oportet : est autem uno contextu nullum actum alienum testamento intermiscere. Quod si aliquid pertinens
ad testamentum faciat, testamentum non vitiatur. — *L. heredes* 21, §.
3, *ff. qui testam. fac. poss.*
« Les actes des notaires seront écrits *en un seul et même contexte* ».
— *D. art.* 13. — Comme ces dernières expressions ne sont point reçues
dans le bon langage, il nous semble que le législateur ne s'en est servi
que pour indiquer avec plus de précision la règle du droit romain
indiquée par les mots *uno contextu*, dont elles sont la traduction littérale, et que par conséquent elles doivent être entendues absolument
dans le même sens que la loi *heredes* donne aux mots *uno contextu*.
Mais observent MM. Merlin et Grenier (v. *nouv. rép.*, *mot testament*, *sect.* 2, §. 2, *art.* 6) l'art. 13 ne dit pas les actes seront *rédigés*,
mais *seront écrits*, ce qui peut présenter une idée différente... Nous
répondrons que le mot *écrits* ne paraît avoir été employé au lieu du
mot *rédigés*, que pour éviter une répétition, en un mot pour plus de
concision, parce que les termes suivans du même article, *lisiblement*,

chiffres, blancs, lacunes et intervalles. — *V. d. L.*
25 *vent.*, *art.* 13 ; *L.* 13 *brum.* 7 , *art.* 17. — *V. aussi*
C-Nap. 42 ; *C-com.* 10.

Il faut aussi (sous la même peine) y énoncer,
1.° les noms et résidence du notaire ; 2.° ceux des
parties ; et 3.° (sous peine de nullité) ceux des témoins ainsi que la date et le lieu de l'acte (78). —
V. d. L. 25 *vent.*, *art.* 12-14 ; *arr. d'Aix*, 3 *déc.*
1807, *J-C-Nap.*, *t.* 10.

---

sans abréviation , blancs, etc., convenaient mieux au premier qu'au second de ces mots.

Au surplus, ils remarquent avec raison que l'inobservation de la
règle *uno contextu* n'est punie que d'une amende (excepté dans les
testamens mystiques) ; mais nous croyons aussi , d'après les réflexions
précédentes , qu'elle produirait un préjugé défavorable contre l'acte...
Papon , après avoir discuté cette question , décide qu'il faut à cet égard,
s'en rapporter à la prudence du juge. — V. *id.*, *Notaire, t.* 1 , *liv.* 3, *ch.* 1.

(78) « Le lieu de résidence du notaire qui les reçoit, à peine d'a-
» mende... Le *lieu* , l'année et le *jour* où les actes sont passés , sous les
» peines de l'art. 68 (nullité) , et même de faux si le cas y échevit ».
— *D. art.* 12.

Après avoir rapporté cet art. , M. Favard (*nouv. rép.* , mot *notaire* ,
§. 5 , *n.°* 5) dit à l'occasion du *lieu* de l'acte, « la loi n'exige pas seu-
» lement l'énonciation de la ville ou de la commune , mais encore
» celle de la *maison* où l'acte a été reçu. Cette énonciation est néces-
» saire à la *validité* de l'acte , et elle est prescrite pour mieux assurer
» toute sa vérité. L'ord. de Blois, art. 167 , imposait cette obligation
» aux notaires d'une manière très-expresse, et la loi du 25 ventose
» n'a fait que la confirmer ».

Que l'énonciation de la *maison* soit fort utile , c'est ce qui est évident, mais qu'elle soit essentielle à la *validité* de l'acte, c'est ce que
la loi du 25 ventose ne donne à entendre nulle part. On ne peut dire
qu'elle ait voulu confirmer sur ce point , l'art. 167 de l'ordonnance de
Blois, 1.° parce qu'elle n'en répète point les dispositions , et que cela
eut été nécessaire dès qu'il s'agissait d'une forme dont l'omission devait
produire une nullité ; 2.° parce qu'elle contient des dispositions différentes, entr'autres celle où l'on se borne (*d. art.* 12) a exiger l'énonciation du *jour*, tandis que l'art. 167 veut qu'on marque si l'acte a été
fait avant ou après-midi...Et quand on attribuerait cette intention
à la loi, on ne pourrait rien en induire dans cette occasion , puisque
l'art. 167 ne porte point la peine de nullité quoique un des articles
précédens (165) l'eût prononcée quant à l'omission d'autres formes
des actes de notaires, telles que les signatures des parties et des témoins (N. B. Automne sur Imbert, *liv.* 1 , *ch.* 4, *n.°* 4, qui écrivait
peu de tems après l'ordonnance de Blois, décide également que la
demeure des parties n'est point de la substance de ces actes).

Au reste, les actes peuvent être passés tous les jours de l'année. —
I . 16 *vend. an* 2. — Il faut néanmoins excepter ceux qui ont un caractère judiciaire, et suivre alors *C* pr. 63. — V. *M. Favard, d.* §. 5 ,
n.° 6 ; *ci-apr.*, *sect.* 3, *ch. des tems.*

Les omissions ou renvois et apostilles doivent, sous la même peine, être écrits à la marge et souscrits ou paraphés par les signataires, ou à la fin de l'acte (79) et approuvés par eux. — *V. d. L. art.* 15.

Les surcharges (80), additions et interlignes ne sont pas non plus valables, et il est nécessaire que les radiations de mots soient spécifiées et approuvées. — *V. d. L. art.* 16 (81).

On annexe aux actes les procurations des parties : ils sont terminés par une lecture (82) et, sous peine de nullité, par leur signature et celles des témoins (83) et des notaires. — *V. d. L. art.* 13, 14 *et* 68. — Si l'un

---

(79) Lorsque la longueur du renvoi l'exige ; et il faut une approbation expresse. — V. *d. art.* 15. — V. *aussi C-Nap.* 42.

(80) On conçoit que la surcharge de mots essentiels, de mots *substanciels*, peut opérer la nullité d'un acte.

Mais la surcharge de quelques lettres ne suffit pas pour annuller un mot, si ces lettres y étaient inutiles ; si elle n'a été faite que pour corriger des fautes d'ortographe, si enfin, après la surcharge, on ne peut pas lire un mot différent. — V. *arr. d'Agen, maintenu en cassation le* 3 *août* 1808 ; *de Grenoble,* 22 *févr.* 1809, *J-C-Nap., t.* 11 *et* 12 ; *de cassation,* 22 *déc.* 1806.

(81) Elles doivent être faites de telle sorte que le nombre des mots rayés puisse être constaté... à peine d'amende, de dommages et même de destitution en cas de fraude — *D. art.*

(82) Dont on fait mention : le tout sous peine d'amende. — V. *d. art.* 13. — La mention de la lecture s'applique aux renvois approuvés comme au corps de l'acte. — V. *d. arr.* 3 *août* 1808.

Au reste, l'annexe des procurations est une règle générale (v. *C-Nap.* 44 ; *C-pr.* 384, *etc.*) fondée sur ce qu'une procuration pouvant être donnée en brevet, rien n'en constaterait l'existence en faveur de la partie qui contracte avec le mandataire. — V. *toutefois ci-dev.* §. *des avoués, note* 16, *n.°* 4, **p. 66.**

(83) Avec mention de ces signatures ou des causes de non signature. — V. *d. art.* 14. — Mais le défaut de mention ne produit point nullité relativement à la signature du notaire. — V. *avis du cons. d'état du* 20 *juin* 1810.

Le même art. 14 exige que la mention ait lieu à la fin de l'acte. Un tribunal faisant l'application littérale de cette règle a annullé plusieurs actes où la mention était faite au commencement, suivant cette ancienne formule, *pardevant le notaire et les témoins soussignés.* — V. *J-C-Nap., t.* 13, *p.* 590. — Mais cette interprétation trop rigoureuse paraît avoir été rejetée indirectement *par l'avis déjà cité* ; et elle a été aussi proscrite par la cour de Turin. — V. *arr.* 26 *févr.* 1810, *Nevers, id., supl., p.* 124.

des deux notaires n'a pas signé , l'acte est nul. — *V.
Basset, tom.* 1 , *liv.* 2 , *tit.* 14 *; arr. cass.* 2 *nov.* 1807 ,
J-C-N.,t. 10, *et nouv. rép. mot notaires,* §. 5 , *n.°* 7*;
arg. dud. art.* 14. — Les actes sont ensuite enregis-
trés (84). — *V. L.* 22 *frim.* 7 , *art.* 20.

. IV. *Effets des actes.* 1.° Les actes des notaires ,
revêtus du mandement de l'EMPEREUR, et légalisés ,
sont exécutoires dans toute l'étendue de l'Empire. —
V. d. L. 25 *vent.* , *art.* 19, 25 *et* 28 *; S-C.* 28 *flor. xij,
art.* 141 (85).

Mais si on les attaque par la voie du faux principal, l'accusation en suspend l'exécution , et le juge
peut aussi la suspendre en cas d'inscription de faux
incident (86). — *V. d. art.* 19 *; C-Nap.* 1319.

---

(84) Si non ils ne valent que comme écrits privés suivant les art.
2 et 9 de la loi du 19 déc. 1790. Ces articles n'ont-ils pas été abrogés
par la loi du 22 frimaire an 7 , art. 73 ? *Non* , suivant M. Merlin ,
nouv. répert. , t. 4 , p. 634 , qui cite un arrêt de cassation du 7 déc.
1807. Néanmoins on a jugé dans la suite que le défaut d'enregistrement pendant les délais prescrits , n'expose qu'à une amende. — *Arg.
dudit art.* 73 ... *V. arr. cass.* 23 *janvier* 1810 , *Nevers* , *p.* 59.

(85) V. aussi au liv. 3, le tit. des règles générales de l'exécution
forcée , notes 3 et 4.
Légalisation. Cette formalité , imaginée dans le moyen âge, a pour
but de rendre authentique (c'est-à-dire , vrai , certain) un acte par
rapport aux tiers et aux fonctionnaires étrangers au pays du notaire ,
et de contraindre ces derniers à l'exécuter. Donc elle n'est point essentielle à l'authenticité intrinsèque d'un acte ; donc une partie n'est
point recevable à contester l'exécution d'un acte , sous prétexte
qu'il n'a pas été légalisé , ainsi que semble l'avoir jugé la cour de
Colmar (V. arr. 26 mars 1808 , J-C-pr. , t. 2)... En un mot, l'exécution ne peut être arrêtée par rapport aux parties (car le fonctionnaire étranger et le tiers peuvent dire qu'ils ne connaissent pas l'acte
non légalisé) , que dans les deux circonstances que nous allons indiquer au texte... ; d'où il résulte que l'exécution d'un acte vrai , mais
non légalisé , ne peut être annullée.
N. B. La cour de Paris admet sans doute ces principes , puisqu'elle a
décidé que le défaut de légalisation *n'emporte* point la nullité des actes.
— V. arr. 19 oct. 1809 , J-C-Nap., t. 14, p. 306.
Quant au *mandement*, v. tit. de la saisie immobil. , note 16.

(86) *Observations.* 1. Faut-il absolument que l'inscription ait été faite ?
— V. *deux arrêts opposés , des cours de Turin et Bordeaux , J-C-Nap. ,
t.* 6 *,p.* 224 *et* 393. — M. Réal semble décider l'affirmative. — V. *exposé
des motifs de L.* 25 *vent.*
Dr. nouv. Les actes étaient exécutoires nonobstant inscription de

2.º Les actes des notaires font pleine foi (87) des conventions ou dispositions qu'ils renferment (88), entre les parties et leurs représentans. Il en est de même des énonciations qui ont un rapport direct aux dispositions ; les autres énonciations ne servent que de commencement de preuve. — *V. d. art.* 19 *in pr.*; *C-Nap.* 1319, 1320, 1347, *et le cours de dr. civil* (89).

3.º S'ils sont nuls, ils valent comme écritures privées, pourvu que les parties les aient souscrits. — *V. d. L. art.* 68; *C-Nap.* 1318 (90).

---

faux, jusques à jugement définitif. — *L.* 6 *octobre* 1791, *tit.* 1, *sect.* 2, *art.* 13 ; *arr. cass.* 23 *brum. xiij.*

2. La mise en accusation exigée ci-dessus pour que la plainte en faux principal fasse suspendre l'exécution de l'acte, n'est relative qu'aux actes qui sont tout-à-la-fois authentiques et exécutoires.... À l'égard des actes qui sont simplement authentiques tels que des actes de procédure, des actes d'huissier, les juges ont la faculté de surseoir au jugement de la cause où ils sont produits, sur la seule plainte et sans attendre que l'accusation soit prononcée. — *V. à ce sujet*, *arr. cass.* 15 *févr.* 1810, *et sur-tout les conclus. de M. Merlin*, *J.-C-Nap.*, *t. xiv. p.* 443 *et suiv.*; *C-pr.* 250 ; *ci-apr.*, *part.* 2, *tit. du faux incident*, §. 3.

(87) Et cela par la simple production qu'on en fait. — *V. ci-apr.*, *divis.* 2, *de la procédure incidente*, *note* 3.
Néanmoins, suivant la cour de Turin, on peut déférer le serment à celui qui les produit. — *V. arr.* 10 *niv. xiv*, *J-C-Nap.*, *t. vj.*

(88) C'est-à-dire, de tout ce qui produit une obligation entre les parties, parce qu'elles sont censées y avoir donné plus d'attention qu'à des énonciations qui ne les engageaient à rien.
Observation. Nous ne pouvons nous empêcher de placer ici une réflexion de Loiseau. Les notaires « tiennent pour règle de leur
» charge, d'obliger toujours les parties le plus étroitement qu'ils
» peuvent ; et ils insèrent quelques fois en leurs contrats des clauses,
» dont ni les parties, ni eux-mêmes n'entendent pas bien l'effet et
» l'importance, et telles bien souvent, que si les contractans les
» entendaient, ils ne s'y voudraient pas soumettre ». — *Id.*, *liv.* 4, *ch.* 11, *n.º* 12.

(89) A l'égard des tiers, ils ne prouvent que *rem ipsam*, c'est-à-dire l'existence de la convention; excepté toutefois *in antiquis*, lorsque les énonciations anciennes sont soutenues d'une longue possession. — *V. M. Merlin*, *rec. alphab.*, *t.* 2, *p.* 382, *et t.* 7, *p.* 512, *et nouv. rép.*, *t.* 4, *p.* 399; *arr. cass.* 11 *octob.* 1808, *au bullet. et à J C-pr.*, *t.* 2, *p.* 471.

(90) Cet art. est une confirmation de l'art. 68. — *V. arr. de Turin*, 2 *fevr.* 1809, *J-C-Nap.*, *t.* 14, *p.* 66, 67.
Suivant la même cour, *ibid.*, l'art. 1325 qui exige que les actes privés synallagmatiques soient faits en autant de doubles qu'il y a de

4.º Ils produisent une hypothèque. — *V. C-Nap.* 2127 , *et d. cours.*

V. *Surveillance.* Les notaires sont soumis à la surveillance d'une chambre de police et discipline. — *V. d. L.* 25 *vent.*, *art.* 5o *et* 51 *; arrêté du* 2 *niv.* *xij* (91). — Indépendamment de l'action du ministère public lorsqu'il y a prévarication. — *V. arr. cass.* 13 *mai* 1807 , *à la J-C-N.*, *t.* 9.

§. 5. *Des avocats.*

Défendre les particuliers devant les tribunaux , soit de vive voix, soit par écrit, ou les éclairer par des conseils , tels sont les objets principaux de la profession d'avocat (92).

La dernière fonction , c'est-à-dire la consultation, n'est défendue à personne. Néanmoins il est des circonstances où l'on n'y admet que les avocats (93).

A l'égard de la première , c'est-à-dire de la défense écrite ou verbale , les avoués qui sont licenciés peuvent la partager avec les avocats (94) ; ceux qui ne

---

contractans , n'est point applicable à cette hypothèse , parce que le but de la loi se trouve rempli. Elle a voulu que chaque partie eût un titre en son pouvoir, et ici chacune peut s'en procurer une copie chez le notaire , puisqu'il conserve la minute de l'acte quoique cet acte soit nul comme acte authentique.

(91) V. aussi circulaires du Grand-juge , des 22 vent. xij et 6 vendém. xiij , au nouv. répert. , sup.

(92) Pour pouvoir l'exercer , il faut avoir le grade de licencié et être admis par un tribunal à prêter un serment particulier. — V. *L.* 22 *ventose an* 12 , *art.* 23 , 24 *et* 31.
Après la prestation de serment , le gradué est placé sur le tableau des avocats. Jadis il fallait encore , du moins dans quelques cours , avoir fait un stage , ou espèce d'essai de la profession. A l'avenir, les règles relatives à la réception de l'avocat seront déterminées par un réglement de l'EMPEREUR. — V. *d. L.*, *art.* 38, *n.º* 7.

(93) *Exemples.* 1. Requêtes civiles. — V. *en ci-apr. le tit.* , §. 4 *; et* C-pr. 495 — 2. Transaction d'un tuteur pour son mineur. — V. *C-Nap.* 467.

(94) Les avocats avaient autrefois le droit de plaider et d'écrire dans

le sont pas ont besoin d'une autorisation du tribunal (95). — *V. L. 22 vent. xij , art. 30 et 32.*

Les avocats, selon l'ordre de leur tableau (et avant
les avoués), ont aussi le droit d'être appelés à suppléer les juges , en cas de partage (96) ou d'insuffisance de nombre. — *V. d. L. art. 29 et 30; C-pr.*
118 et 468; ci-apr. tit. des jugemens , ch. 1 , n° 1 ,
et des renvois , note 14 (97).

---

toutes sortes de causes, et il en était plusieurs où ils exerçaient ce
droit à l'exclusion des procureurs ; telles étaient auprès des cours
supérieures, les causes d'appel et de requêtes civiles, les questions
d'état, et, en général, les causes où il s'agissait de discussions plus
de droit que de fait. — V. **Imbert**, *et* **Automne** *sur id.*, **liv. 1** , **ch. 12** ,
n.°7 ; et le répert. de jurisprud. — Néanmoins, observe le même Imbert,
ibid. , « l'autorité des procureurs est si accrue en ce royaume, qu'il
» fait qu'un aduocat, tant sçauant soit-il , capte leur beneuolence,
» s'il veut gaigner en son estat, parce qu'ils baillent les causes aux
» aduocats, mesmement s'ingerent faire escritures... et les reçoivent
» à ce aucuns juges, doutans qu'ils ne fussent assez diligens à leur ad-
» uancer leurs espices de sentences, etc. » (Imbert écrivait il y a plus
de 250 ans).

(95) Donnée en cas d'absence ou de refus des avocats. — *D. art.* 32.

(96) Dans les partages des cours d'appel , les jurisconsultes seuls
sont appelés. — V *d. art.* 468 *et d. ch. 1 , n. 1.*

(97) On peut consulter au sujet de la profession honorable dont nous
venons de parler, le dialogue des avocats, par Loisel : les lettres sur
la profession d'avocat, publiées en tête de la bibliothèque de droit ,
par Camus ; les œuvres de d'Aguesseau , etc.

☞ Si le réglement sur les avocats (*v. ci-dev. note* 92 , *p.* 87) paraît
pendant l'impression de cet ouvrage , nous en donnerons , à la fin , un
extrait.

APPENDIX

A LA PREMIÈRE SECTION.

De la jurisdiction administrative dans ses rapports avec la jurisdiction ordinaire.

LE mot *administration* par lequel on désigne, en général, la gestion d'un officier quelconque, a été spécialement appliqué à celle des fonctionnaires chargés de la direction des affaires intérieures d'un état. Ces fonctionnaires, quant à la hiérarchie, sont distribués comme ci-après :

Les municipalités forment le degré inférieur ; elles sont subordonnées aux sous-préfets, et ceux-ci aux préfets ; on recourt des décisions de ces derniers au conseil d'état et au ministère. Enfin, l'on peut présenter directement à l'EMPEREUR des pétitions sur des matières de toute espèce.

Il y a en outre auprès de ces autorités administratives, divers conseils chargés d'émettre des vœux ou de donner des décisions ; tels sont les conseils municipaux, les conseils d'arrondissement, ceux de département et ceux de préfecture.

Les lois nouvelles ont attribué à l'autorité administrative la connaissance (1) de plusieurs espèces de

____

(1) Ainsi, 1.° on doit se pourvoir au conseil d'état, par l'intermédiaire du ministre des cultes, dans tous les cas d'*abus*, c'est-à-dire d'atteinte portée aux libertés de l'église gallicane, de difficultés sur l'administration des sacremens, etc. — V. *L.* 18 *germ.* 10, 1.re *partie*, *art.* 6-8.

2.° Le conseil de préfecture connaît du contentieux des domaines nationaux, de la grande voirie, des indemnités dues aux particuliers à raison des terreins pris pour les ouvrages publics, ou des dommages causés par les entrepreneurs ; des difficultés qui naissent des marchés passés sur les travaux publics, sur l'habillement des troupes, etc. — V. *L.* 28 *pluv. an* 8, *art.* 4; *décrets du* 28 *avril* 1806, *art.* 13, *et du* 10 *février* ; *arrêté du* 9 *fructid. x* ; *M. Merlin*, *nouv. rép.*, *t.* 13, *p.* 118 ; *M. Henrion*, *ch.* 4, §. 3, 4 *et* 12. — Il statue aussi sur les demandes des communes, en permission de plaider. — V. *d. art.* 4; *ci-apr.*, *tit. de l'autorisation*, §. 2.

contestations : quelles sont ces contestations? à quels caractères les distingue-t-on des contestations ordinaires ! etc. Voilà des questions qu'il est essentiel d'approfondir et de résoudre, mais dont nous n'avons point à nous occuper, parce que les règles relatives à cette matière importante doivent être exposées dans le cours du droit administratif (2). Nous nous bornerons à quelques observations abrégées.

I. Les affaires contentieuses attribuées aux administrations, sont portées au conseil de préfecture. Il y

---

(2) Voici quelques exemples de ces règles dans des affaires qui paraissent mixtes. Les mots *administration* et *tribunaux* indiqueront l'autorité à laquelle il faut les soumettre.

1. *Administration.* Entreprises sur la voie publique et les chemins vicinaux. — V. *L. 9 vent. xiij*, art. 6-8; *L. 29 flor. x*; décr. *24 juill.* 1806, *cité au nouv. rép.*, t. 2, p. 261, 262; *M. Merlin*, *ibid.*, et t. 13, p. 463; *M. Henrion*, ch. 4, §. 8.

Tribunaux. — Dégradation des chemins vicinaux. — V. *arr. cass. crim.*, 30 *janvier* 1807; *M. Merlin*, t. 13, p. 465; *M. Henrion*, *ibid.*

Tribunaux. — Questions de savoir si un terrain forme un chemin public ou un chemin de souffrance, et par conséquent une propriété privée; ou si une propriété privée est grevée d'un droit de passage, même envers le public. — V. *décr.* 28 *juin* 1806 *et* 25 *mars* 1807, *cités*, *d.* p. 262; *M. Merlin*, *ibid.*

2. *Administr.* Contestations sur la validité ou l'interprétation d'une adjudication de biens nationaux. — V. *arrêtés* 2 *niv. vj et* 5 *fruct. ix*; *M. Henrion*, ch. 4, §. 2; *M. Merlin*, *sup.*, t. 3, p. 38; *ci-apr.*, §. *des causes domaniales*; *arr. cass.* 21 *nov.* 1808.

Tribun. — Question de savoir qui de l'état ou d'un particulier est propriétaire de tel bien ou tel droit foncier. — V. *M. Merlin*, *ibid.*; *d.* §. *des causes domaniales.*

3. *Tribun.* — Féodalité des rentes, même nationales. — V. *avis du cons. d'état*, 14 *mars* 1808.

4. *Administr.* — Contentieux des contributions directes. — V. *ci-apr.*, *au liv.* 1, *le* §. *des causes de contributions.*

Tribun. Id., id., indirectes, et même les expropriations faites à la suite des contestations précédentes. — V. *d.* §.

5. *Administr.* — Contestations relatives aux rivières. — V. *M. Merlin*, *sup.*, t. 4, p 439, *et plus. autorités*, *ibid.*; *M. Henrion*, ch. 15, §. 1.

Tribun. — *Id.* Cours d'eaux et canaux privés. — V. *M. Merlin*, *ibid.*; *décr.* 28 *nov.* 1809, *j. des avoués. t.* 1, p. 294.

6. *Tribun.* — Contestations entre un soustraitant et un entrepreneur général de fournitures pour le compte de l'état (elles sont du ressort des tribunaux de commerce). — V. *arr. cass.* 6 *sept.* 1808.

☞ Voyez d'autres questions sur cette matière, *au nouv. répert.*, mot *pouvoir judiciaire*, §. 2; *arr. cass.* 16 *mai*, 9, 14 *et* 16 *août* 1809, n.os 42, 78, 80, 81.

statue en première instance (3). Assimilé en ceci à un juge, il ne peut déroger ni à ses propres arrêtés ni à ceux des administrations antérieures, sur ces affaires (4). — *V. M. Merlin, nouv. rép., t. 2, p. 847, t. 1, p. 339. — V. aussi L. 25 pluv. viij, art. 4; arrêté 9 fructid. x; etc.*

Ses décisions ont besoin, pour être exécutées, d'une ordonnance du préfet. — *V. M. Lagarde, ibid., mot préfet, n.º 10* (5).... On peut en recourir au conseil d'état, dans les trois mois de la notification; mais le recours n'a point d'effet suspensif. — *V. décr. 22 juill. 1806, art. 3 et 11; avis du cons. d'état 11 janv. 1808; M. Merlin, sup., mot moulin, §. 8.*

II. Lorsqu'une affaire contentieuse administrative est portée à un tribunal, il doit en ordonner et le procureur impérial est tenu d'en requérir le renvoi, même sans réclamation des parties. — *V. arrêté 13 brum. x, art. 1, et 5 fruct. an 9; M. Henrion, ch. 4, §. 15* (6).

Si l'instruction est continuée, soit sans demande en renvoi, soit malgré la demande; si même il y a eu un jugement, le préfet, sur la réclamation d'une des parties, ou l'avis du procureur impérial, ou même d'office, *élève le conflit* par un arrêté, c'est-à-dire, forme une espèce de revendication de l'affaire. Cet arrêté fait surseoir à toutes procédures jusques au

---

(3) On a vu, *note* 1, qu'il en est qu'on porte directement au conseil d'état.

(4) Cela est d'une jurisprudence constante au conseil d'état, et l'on y tient aussi que les préfets ne peuvent pas non plus déroger aux arrêtés de leurs prédécesseurs. — V. *M. Merlin, id., t. 1, p.* 339.

(5) Si le préfet refuse l'*exequatur*, il doit en informer sur-le-champ le ministre. — V. *M. Lagarde, ibid.*
Quant à la formule d'exécution, v. *ci-apr., liv.* 3, *sect.* 2, *tit.* 1, *note* 4, *n.º* 3.

(6) C'est qu'il s'agit alors d'une incompétence *ratione materiæ*; aussi le jugement peut-il être cassé même sur la réclamation du demandeur. — V. *arr. cass.* 13 avr. 1808.

jugement du conflit. — *V. d. arrêté* 15 *brum.*, *art.*
2 *et* 3 ; *M. Henrion*, *d. §.* 15 ; *M. Lagarde*, *sup.*
n.º 16 (7).

Les conflits de ce genre sont jugés au conseil d'état
sur le rapport d'un ministre ; la décision du conseil
est convertie en décret (8). — *V. L.* 14 *octob.* 1790 ,
art. 3 ; *L.* 21 *fruct. iij*, *art.* 27 ; *arrêté* 5 *niv. viij* ;
M. Merlin, sup. , *t.* 2 , *p.* 777 (9).

---

(7) Le conflit élevé, ni les tribunaux , ni les conseils de préfecture
n'ont le droit de statuer sur la contestation. — V. *dd. autorités ; arrêté*
19 *therm. ix ; arr. cass.* 18 *pluv. xj.*

A l'égard du mode qu'on suit pour élever le conflit, et en informer les
tribunaux et autres autorités , *voyez* d. arrêté 13 brum.

Observations. La loi prononce des peines plus ou moins graves contre
les juges qui ont empiété sur les fonctions administratives , et contre
les administrateurs qui ont empiété sur les fonctions judiciaires. — V.
C-pén. 127-131.

(8) Même règle à l'égard des conflits négatifs. — V. *tit. des réglemens
de juges* , *note* 3. — Les conflits de ces deux espèces qui s'élèvent entre
l'autorité judiciaire et l'autorité administrative , sont nommés conflits
d'attribution. — V. *M. Merlin* , *nouv. rép.* , *h. v.* — On nomme conflits
de *jurisdiction* ceux qui s'élèvent entre plusieurs tribunaux.

Au reste , le conseil d'état ne connaît des jugemens que pour défendre l'autorité administrative quand il y a un empiétement de la part de
l'autorité judiciaire. — V. *avis du cons. d'état* , 26 *fructid. xiij.*

(9) On peut , dans les trois mois de la notification , s'opposer aux
décisions de défaut du conseil , mais l'opposition n'a point d'effet suspensif. — V. d. *décr.* 22 *juill.* 1806 , *art.* 29.

A l'égard 1.º de la procédure observée au conseil d'état en matière
contentieuse, *voyez* d. décret. — 2.º Des pétitions à présenter à l'EM-
PEREUR , *voyez* décr. du 20 septembre 1806. — 3.º Des affaires de la
liste civile, *voyez* décr. du 12 juill. 1807.

SECTION SECONDE.

Des actions.

DANS son acception la plus générale le mot action (1*) indique un mouvement par lequel nos organes agissent sur les objets extérieurs (2) ; en droit, il a une acception différente. Quelle est cette acception, ou plutôt quelle est la nature de l'action, quelles en sont les espèces principales ? Voilà ce nous que allons d'abord examiner. Nous parlerons ensuite des tribunaux où l'on porte les actions.

CHAPITRE PREMIER.

Des actions considérées en général.

" UNE action n'est autre chose que le droit de „ poursuivre en jugement ce qui nous est dû „. — *Inst.*, *de actionib.*, *in pr.*

Cette définition que Justinien nous donne d'après Celsus (*L.* 51, *ff. de obligat. et act.*), n'est ni exacte ni complette. 1.° Elle est inexacte en ce que l'action est le moyen, la voie par lesquels nous parvenons à obtenir ce qui nous est dû, plutôt que le droit de l'obtenir. — *V. Vinnius*, *h. tit.* (3). — Il

______

(1*) Le mot *acte* est souvent synonime du mot *action*, pris dans l'acception générale. En droit, il désigne un fait, et plus ordinairement un écrit quelconque, dont on fait usage ou que l'on conteste.

(2) Tel est peut-être le motif pour lequel on nomma dans le principe, *actions des lois*, les formules ou autres méthodes par lesquelles on pouvait agir en jugement en vertu de la loi. — V. *ci-ap.*, *note* 5.

(3) Paul admettait sans doute la même définition, puisqu'il décide que le mot action désigne aussi une poursuite. — *l.* 34, *ff. verb. signific.* Le code Napoléon emploie une fois ce mot dans le sens de *réclamation.* — V. *id.*, *art.* 1342.

faut néanmoins convenir que dans l'usage on se sert également du mot action pour désigner le droit de poursuite. L'on dit, en effet, " j'ai une action contre ,, N. pour l'exécution de telle obligation ,, (4).

2.° La définition de Justinien est incomplette en ce qu'elle ne comprend pas les actions réelles. — *V. Pothier, in pand., reg. jur., n.°* 1436*; ci-apr., ch.* 2.

D'après ces observations nous préférons à la même définition celle d'Heineccius : " l'action est un moyen ,, légitime pour réclamer en jugement les droits qui ., nous *compètent* ,,. — *V. id., instit.,* §. 1088 (5).

Comme les droits d'un particulier peuvent lui être assurés par la loi civile ou la loi criminelle, on divise en général les actions en publiques ou criminelles, et en privées ou civiles. Il sera question des premières au cours de droit criminel ; les autres, dont nous allons nous occuper, se sous-divisent en actions personnelles, réelles et mixtes (6).

---

(4) Ainsi, dans ce sens l'on dit également : « la péremption éteint » une procédure, mais elle n'a aucun effet sur l'action». — *V. ci-apr. liv.* 1, *titre de la péremption.*

(5) Il résulte de là que le droit de celui qui actionne est nécessairement antérieur à son action ; mais lors même que la loi nous donne un droit proprement dit, elle ne nous accorde pas toujours une action, ou le *moyen* de réclamer ce droit. — *V. ci-apr., part.* 2, *introduction, art.* 3, §. 1.

(6) Cette division suffit à notre procédure ; les romains en admettaient plusieurs autres, au sujet desquelles on peut consulter le cours de droit romain et les instituts d'Heineccius... Les *actions des lois* usitées sous la république, consistaient dans l'emploi de certaines formules rigoureuses, et même de certains signes déterminés, dont les jurisconsultes avaient seuls le secret. Si l'on n'usait pas des formules ou signes affectés à l'espèce d'action qu'on avait à exercer, on supportait non-seulement les frais de la procédure, comme parmi nous, mais on était même déchu de son droit, au *fond.* — *V. notre cours de droit civil, article des actions des lois.*
A l'égard de la nature des actions considérées comme formant une espèce de biens, les auteurs étaient jadis fort divisés. Les uns voulaient que ce fussent des biens d'une espèce particulière ; d'autres voulaient qu'on les rangeât, ou parmi les meubles, ou parmi les immeubles, suivant qu'elles avaient pour objet des meubles ou des immeubles. Ce dernier parti, soutenu entr'autres par Gaill (*lib.* 2, *obs.* 2?), Cujas (*consult.* 3), M. Merlin (*rec. alph., mot légitime,* §. 8), et M. Henrion (*ch. xj*), a été adopté par le code Napoléon, art. 526 et 529. — *V. le cours de droit civil.*

CHAPITRE II.

Des actions principales usitées dans le droit français civil.

Les actions principales usitées dans le droit français civil sont, on vient de le voir, les actions personnelles, réelles et mixtes. Nous allons tâcher d'en bien développer la nature et les différences. Nous dirons ensuite un mot de quelques espèces d'actions réelles qui, à raison de leur importance, exigent un examen particulier.

Article premier.

Des actions personnelles, réelles et mixtes.

I. *Définitions.* L'action personnelle est celle par laquelle nous agissons contre celui qui est tenu (obligé) de faire pour nous, ou de nous donner quelque chose. Elle se dirige toujours contre la personne. — *V. L.* 25, *ff. de oblig. et act.*, *in pr.*, ⱴ. *in personam.*

Par l'action réelle nous agissons contre le possesseur de la chose que nous réclamons, ou sur laquelle nous prétendons avoir un droit réel (1). On l'intente toujours contre ce possesseur. — *V. d. L.* ⱴ. *in rem.*

L'action mixte s'exerce tout-à-la-fois, et contre la personne obligée et contre le possesseur, parce qu'elle nous sert à réclamer et l'accomplissement d'une obligation et la restitution d'une chose. — *V. inst.*, *de actionib.*, §. 20.

---

(1) La partie de la définition qui est relative au droit réel, n'est pas indiquée par la loi 25, mais elle est une conséquence de la nature de l'action réelle. On verra ci-après, *art.* 2, §. 1, que l'action possessoire, qui est une espèce d'action réelle, a pour objet les droits réels comme les choses.

II. *Différences entre l'action personnelle et l'action
réelle.* — D'après ces définitions on voit que l'action
personnelle diffère de l'action réelle, sous le triple
point de vue de l'origine, du sujet, et de la réclamation (2).

1.º *Origine.* L'action personnelle dérive nécessairement d'une obligation, à laquelle l'actionné, ou
ceux qu'il représente, sont soumis, soit par leur consentement, comme lorsqu'il y a eu un contrat, soit
par la disposition de la loi comme lorsqu'il y a eu
un quasi-contrat, un délit ou un quasi-délit (3).

L'action réelle, au contraire, ne dérive pas nécessairement d'une obligation ; elle peut tirer sa source
d'un droit acquis sans la moindre participation de l'actionné ou de ses auteurs (4).

2.º *Sujet.* L'action personnelle se dirige toujours
contre la personne de l'actionné ou contre celle de ses

---

(2) Elle en diffère encore sous un quatrième point de vue dont il est
question dans la loi 14, §. 2, *ff. de except. rei judic.*, et que Cujas (*ad
d.* §., *in lib.* 71 *Pauli*, *ad edict.*) développe avec sa sagacité ordinaire.
Voici l'hypothèse. Une chose nous est due en vertu de plusieurs titres
(par exemple de convention, de testament, etc.). Nous la réclamons
en vertu d'un seul, et par l'action personnelle : si nous succombons,
nous pouvons agir de nouveau par la même action , en vertu d'un des
autres titres. Au contraire, si par l'action réelle nous revendiquons
une chose en nous bornant à dire qu'elle nous appartient, et par conséquent sans spécifier le titre sur lequel est fondée notre propriété,
nous ne pouvons plus , en cas que nous succombions, agir par la même
voie et en vertu d'un titre d'après lequel nous prétendons n'avoir pas
agi ; nous serions repoussés par l'exception de la chose jugée. C'est,
1.º qu'en exerçant d'une manière générale l'action réelle en revendication, nous sommes censés y avoir compris (*in judicium deduxisse*)
tous les titres, toutes les causes de notre propriété ; 2.º qu'une fois
propriétaires d'une chose , nous ne pouvons le devenir de nouveau en
vertu d'un autre titre (*causa dominii multiplicari non potest*) , tandis
qu'il n'en est pas de même à l'égard de ce qui nous est dû , parce que
la personne qui nous est obligée , peut de nouveau s'obliger ou être
obligée envers nous , et à raison d'autres titres , pour la même chose.

(3) Elle en dérive, parce que c'est la *personne* elle-même qui s'est
soumise ou qui a été soumise par la loi à remplir une obligation.

(4) *Exemples.* 1. Une action en délaissement d'un héritage , dont le
demandeur prétend avoir acquis la propriété à titre de succession.
2. Une action en reconnaissance d'une servitude (ou action *confessoire*)
qu'il prétend avoir acquise par prescription sur le fonds de son voisin...
Dans ces cas, le possesseur actionné ne s'est soumis à rien.

représentans

représentans (5). Les biens de l'actionné sont, il est vrai, le gage de l'obligation d'où résulte cette action; mais s'il les aliène, elle ne peut plus se réfléchir contre ces biens; elle continue à être exercée contre la personne, lors même que l'actionné n'a plus de biens, ou contre ses représentans, quand même il ne leur en a point transmis (6).

L'action réelle a un effet inverse; elle se dirige toujours contre la chose. Il est vrai que comme la chose est un objet inanimé, on est forcé de s'adresser au possesseur. Mais ce n'est qu'en cette dernière qualité qu'on attaque celui-ci, et non point comme obligé, ou comme représentant de l'obligé; de sorte que si l'obligé aliène la chose, l'action la suit entre quelques mains qu'elle passe, et abandonne alors l'obligé pour se diriger contre le nouveau possesseur de cette chose (7).

5.º *Réclamation.* Par l'action personnelle on demande (8) que la personne de l'obligé ou de son re-

---

(5) *Earum ossibus inhærent sicut lepra cuti*, dit Loiseau, liv. 2, ch. 1, n.º 3.

(6) Supposons que le débiteur n'ait pas aliéné tous ses biens, mais que ceux qu'il a laissés à son héritier ne valent qu'une partie, même une très-petite partie de l'obligation antérieure à l'aliénation, l'héritier (s'il a adi) ne sera pas moins tenu de l'action personnelle dans toute l'étendue de cette action. — V. aussi I. 25, *ff. de re judicatà.*

Bien plus, tant que l'héritier légal n'a pas renoncé, comme il est saisi de plein droit de la succession, l'action personnelle sera légitimement exercée contre lui, lors même qu'il ne se serait pas immiscé (sauf à lui à faire valoir d'autres exceptions). — V. M. *Merlin, rec. alph., mot héritiers,* §. 1; arr. cass. 21 *flor. x, ibid.*

La décision suivante paraît fondée sur ces principes. Un légataire d'immeubles, chargé de payer un legs, ne peut s'en dispenser, sous prétexte que ces immeubles, passés à l'Etat pour cause d'émigration, ne lui ont pas été restitués lors de son amnistie. Il suffit qu'avant l'émigration, il en eût pris possession, pour qu'il continue à être passible de l'action *personnelle* que le second légataire avait contre lui en vertu de son legs (V. *C-Nap.* 1017), et que ce dernier ne soit pas forcé d'agir contre les possesseurs des mêmes immeubles. — V. arr. cass. 17 *mai* 1809.

(7) Même observation à l'égard d'un 2.ᵉ, 3.ᵉ, 4.ᵉ, etc. possesseur.

(8) C'est-à-dire, on *conclut* à ce que la personne, etc., soit contrainte de faire ou donner, etc.

G

présentant fasse ou donne ce qu'elle est obligée de faire ou donner.

Par l'action réelle on demande que la chose soit déclarée appartenir au réclamant, ou être affectée à son droit réel (tel qu'un droit de servitude). Si l'on conclut aussi, suivant l'usage, à ce que l'actionné soit tenu de délaisser l'héritage ou de consentir au droit réel et aux suites de ce droit, c'est qu'il est impossible d'agir autrement. Ce qui prouve que, même dans ce cas, on s'adresse en effet à la chose, c'est que si le possesseur la délaisse, il est affranchi de toute action (9), tandis que l'obligé ne peut se mettre à l'abri de l'action personnelle, en abandonnant ses biens (10) ; il faut absolument qu'il remplisse toute l'obligation à laquelle il est soumis (11).

---

(9) Ainsi, 1.º le propriétaire d'un fonds servant, qui est chargé des réparations de la servitude, peut toujours s'affranchir de la charge en abandonnant le fonds. — V. *C-Nap.* 699. — V. aussi *id.* 656.

2.º Le tiers-acquéreur d'un bien grevé de rente foncière ou emphytéotique, s'en libère par le *déguerpissement.* — V. M. *Merlin, nouv. répert., h. v.; Pothier, du bail à rente ; et le savant traité de Loiseau, liv.* 4, *ch.* 4 *et* 5, *etc.*

3.º Le tiers-détenteur d'un bien chargé d'hypothèques, s'affranchit des poursuites des créanciers, par le délaissement. — V. M. *Merlin, nouv. répert., mot délaissement ; et ci-apr., titre de la saisie immobilière, ch.* 2, *n.º* 5.

Observation. D'après les principes exposés ci-dessus, on a jugé que l'engagiste qui, *ab initio litis,* offre de vider le fonds revendiqué, doit obtenir ses dépens. — *Arr. du parlement de Grenoble, du* 12 *juillet* 1744, *au rapport de M. de la Ric.*

(10) Il est vrai qu'on a le bénéfice de cession ; mais outre que ce bénéfice n'est pas accordé à certains particuliers, il n'affranchit que de la contrainte par corps, et non pas de l'action personnelle. — V. en *le titre, ci-apr., part.* 3. — V. aussi *Loiseau, liv.* 4, *ch.* 1, *n.º* 7 (la cession, dit-il, est le seul délaissement qui ait lieu aux dettes personnelles).

(11) Il est essentiel de bien saisir les différences qui existent entre les actions personnelle et réelle, non-seulement parce que ces actions ne sont pas portées aux mêmes tribunaux, mais encore, et ceci est d'une toute autre importance, parce que l'une (la réelle) se prescrit souvent par dix ou vingt années, et l'autre seulement par trente années. — V. *C-Nap.* 2262, 2265 ; M. *Merlin, nouv. répert., mot prescription, sect.* 3, §. 3, *art.* 1.

Observez aussi, 1.º que celui qui a une action réelle peut d'abord agir au possessoire (V. *l'article suivant*), et qu'il n'en est pas de même lorsqu'on a une simple action personnelle ; 2.º que son assignation est

III. *Différences entre les deux actions précédentes et l'action mixte.* Voici ce qu'observe, à cet égard, Schnéidwin.

« Par l'action réelle nous demandons la chose qui nous appartient, ou sur laquelle nous avons quelque droit : par l'action personnelle nous demandons ce qui ne nous appartient pas, mais ce qui nous est dû : par l'action mixte nous réclamons l'une et l'autre chose. Par exemple, je demande à mon cohéritier la division de l'hérédité que nous possédons en commun : par cela seul que je demande ma portion virile dans l'hérédité, j'exerce une action réelle, puisque je réclame ce qui m'appartient ; mais comme je demande en même-tems le partage de toute l'hérédité, j'intente une action pour un objet qui ne m'appartient pas réellement. D'ailleurs, par l'effet de la division, je puis obtenir des prestations personnelles, telles que des fruits, des restitutions, des remboursemens de dépenses, etc., dont le recouvrement exigerait l'action personnelle, etc. „. — *Id. , inst. , de actionib.,* §. *omnium* 1 , *n.°* 8 (12).

---

assujettie à une forme qu'on n'exige pas pour la personnelle (V. *ci-apr.* , *tit. de l'assignat.*, *art.* 2) ; etc.

N. B. L'action réelle conduit à une action personnelle (*actio judicati*), au moyen du jugement. — V. *ci-apr.*, *ch.* 3, *note* 12, *p.* 113.

(12) D'après ces principes, celui qui intente une action mixte du genre ci-dessus, conclut non-seulement au partage des biens qui composent la succession, mais encore à ce que ses cohéritiers soient personnellement condamnés à lui faire part des fruits qu'ils ont perçus dans ces biens ; à l'indemniser, pour sa portion héréditaire, du dommage qu'ils ont pu y causer ; et enfin, à lui tenir compte des dépenses utiles qu'il a faites pour la conservation de ces mêmes biens (On prend à-peu-près les mêmes conclusions dans les autres espèces d'actions mixtes)... Ce sont là en effet des *prestations personnelles.*

Faut-il conclure de là, ainsi qu'ont paru le faire plusieurs auteurs et tribunaux, que, lorsqu'il y a une demande de prestations personnelles jointe à une demande de propriété ou de droits réels, l'action exercée soit toujours mixte ?

S'il ne s'agissait de discuter cette question que d'après les principes du droit romain, il ne nous serait peut-être pas difficile de montrer qu'il faut la résoudre par la négative. Nous observerions d'abord que plusieurs interprètes justement estimés, soutiennent que le droit romain n'a jamais admis les actions mixtes ; que le §. 20 des instituts, déjà cité, forme sur ce point une antinomie avec la loi 25 , *ff. de obli-*

Article II.

De quelques espèces d'actions réelles.

§. 1. *Des actions mobilières et immobilières.*

La qualification donnée à ces actions suffit pour indiquer que par les premières on réclame des meubles, et par les autres des immeubles.

---

gationib. et actionib. ; qu'en un mot on n'y reconnaissait, quant au *sujet*, que deux espèces d'actions, la personnelle et la réelle. — V. *Vinnius, de actionib.*, §. 1 et 20.

Nous dirions, en second lieu, que les interprètes qui ont adopté un sentiment opposé, ne considèrent comme actions mixtes, quant au *sujet*, que les quatre grandes actions auxquelles les lois romaines en donnent le titre ; savoir : *familiæ erciscundæ*, *communi dividundo*, *finium regundorum*, *petitio hæreditatis* (quelques-uns même ne font pas mention de celle-ci) ; que sans doute ils reconnaissent d'autres actions complexes, telles que les actions *vi bonorum raptorum* et *legis Aquiliæ* ; mais qu'ils ne les regardent comme mixtes qu'à raison de ce qu'elles ont deux objets différens, de ce qu'elles sont *et rei*, *et pœnæ persecutoriæ*, et non pas à raison de ce qu'elles participent de la nature de l'action personnelle et de l'action réelle, ou de ce qu'elles sont dirigées contre la personne et contre la chose, ce qui n'appartient qu'aux quatre actions précédentes. — V. *Schneïdvvin*, *sup.* ; et in §. *quædam actiones 20* ; *Heineccius*, ad *Vinnium*, *sup.* ; id. *instit.*, §. 1092 ; id., in *pandect.*, *part.* 2, §. 63 ; *Joann. Ferrarius-Montanus*, in *inst.*, *h. t.*, §. *vi autem* 19 ; *Julius Pacius*, inst., ad. d. §. 20 ; etc.

De ces observations nous tirerions la conclusion suivante : Dès que les auteurs favorables à l'existence des actions mixtes ne rangent dans cette classe que celles à qui le droit romain en a donné expressément la qualification, il ne doit pas être permis d'en augmenter le nombre, 1.° parce que le code, en désignant le juge qui en connaît (V. *ci-apr.*, *ch.* 3), ne s'est point expliqué sur la nature de ces actions, et est par-là censé n'avoir admis comme telles que celles qui avaient été caractérisées par les lois anciennes ; 2.° parce qu'en admettant un système opposé, la disposition où il attribue au juge de la situation la connaissance de l'action réelle, serait à-peu-près illusoire, attendu qu'il n'y a presque aucune action réelle qui ne soit accompagnée d'une demande de prestations personnelles.

Mais quelques fortes que soient ces raisons, nous ne dissimulerons point qu'on peut y répliquer par *une* autre raison également très-forte. On peut dire que c'est plutôt aux principes du droit français, résultant de la jurisprudence, que le code s'en sera référé ; et que précisément des auteurs, dont la doctrine a pu servir de base à la jurisprudence, admettent des actions mixtes, autres que les précédentes, et notamment l'action *in rem scripta*, relative aux rentes foncières, ainsi qu'on le voit sur-tout dans le savant traité de Loiseau (*liv.* 2, *ch.* 1), déjà cité.

Dans cet état de choses, il serait téméraire de prendre un parti sur la question précédente. Nous présenterons toutefois quelques observations. 1. Loiseau a pu ne pas attacher beaucoup d'importance à la

De cette remarque on doit conclure que les unes et les autres sont des actions réelles (13) ; et que par conséquent les principes exposés dans l'article précédent sont applicables aux actions mobilières comme aux actions immobilières ; qu'enfin celles-là doivent être intentées, et instruites de la même manière que celles-ci.

Néanmoins elles diffèrent entr'elles dans quelques points, et sur-tout relativement à la jurisdiction et à l'exercice.

1.° A l'égard de la jurisdiction, on a vu que les actions mobilières peuvent être soumises au juge de paix quoiqu'il n'ait pas le droit de connaître des actions immobilières. — *V. ci-dev.*, *sect.* 1, *ch.* 3, *art.* 2, *note* 41, *p.* 47.

2.° A l'égard de l'exercice, l'action mobilière se dirige bien comme l'immobilière contre le détenteur de la chose réclamée, mais elle s'exerce seulement au pétitoire lorsqu'elle a pour objet des meu-

---

dénomination de l'action relative aux rentes foncières, parce que de son tems on tenait (*V. id.*, *ch.* 7, *n.°* 4) qu'il était permis de porter l'action réelle indifféremment au juge du domicile ou à celui des lieux, ce qui a été abrogé par le code.. 2. Dans le dernier système, les actions réelles, proprement dites, seraient, contre l'intention des législateurs anciens et modernes, à-peu-près anéanties, par la raison qu'on a déjà exposée : et cet inconvénient est prouvé par l'expérience, puisque des tribunaux en étaient venus au point de considérer comme actions mixtes, les actions de servitudes réelles, décisions au sujet desquelles M. Merlin (*nouv. répert.*, *mot servitude*, §. 35) observe qu'il serait tout aussi exact de considérer l'action en revendication comme une action mixte.. 3. Un tel système jetterait beaucoup de confusion dans l'étude du droit, parce que les caractères propres de l'action réelle seraient à-peu-près dénaturés.. 4. Tous les auteurs français n'ont pas admis ce système. Papon, entr'autres, dit positivement qu'il n'y a que quatre espèces d'actions mixtes (celles que nous avons indiquées ci-devant). — *V. id.*, *notaire*, *t.* 2, *liv.* 3, *divis.* 2.

Remarque. L'action *familiæ erciscundæ* diffère, quant à la jurisdiction, des trois autres grandes actions mixtes ci-devant désignées. — *V. ci-apr.*, *ch.* 3, *note* 24, *in f.*, *p.* 117.

(13) Puisqu'elles ont pour objet une réclamation de choses, ce qui est un des caractères principaux de l'action réelle.

A l'égard, 1.° de la nature de ces actions, *v. ci-dev.*, *ch.* 1, *note* 6, *p.* 94. — 2.° du délaissement de meubles en matière de commerce, *v. c-com.* 315, 369 *et suiv.*, *et* 431.

bles proprement dits (14) ; on ne peut l'exercer par la voie du possessoire (*v. le § suivant*) que quand elle concerne des meubles réputés immeubles, ou une universalité de meubles (15). — *V. d. note* 41 ; *Loiseau, des offices, liv.* 3, *ch.* 4, *n.°* 25 ; *Imbert et ses annotateurs, liv.* 1, *ch.* 17, *n.°* 3 *et* 12, *et ch.* 33, *n.°* 5 ; *M. Henrion, ch.* 11 *et* 30.

§. 2. *Des actions possessoires et pétitoires.*

Par l'action *pétitoire*, le propriétaire d'un fonds, ou le particulier qui a un droit réel sur ce fonds, agit contre la personne qui le possède, afin de recouvrer sa propriété, ou la jouissance des droits dont l'héritage est chargé envers lui.

---

(14) Les romains admettaient au contraire l'action possessoire dans ce cas, au moyen de l'interdit *utrubi*, que le droit français n'a pas reçu, parce qu'il a consacré pour maxime que la possession des meubles vaut titre. — V. *M. Henrion, ch.* 30, § 3 ; *C-Nap.* 2279. — Ainsi, le propriétaire d'un meuble doit exercer au pétitoire l'action en *revendication*, et il peut l'exercer (pendant trois années) entre quelques mains que se trouve le meuble. — V. *C-Nap.* 2279, 2280 ; *M. Henrion, ib., et ch. xi.*

Quid juris relativement au particulier non-propriétaire, mais qui a un droit réel sur un meuble ? Les meubles n'ayant pas de suite par hypothèque (*C-Nap.* 2119), peut-il lui être permis d'agir sur ce meuble lorsqu'il est sorti des mains du débiteur ?.. On a jugé l'affirmative à l'égard de celui qui a un privilège spécial sur le meuble, privilège dispensé de l'inscription (*arg. du C-Nap.* 2106, *in pr.*), pourvu qu'il exerce cette action réelle dans le délai de revendication (les trois années déja indiquées). Cette exception s'applique, 1.° au journalier qui est privilégié à raison de ses travaux, sur les fruits des récoltes (*v. C-Nap.* 548 *et* 2102, v. 1, *in f.*), sauf à lui à exercer ensuite son action personnelle contre le fermier qui l'a employé. — V. *arr. cass.* 24 *juin* 1807. — 2.° A l'état, qui est aussi privilégié sans inscription, à raison des droits de mutation par décès, sur les revenus des biens dont on doit faire la déclaration à la régie d'enregistrement (*arg. de L.* 22 *frim. vij, art.* 32), pourvu que la régie exerce l'action réelle avant que les tiers aient purgé leurs acquisitions. — V. *arr. cass.* 9 *vendém. xiv*, 3 *janv.* 1809, 15 *et* 29 *avr.* 1807, *ces deux derniers au nouv. rép., mot enregistrement,* § 39 *et* 40 ; *M. Merlin, ibid.*

Quant à la revendication des meubles en matière de commerce, *v. C-com.* 576-585.

(15) Encore faut-il que dans ce dernier cas, il s'agisse d'une succession. — V. *M. Henrion, d. ch.* 30, § 5, *et ch.* 11 ; *M. Merlin, nouv. rép., mot complainte,* §. 2.

Par l'action *possessoire*, on agit pour être maintenu dans la possession, soit d'un fonds, soit d'un
droit réel (16), soit d'une universalité de meubles (17),
ou pour la recouvrer. Dans le premier cas, on la
nomme *complainte* (18); dans le deuxième, *réintégrande*. — *V. Ferrière, mot complainte; Rodier,
tit.* 18, *art.* 1, *qu.* 2; *M. Henrion, ch.* 39; *Imbert,
liv.* 1, *ch.* 16, *n.º* 6 (19).

Les actions pétitoires considérées en général sont
assujetties aux règles de procédure de toutes les actions civiles. Il n'en est pas de même quand on les
envisage dans leurs rapports avec les actions posses-

---

(16) Cette règle ne s'applique plus aux rentes foncières, puisqu'elles
sont rangées au nombre des meubles (*v. C-Nap.* 529). Elle ne concerne plus que les autres droits fonciers, tels que les servitudes (*v.
M. Merlin, nouv. répert., mot complainte*, § 2, *n.ᵒˢ* 1 et 4); encore
faut-il excepter celles qui ne s'établissent que par titres; car relativement à ces servitudes, on ne peut se pourvoir qu'au pétitoire. —
V. arr. cass. 31 oct. 1807, *J-C-Nap.*, *t.* 9; *id.*, 23 nov. 1808, *au bullet.*,
et au nouv. rép., mot servitude, § 35; *M. Henrion, ch.* 28, § 7. —
C'est que comme la possession la plus longue ne peut dans ce cas,
servir au réclamant, à plus forte raison une simple possession annale
exigée pour les actions possessoires, ne doit-elle pas lui profiter. —
V. M. Henrion, ch. 21, *in f.*, *et* 28, § 7.
D'après les mêmes principes, on ne peut non plus se pourvoir au
possessoire relativement à des biens non susceptibles d'une propriété
privée, puisqu'ils sont imprescriptibles.. Mais il est permis d'agir par
cette voie à l'égard d'un sol patrimonial qui a servi aux marchés d'une
commune, parce qu'il n'a pas pris pour cela le caractère d'imprescripti-
bilité qui appartient aux propriétés publiques. — *V. arr. cass.* 1 août
1809, *J-C-Nap.*, *t.* 13, *p.* 322, *et ci-apr., note* 22, *p.* 105.
A l'égard des règles de détail relatives aux droits réels pour lesquels
on peut exercer la complainte, *voyez* M. Henrion, *ch.* 28.

(17) Voyez à ce sujet, le § 1, et notes 14 et 15, p. 102.

(18) On dit aussi *complainte en cas de saisine et de nouvelleté.* L'on
entend par *saisine*, la possession acquise pendant une année, et par
nouvelleté, l'innovation ou le trouble apporté en la possession; de
sorte que l'expression précédente signifie « plainte en cas du trouble
apporté en la possession du plaignant ou réclamant». — *V. Ferrière
et Rodier, sup.*, et M. Henrion, *chap.* 20 *et* 21; *ci-apr., note* 29, *n.º* 7.

(19) On distinguait aussi jadis l'action possessoire où il s'agissait d'obtenir provisoirement la possession, et qu'on nommait *provision* ou
récréance (ce dernier mot était sur-tout usité en matière bénéficiale).
Mais la provision est aujourd'hui une mesure prise en conséquence
de la complainte ou de la réintégrande, et non pas une action directe
et séparée. — *V. ci-apr., note* 26, *p.* 106.

soires , car elles ont alors des règles spéciales qui sont également propres à celles-ci. Enfin les deux espèces précédentes d'actions possessoires ont aussi des règles spéciales. Tels sont les objets sur lesquels nous allons jeter un coup-d'œil.

I. *Règles communes aux actions pétitoires et possessoires.* Il est intéressant pour la société, pour l'ordre de la procédure, et pour les parties, que pendant le débat du pétitoire, la possession ne reste pas indécise. — Pour la société, parce que le bien en litige serait vacant et sans culture ; pour l'ordre de la procédure, parce qu'on ne saurait point lequel des deux contendans devrait actionner, ou être actionné en revendication ; pour les parties, parce que celle qui obtient la possession est placée dans une position beaucoup plus favorable que son adversaire; qu'entr'autres elle n'est pas chargée d'établir son droit à la propriété, mais seulement de discuter celui du *non-Possesseur* (20).

D'après ces considérations on a établi les maximes suivantes (21) :

---

(20) Suivant l'axiome *possidentis melior est conditio... etiam in pari causâ*, axiome tiré des lois 128 . *ff. reg. jur.; si debitor* 10 , *ff. de pignorib.*, et d'une foule d'autres. — V. *Barbosa*, ax. 182. — V. aussi *M. Merlin*, *nouv. rép.*, *mot servitude*, § 35; *Cujas, ad tit. cod.*, *de interdictis*, *in pr.*; *M. Henrion*, *ch.* 25, *in f.*; *ci-apr.*, note 26.

Observations. Soit que les principes de notre législation sur les actions possessoires aient été puisés dans les anciennes lois françaises, comme le soutient M. Henrion, *ch.* 13, soit qu'on les ait tirés du droit romain, il est certain que les dispositions de ce droit relatives aux interdits possessoires peuvent nous être fort utiles. On les trouve aux instituts *de interdictis*, et aux titres correspondans du digeste. — V. *le cours du droit romain*. — Mais il faut remarquer que des trois interdits possessoires des romains, c-d, *adipiscendæ*, *retinendæ et recuperandæ possessionis*, nous n'avons admis que les deux derniers , ainsi que l'atteste Cujas (M. Henrion, *ch.* 17, se trompe lorsqu'il dit que c'est d'après Imbert ; Cujas observe seulement qu'Imbert a indiqué en quoi l'interdit *undè vi* différait de notre réintégrande. — V. *Imbert*, *liv.* 1, *ch.* 17). — V. *Cujas, ad. tit. cod.*, *undè vi*, *in pr.*

(21) Elles ont été puisées dans l'ordonnance de 1667, car la loi du 24 octobre 1790, relative à la procédure de paix, ne contenait aucune

(105)

1.º Le possessoire et le pétitoire ne peuvent jamais être cumulés. — *Ord. de* 1667, *tit.* 18, *art.* 5, *in pr.; C-pr.* 25; *arr. cass.* 25 juin 1806 (22).

2.º Le demandeur au pétitoire n'est plus recevable à agir au possessoire (23). — *C-pr.* 26. — *V. aussi Imbert, liv.* 1, *ch.* 33, *n.º* 12.

3.º Le défendeur au possessoire ne peut se pourvoir au pétitoire qu'après le jugement du possessoire et en outre, lorsqu'il succombe, après l'exécution complette (24) de ce jugement. — *V. d. tit.* 18, *art.* 3 et 4 *in pr.; C-pr-* 27 *in pr.* (25). — *V. aussi Imbert, d. ch.* 33, *n.º* 9; *Rodier, d. art.* 4, *qu.* 1.

---

règle sur les actions possessoires. — V. **MM.** *Treilhard et Faure.* — On voit par-là que les interprétations de l'ordonnance sur ce point, peuvent encore servir pour le code.

(22) Mais, en général, on ne doit point distinguer entre le possessoire et le pétitoire, toutes les fois que la possession ne peut pas être attributive de la propriété. — V. **M.** *Henrion*, *ch.* 25, *in f.; et ci-dev.*, *note* 16, p. 103.

La maxime que le possessoire et le pétitoire ne peuvent être cumulés, paraît avoir été puisée dans le droit romain. *Exitus*, dit la loi 25, ff. acq. vel om. possess., *exitus controversiæ possessionis hic est* tantum, *ut prius pronuntiet judex, uter possideat : ita enim fiet ut is qui victus est de possessione, petitoris partibus fungatur, et tunc de domino quæratur.* On la trouve aussi dans les anciennes ordonnances, telles que celles de 1453, 1507 et 1535. Néanmoins, le parlement de Bordeaux ne la suivait pas au commencement du 17.ᵉ siècle. — V. *Guenois sur Imbert, liv.* 1, *ch.* 14.

(23) Parce qu'en agissant au pétitoire, il reconnaît tacitement que son adversaire est en possession.

(24) Si le possesseur maintenu ou réintégré néglige de faire liquider les condamnations, le juge peut lui fixer pour cela un délai, passé lequel l'action au pétitoire sera reçue. — V. *d. tit.* 18, *art.* 4; *Rodier, ibid.*, *qu.* 4; *C-pr.* 27, *in f.* — Si cette mesure n'eût pas été autorisée, on conçoit que le possesseur maintenu, se déciderait souvent à abandonner le produit des condamnations pour empêcher son adversaire d'agir au pétitoire, parce que la possession lui procure ordinairement des avantages bien supérieurs à ce produit.

(25) Ces règles sont fondées sur ce que le défendeur au possessoire n'est actionné que parce qu'il a dépossédé le demandeur ou l'a troublé dans sa possession, et que par les motifs ci-dessus, il faut avant tout déterminer quel est le possesseur et faire cesser un procédé illégitime. Si le défendeur pouvait avant le jugement ou l'exécution, agir au pétitoire, il serait libre de retarder ou d'empêcher le jugement du possessoire.

4.° Les enquêtes relatives au possessoire (26) ne peuvent porter sur le fond du droit. — *V. C-pr.* 24.

II. *Complainte.* 1.° Cette action a pour objet, on l'a dit, une maintenue dans une possession, soit d'un fonds, soit d'un droit réel. — *V. ci-dev. p.* 105, *et note* 16, *ibid.*

2.° Pour l'exercer il faut être en possession paisible (27), par soi ou les siens (28), depuis une année au moins, à titre non précaire (29). — *V. C-pr.* 23, *inf.*

---

(26) On peut les ordonner, lorsque la possession ou le trouble sont déniés. — *V. C-pr.* 24; *Rodier,* art. 3.

Quid juris si les preuves de divers genres ne sont suffisantes pour aucune des parties? Le juge peut alors ordonner qu'elles contesteront au pétitoire, et que pendant l'instance, l'objet litigieux sera mis en séquestre, ou bien possédé provisoirement par celle qui a en sa faveur, soit des titres plus solides en apparence, soit des présomptions de droit. Mais cette provision ou récréance ne donne pas dans ce cas au plaideur qui l'obtient, l'avantage principal attaché à la possession, celui de le dispenser d'établir son droit de propriété; elle n'en fait en quelque sorte, qu'un dépositaire de l'objet. — *V. Pothier, de la possession,* ch. 6, sect. 1, § 5, n.° 105; *M. Henrion,* ch. 33; *ci-dev.,* note 20, p. 104. — *V. aussi ci-apr., ch. des nullités,* note 10, n.° 2, p. 130; *Imbert, liv.* 1, *ch.* 16, *n.°* 1.

(27) On n'est réputé possesseur avec saisine, qu'autant qu'on a joui pendant une année des avantages de la possession; or, on n'en a pas joui pendant ce tems si l'on a été *troublé*, parce que le trouble fait cesser la présomption précédente. — *V. ci-apr.,* note 29, n.° 7; *M. Henrion,* ch. 24; *Rodier,* d. art. 1, qu. 5.

(28) C'est-à-dire, par ceux qu'on représente. Par exemple, un acquéreur récent peut joindre à sa possession celle de son vendeur, afin de donner à cette possession le tems nécessaire à l'exercice de la complainte. — *V. M. Merlin, rec. alph.,* mot *compétence,* § 2, *et nouv. rép.,* mot *complainte,* § 5; arr. cass. 12 *fruct.* x, et 6 *frim.* xiv, *ibid.; Rodier,* d. art. 1, qu. 4. — *V. aussi C-Nap.* 2235.

(29) *Observations.* 1. L'ordonnance n'indiquait point la durée de la possession, mais les auteurs et la jurisprudence s'accordaient à la fixer à l'an et jour. — *V. Rodier, sup.,* art. 1, qu. 4; *Imbert, liv.* 1, *ch.* 16, *n.°* 4; *ch.* 33, *in pr.; M. Henrion,* ch. 24; *M. Faure.* — C'est aussi le même tems qui forme l'interruption naturelle de la prescription. — *V. C-Nap.* 2243.

2. Posséder à titre *non-précaire,* c'est posséder comme maître, *animo domini.* Par conséquent, le fermier, le séquestre et autres détenteurs du même genre n'ont pas la voie de la complainte; ils ne peuvent que dénoncer le trouble au propriétaire. — *V. Rodier, sup.,* art. 1,

3.º On a le droit de l'exercer lorsqu'on est troublé dans la possession, soit réellement, soit civilement, c'est-à-dire, soit par une voie de fait, soit par un sim-

---

qu. 3; *M. Henrion*, *ch.* 25; *arr. cass.* 7 *sept.* 1808; *M. Merlin*, *nouv. rép.*, *mot servitude*, § 35, *et addition au mot complainte*, *t.* 13, *p.* 542.

3. Mais comment concilier cette règle avec l'art. 1725 du code Napoléon, qui dispense le maître de garantir le fermier du trouble apporté par des voies de fait à sa jouissance, et ne laisse à celui-ci qu'une poursuite contre les auteurs du trouble!.. Faut-il décider avec un commentateur, que le fermier a dans ce cas la voie de la complainte!.. Cette décision serait admissible si en effet le fermier n'avait pas d'autre voie pour agir contre les tiers, et si l'art. 1725 contenait une dérogation positive et spéciale à l'art. 23 du code de procédure. Mais, 1.º le fermier a pour la réparation du trouble une action en dommages, soit civile, soit criminelle, suivant que le trouble est causé par de simples voies de faits, ou par des contraventions ou délits (tel était aussi l'avis de Rodier, *sup.*, *art.* 1, *qu.* 3); 2.º l'art. 1725 loin d'être contraire à l'art. 23, y est conforme indirectement, puisqu'il parle seulement de troubles causés par des tiers *qui ne prétendent aucun droit sur la chose louée.* Or, la complainte ayant pour but d'assurer la possession du réclamant, serait inutile envers ces tiers. Au surplus, la loi et la jurisprudence refusent trop positivement la complainte à tout possesseur à *titre précaire*, pour qu'on puisse l'accorder au fermier. — V. *sur ce dernier point*, M. Henrion, *d. ch.* 25; *Imbert*, *liv.* 1, *ch.* 17, *n.*º 14 *et* 15.

4. Mais il résulte de cette dernière règle que tout possesseur qui détient pour lui-même, *animo domini*, ne fût-il pas réellement propriétaire, a la voie de la complainte.

5. On accorde aussi la même voie et par d'autres raisons, au propriétaire nu, à l'usufruitier, au mari pour les biens dotaux, au fermier par emphytéose, et à tous ceux qui ont une saisine légale. — V. *M. Henrion*, *d. ch.* 25; *M. Merlin*, *nouv. rép.*, *mot usufruit*, § 4, *n.*º 14, *et tome* 13, *p.* 567; *Maquer, titre xj*, *n.*º 53.

6. Le propriétaire a-t-il la complainte contre le fermier qui continue mal-à-propos sa jouissance? Deux arrêts rapportés par Papon, *liv.* 8, *tit.* 4, *arr.* 14, ont prononcé la négative. La cour de cassation a jugé le contraire. — V. *arr. cass.* 6 *flor. xj*, *au nouv. rép.*, *mot complainte*, § 3, *n.*º 6. — Les annotateurs d'Imbert, *d. ch.* 17, *n.*º 14, citent et approuvent les arrêts de Papon.

7. Il résulte de toutes les observations précédentes que pour exercer la complainte, il faut avoir, non pas seulement la simple possession naturelle, ou détention de fait, mais la *saisine* ou possession civile (*nec vi, nec clam, nec precaria*) d'un héritage ou droit réel prescriptible. — V. M. Henrion, *ch.* 21. — V. *aussi C-Nap.* 2231, 2232, 2233, 2236.

8. Par la même raison celui qui a été condamné au possessoire par un jugement passé en force de chose jugée, ne peut pas, quelques années après, intenter la complainte, parce que, s'il a continué à posséder, ce n'a été, sans contredit, qu'à titre précaire : il ne lui reste que la voie du pétitoire. — *Arr. cass.* 12 *juin* 1809, *Nevers, id.*, *supl.*, *p.* 118.

9. Remarquons au surplus, qu'on est toujours présumé posséder pour soi, à moins qu'il ne soit prouvé qu'on a commencé à posséder pour un autre. — *C-Nap.* 2230. — V. *aussi id*, 2238-2241.

ple acte judiciaire. — *V. M. Henrion, ch.* 22 (30).

4.º Il faut l'exercer dans l'année du trouble, sinon l'on n'y est plus recevable. — *V. C-pr.* 23, *in pr.*, et *ci-dev. note* 27, *p.* 106. — Il ne reste alors que la voie du pétitoire (31).

III. *Réintégrande.* Les règles exposées dans les deux n.ºˢ précédens s'appliquent à la réintégrande, sauf les observations suivantes, où l'on va indiquer en quoi la réintégrande diffère de la complainte (52).

1.º La réintégrande, comme on l'a dit, ayant lieu quand il s'agit d'un recouvrement de possession, il s'ensuit qu'on ne peut l'exercer que lorsqu'on a été

---

(30) Ainsi il y a deux troubles, le trouble de fait, le trouble de droit. — *M. Henrion, ibid.* — C'est mal-à-propos que Rodier, *art.* 1, *qu.* 5, n'admet que le premier. Il aurait dû voir dans l'auteur même auquel il se réfère pour la détermination des espèces de troubles (*Rebuffe, de materiis possessoriis, art.* 1, *gl.* 2) qu'elles résultent non-seulement d'une voie de fait, mais de simples affirmations, négations, contradictions ou oppositions purement judiciaires ou civiles. Quant aux caractères de ces espèces, on peut consulter Rebuffe, *ibid.*, qui, après en avoir distingué vingt-deux, ajoute que le nombre en est a-peu-près illimité. Il suffit de rapporter la définition générale qu'il en donne. *Turbatio dicitur fieri per quamcumque molestiam et impedimentum.* — V. *id.*, *n.º* 36; *Dargentré, art.* 106, *gl.* 4, *n.º* 2; *nouv. répert.*, *mot complainte*, §. 4.

(31) *Observations.* — 1. *Tribunal.* — On exerce la complainte devant le juge de paix de la situation des lieux. — V. *ci-apr.*, *ch.* 3. *n.º* 15.
2. *Dénonciation de nouvel œuvre.* — Voilà une des espèces les plus importantes des actions possessoires. Quant aux règles de détail, *voyez* M. Henrion, *ch.* 23; le *nouv. répert.*, *h. v.*; Rodier, *d. art.* 1, *qu.* 6.
3. *Garantie.* — Il n'y en a point en matière de complainte, excepté en faveur du fermier et de l'acquéreur assignés. — V. *M. Henrion*, *ch.* 26.
4. *Complainte sur complainte.* — Le tiers qui prétend avoir la possession que se disputent deux particuliers en instance au possessoire, doit intervenir par une opposition et non pas agir par complainte, d'après l'axiome *complainte sur complainte n'a lieu.* — V. *Imbert*, *liv.* 1, *ch.* 16, *n.º* 11; *M. Henrion, ch.* 32.
5. *Péremption de la complainte.* — Au bout de quel tems la complainte est-elle périmée? Nous pourrons revenir sur cette question importante, au titre de la péremption, *ci-apr.*, *part.* 2, *liv.* 1.

(32) Et prouver par-là que Ferrière a mal-à-propos confondu ces deux actions. — V. *Rodier, d. art.* 1, *qu.* 1.
La mesure de la réintégrande a été puisée dans le droit canonique, mais nous l'avons restreinte au possesseur troublé dans l'année. — V. *les annotateurs d'Imbert*, *liv.* 1, *ch.* 17, *in pr.*

réellement dépouillé, et non point lorsqu'on a été simplement troublé (33).

2.º Pour la complainte, il faut avoir la saisine; pour la réintégrande, il suffit de la possession effective au moment de la spoliation (34).

3.º La complainte ne s'exerce qu'au civil; pour la réintégrande, on peut agir au civil ou au criminel (35).

4.º Celui qui succombe dans l'action en complainte n'a plus que la voie du pétitoire; il en est autrement s'il s'agit de la réintégrande (36). — *V. sur tous ces points, M. Henrion, ch.* 5g.

---

(33) Lorsqu'on a été dépossédé par violence ou voie de fait. — V. *d. ord.*, *tit.* 18, *art.* 2. — Comme il arrive souvent que la spoliation a été jointe au trouble, on réunit pour l'ordinaire les conclusions de la réintégrande à celles de la complainte, et l'on demande alors *d'être maintenu*, *et en tant que spolié*, *réintégré.*

(34) C'est que comme il n'est permis à personne de se faire justice à soi-même (V. *ci-dev.*, *introduct.*, *note* 23, *p.* 9), le possesseur légitime ne devait point se remettre en possession par voie de fait, mais par la voie légale de la complainte. En conséquence, lors même qu'il a la saisine, le possesseur effectif dépouillé par lui doit d'abord être réintégré; *spoliatus antè omnia restituendus;* sauf au possesseur avec saisine, à exercer ensuite la complainte. — V. *M. Henrion*, *ch.* 39; *nouv. répert.*, *mot réintégrande.*

(35) V. *d. art.* 2. — Cette disposition n'est point abrogée par les lois nouvelles. — V. *M. Henrion*, *ibid.* — V. *aussi Imbert*, *liv.* 1, *ch.* 17, *n.º* 3. Celui qui a d'abord agi par la voie civile ne peut plus agir par la voie criminelle, et celui qui a usé de cette dernière voie ne peut plus se servir de la première, à moins que le juge criminel ne la lui ait réservée. — V. *d. art.* 2; *M. Henrion*, *ibid.*; *arr. cass.* 17 *niv. xiij et* 6 *octob.* 1806; *M. Merlin*, *nouv. répert.*, *mot chose jugée*, §. 14 *et* 16; *Rodier*, *art.* 2, *et notre cours de droit criminel.*

(36) *V.* ci-dessus, note 34.

CHAPITRE III.

Des tribunaux où se portent les actions.

Les lois, pour le choix des tribunaux auxquels elles attribuent les actions d'après leur nature , paraissent s'être attachées aux considérations suivantes : 1. l'obligé mérite plus de faveur que le créancier; 2. le juge à portée d'instruire le mieux une cause (à raison des localités ou de diverses circonstances) est préférable à tout autre; 3. et 4. il faut, autant qu'il est possible, prévenir la multiplication des instances et faciliter les transactions des particuliers (1).... C'est ce que l'on reconnaîtra facilement si l'on jette un coup-d'œil sur les règles où nous allons indiquer par ordre alphabétique , les tribunaux auxquels on doit porter les principales espèces d'actions (2).

---

(1) La justice des dernières considérations est évidente (V. *aussi ci-apr.*, *note* 8, *in f.*, *p.* 112); celle de la première, qui est conforme à l'esprit de la jurisprudence romaine , serait susceptible de discussion ; cependant en l'examinant avec soin, on apperçoit moins d'inconvéniens dans le parti que nous avons pris d'après les romains , que dans le parti opposé, ou celui qui ferait préférer le juge du créancier au juge du débiteur. Les inconvéniens de ce dernier système étaient sur-tout bien graves au tems de la vénalité des offices de juges , du moins si l'on s'en rapporte au témoignage imposant de Loiseau. « Si les préventions
» avaient lieu , un demandeur aurait cet avantage de choisir tel juge
» qu'il lui plairait et qu'il estimerait lui être plus favorable , et ce au
» préjudice du pauvre défendeur... Avantage qui n'est pas moindre en
» justice , que d'avoir le choix des armes en duel, principalement en
» ce tems , que les juges ayant acheté leurs offices bien cher, recher-
» chent tous moyens de les faire valoir : c'est pourquoi il y en a beau-
» coup qui sont trop enclins à favoriser ceux qui leur amènent l'eau,
» comme on dit , au moulin , et plusieurs mêmes qui se rendent selon
» les occurrences , ou plus rigoureux , ou plus faciles et accessibles que
» de raison , afin d'attirer pratique ». — *Abus des justices.*

(2) En effet , l'on apperçoit que la loi s'est déterminée d'après *la pre-mière* des quatre considérations précédentes pour régler la jurisdiction des actions de cession et faillite, personnelles , et de saisies-arrêts , *ci-apr.*, *n.*os 1 , 9 , 14 *et* 18, ♥. 1 *et* 2. — D'après *la deuxième* , pour les actions d'enregistrement , d'élargissement, d'exécution de jugement , de frais d'instances , hypothécaires , possessoires , réelles , de requête civile, de saisies-exécutions , foraines et immobilières , et de société.

I. *Actions de cession de biens et de faillite.* — Au juge du domicile (3) du failli ou cessionnaire. *C-pr.* 59, ✶. 6; 899, 901 (4).

II. *Actions de commerce.* — Au juge, ou du domicile du défendeur (5), ou du lieu où la promesse a été faite et la marchandise livrée (6), ou du lieu (7)

---

ci-apr., n.ᵒˢ 5, 6, 8, 10, 12, 15, 16, 17, 18, ✶. 3-6, *et* 19. — D'après *la troisième*, pour les actions de garantie et de tierce-opposition, *ci-apr.*, n.ᵒˢ 11 *et* 22. — D'après *la quatrième*, pour les actions de commerce et d'exécution d'acte, *ci-apr.*, n.ᵒˢ 2 *et* 7. — D'après *la première et la deuxième réunies*, pour les actions de comptes, mixtes et successoriales, *ci-apr.*, n.ᵒˢ 3, 13 *et* 20. — D'après *la première et la troisième réunies*, pour les actions de désaveu et de saisie-revendication, *ci-apr.*, n.ᵒˢ 4 *et* 18, ✶. 7.
Observation. — Quand a-t-on une action ? Quand et contre qui faut-il l'exercer ? Est-on obligé de choisir entre deux actions ? *Voyez ci-apr.*, part. 2, introduct., art. 3, §. 1 ; *et ci-dev.*, ch. 2, note 35, p. 109.

(3) Du domicile qu'ils avaient au tems où la déconfiture s'est ouverte. — V. *M. Merlin, nouv. répert.*, mot *cession* ; arr. cité *ci-dev.*, sect. 1, ch. 2, note 63, p. 34. — La demande en cession que fait le débiteur, se porte également au même domicile. — V. *ci-apr.*, part. 3, *titre de la cession*, note 3.

(4) La connaissance de ces actions est attribuée dans certains cas aux juges civils, dans d'autres aux juges de commerce. — V. *c-comm.* 635. — V. *aussi MM. Berlier et Siméon.*
Mais elle l'est toujours aux tribunaux civils lorsque des créanciers ont un privilège spécial. — V. *à ce sujet*, arr. cass. 19 mars 1808, *J-C-pr.*, t. 2.

(5) Du *défendeur*, parce que le débiteur et le créancier ont tous les deux la faculté d'assigner à ce domicile. — V. d. arr. 30 *juin.*

(6) La conjonction *et* montre qu'il faut le concours de ces deux circonstances. — V. *Espagne*, n.º 138 ; arr. d'*Angers*, 3 janv. 1810, *Nevers* 1810, *supl.*, p. 60.
Il résulte de cette disposition, 1.º qu'il n'est point de marché passé dans une foire, qui ne puisse être soumis au juge local ; 2.º qu'il en est de même de tous les actes de commerce, sans distinction, qui ont été faits dans un *lieu*, soit avec la délivrance de la marchandise dans ce lieu, soit avec l'obligation d'y faire un paiement. — V. *M. Merlin, nouv. répert.*, mot *étranger*, §. 2.
Mais cela ne s'applique point au lieu de négociation d'une lettre-de-change. — V. arr. cass. 4 oct. 1808, *Nevers*, p. 498.

(7) Dans le dernier cas, le délai de comparution peut être calculé eu égard au lieu du paiement ; mais il n'y a pas de loi précise sur ce point. — V. *M. Merlin, nouv. répert.*, mot *consuls des marchands*, §. 3.
Au reste, lorsqu'une traite n'a pas été acceptée, on ne doit pas plaider devant le tribunal du lieu du paiement. — V. arr. cass. 3 fév. 1806.

du paiement. — *Ord. de* 1673, *tit.* 12, *art.* 17; *Espagne, sup.,* n.º 138 ; *C-pr.* 420 ; *arr. cass.* 30 *juin* 1807, *J-C-pr.,* t. 2.

III. *Action en reddition de compte.* — Au juge du domicile du comptable, excepté pour les comptables judiciaires, qui sont poursuivis devant le juge qui les a commis; et pour les tuteurs, qui le sont devant le juge du lieu où la tutelle a été déférée (8). — *C-pr.* 527. — *V. aussi C-pr.* 541 ; *C-Nap.* 406 ; *ord. de* 1667, *tit.* 29, *art.* 2 ; *Espagne, sup.* (9).

IV. *Action en désaveu.* — V. en ci-après (part. 2, liv. 1) le tit., n.º 11.

V. *Action en élargissement.* — Au juge du lieu où le débiteur est détenu. Mais c'est au juge d'exécution, lorsque la nullité est basée sur des moyens

---

(8) *Quid juris* s'il s'agit d'un tuteur légal, tel qu'un ascendant? Rodier, *d. tit.* 29, *art.* 2, décide qu'il sera assigné devant le juge de son domicile. Cette décision était fondée sur la loi, parce qu'elle ne distinguait (*d. art.* 2), relativement à la compétence, que deux sortes de comptables, les comptables commis et les comptables non commis par le juge. Il n'en doit pas être de même aujourd'hui, puisque le code distingue trois sortes de comptables, les judiciaires, les tuteurs, et ceux qui ne sont ni tuteurs ni commis par justice, classification qui résulte évidemment de la rédaction de l'art. 527, et qu'expose d'ailleurs, d'une manière expresse, l'orateur du gouvernement. — V. *M. Réal.* — C'est sans doute pour n'avoir pas réfléchi à cette classification que M. Pigeau, *t.* 1, *p.* 102, reproduit la décision de Rodier. D'ailleurs, 1.º en supposant que la loi offrît quelque doute, il faudrait l'interpréter en faveur du mineur ; or, il est de l'intérêt du mineur de ne pas se déplacer pour un compte dont le tuteur pourrait rendre la discussion embarrassante et coûteuse, en choisissant un domicile éloigné du lieu où la tutelle s'est ouverte... 2.º Les lois romaines (V. *l.* 54, §. 1, *ff. procuratorib.* ; 1 *et* 2, *C. ubi de ratiociniis*) décident que l'action du compte, soit de tutelle, soit de toute autre administration, doit se porter au juge du lieu de la même administration, parce que *ibi instructio sufficiens, et nota testimonia, et verissima possunt documenta præstari ;* ce qui est conforme aux observations présentées ci-devant, p. 110. — V. *aussi Cujas, parat. C. eod.*; *Bornier, tit.* 29, *art.* 2.

(9) Si le jugement qui rejette la demande en reddition de compte est infirmé, le compte est rendu devant le même tribunal, ou devant celui qu'indique l'arrêt. — V. *C-pr.* 528, *in pr.* — V. *aussi ci-apr., part.* 2, *titre des comptes, note* 2.

tirés

tirés du fond de la cause. — *V. C-pr.* 794 , 805 *in pr.* ;
et *ci-apr.* , *part.* 2 , *tit.* de la contrainte par corps,
notes 20 , 31 et 47.

VI. *Action pour droits d'enregistrement.* — Au
tribunal du bureau qui a perçu les droits. — *Arg.*
de L. 22 *frim. vij* , *art.* 64 ; *arr. cass.* 22 *flor. xiij*
et 30 *déc.* 1806 , *nouv. rép.* , *mot enregistrement* ,
§. 53 (10).

VII. *Action en exécution d'un acte.* — Au juge
du domicile ordinaire , ou à celui du domicile élu.
— *C-Nap.* 111 ; *C-pr.* 59 , *v. dern.* (11).

VIII. *Action en exécution d'un jugement* (12).
— Au juge qui a rendu le jugement , s'il est confirmé
en appel ; sinon au juge d'appel , ou à celui qu'il indique. — *V. C-pr.* 472 ; 528 , *in f.* (13).

---

(10) En matières de *douanes* , c'est au tribunal du bureau où l'on a
dressé le procès-verbal de contravention. — V. *M. Merlin* , *nouv. rép.* ,
h. v. , §. 5 , *n.°* 3 ; *arr. cass.* , *ibid.*

(11) V. pour les détails , part. 2 , liv. 1 , appendix du domicile.

(12) On la nomme dans le droit romain , *actio judicati*... Elle est
personnelle lors même que l'action jugée était réelle , parce que la
contestation forme entre les parties un contrat judiciaire tacite qui produit une novation. — V. *à ce sujet* , *M. Merlin* , *nouv. répert.* , *mot
réunion.*
Il résulte de-là que l'on obtient en vertu du jugement une action qui
n'est prescriptible que par 30 années , quoique l'action primitive pût
être prescrite par un moindre intervalle de tems. — V. *M. Merlin* ,
ibid.

(13) A moins qu'il ne s'agisse d'affaires à l'égard desquelles la loi
attribue jurisdiction. — V. *ci-apr.* , *titre de l'appel* , note 119 ; et d. art.
472.
Observations. 1. Le tribunal d'appel peut-il indiquer le juge dont il a
réformé la décision ? Voici le texte de l'art. 472 : « Si le jugement est
» confirmé , l'exécution appartiendra *au tribunal* dont est appel ; si le
» jugement est infirmé , l'exécution *entre les mêmes parties* , appartien-
» dra à la *cour d'appel* qui aura prononcé , ou à un *autre tribunal* qu'elle
» aura indiqué par le même arrêt.... » Quoi que en dise M. Pigeau ,
t. 1 , p 597 , ces mots *autre tribunal* ne sont point mis simplement par
opposition *à la cour d'appel* , mais bien pour désigner qu'il s'agit d'un
tribunal *autre que celui* qui a rendu le premier jugement , ainsi que le
déclare positivement l'orateur du tribunal. — V. *M. Allisson.* — V.
aussi arr. de Nîmes , 2 *janv.* 1808 , *J-C-pr.* , t. 1 , p. 379. — Si l'on eût

Si les difficultés d'exécution exigent une décision prompte, le juge du lieu statue provisoirement, et renvoie le fond à celui qu'on vient d'indiquer. — *V. C pr.* 554. — *V. aussi arr. de Bruxelles ,* 29 *juin* 1808 *, J-C-pr. , t.* 2.

S'il s'agit d'un jugement arbitral ou de commerce, *V. C-pr.* 1020 , 1021 , 442 *et* 553 *, et ci-dev. art. des arbitres , n.°* 3 *, p.* 43 *, et des tribunaux civils , n.°* 1 *, p.* 52.

IX. *Action de faillite.* — V. ci-dev. n.° 1 , p. 111.

X. *Action pour frais d'instances.* — Au tribunal où les instances ont été soutenues. — *L.* 20 *mars* 1791 *, art.* 14 *; C-pr.* 60.

XI. *Actions en garantie , ou incidentes.* — Au juge de l'action principale (14). — *V. d. ord. , tit.* 8*, art.* 8 *; Espagne , sup. ; C-pr.* 59 *(* ϝ. 7 *) et* 181 *; L.* 49 *, ff. de judiciis ; ci-dev. sect.* 1 *, art. de la compétence , n.°* 4 *,* 5.*e règle , p.* 35.

---

adopté le système de **M.** Pigeau , on aurait mis simplement *ou à un tribunal* , etc.

2. Les mots *entre les mêmes parties* annoncent qu'il faut suivre d'autres règles pour l'exécution relative à des tiers.

3. L'action en exécution embrasse tous les obstacles à l'exécution du jugement , tels qu'opposition , etc. — V. *arr. cass.* 5 *juill.* 1809 , *Nevers ,* 1809 , p. 281.

· (14) Cela est fondé sur le principe de l'abréviation des procédures. — V. *ci-apr. , sect.* 3 *, ch.* 2 , p. 124. — D'ailleurs , en suivant une autre méthode , il serait possible qu'on rendît deux jugemens opposés sur des questions qui doivent être résolues d'après les mêmes règles.

Même méthode , 1.° pour les actions ou demandes accessoires. — V. *arr. cass.* 2 *déc.* 1807 , *J-C-pr. , t.* 2. — 2.° Pour l'intervention. — V. *en ci-apr. , le titre , note* 8.

Au reste , le garant peut demander le renvoi à son propre tribunal , lorsque l'action principale n'a été évidemment formée que pour le priver de sa jurisdiction naturelle. — V. *C-pr.* 181 *, inf. ; Rodier , tit.* 8 *, art.* 8 *, qu.* 1 *; arr. d'Angers ,* 3 *janv.* 1810 , *Nevers , supl. ,* p. 60. — V. *d'autres exceptions dans Espagne , sup. , et ci-apr. , §. de la garantie , note* 49 *; et tit. de l'appel , note* 104.

Mais la caution solidaire et garante peut être assignée devant le tribunal du défendeur et conjointement avec lui , pour être condamnée solidairement. — V. *arr. du conseil d'état , de* 1781 *, au rec. alphab. , t.* 2 , p. 625. — V. *aussi arr. cass.* 26 *juill.* 1809 , *Nevers ,* 1809 , p. 305.

XII. *Actions hypothécaires.* — Au tribunal de la situation, puisque ce sont des actions réelles. — *V. M. Tarrible, nouv. répert., mots inscription, §. 5., radiation, saisie-immobiliaire, §. 4 (15) ; arr. de Colmar, 25 nov. 1809, J-C-Nap., t. 14 ; arr. cass. 17 déc. 1807, Nevers, 1808, supl., p. 5.*

XIII. *Action mixte.* — Au juge du domicile du défendeur, ou à celui de la situation des biens. — *V. C-pr. 2 et 59, v. 3 (16).*

XIV. *Action personnelle.* — Au juge du domicile du défendeur (17), et à celui de la résidence, au défaut de domicile (18). — *V. C-pr. 2 et 59 in pr.* — *V. aussi L. 3, C. ubi in rem.*

S'il y a plusieurs défendeurs, c'est au juge du domicile de l'un d'eux, au choix du demandeur (19). — *L. 26 vent. iv, art. 2 ; C-pr. 59, v. 1 ; arr. de Paris, 25 août 1807, J-C-pr., t. 1 ; et de cass., 14 mars 1810, Nevers, 1810, p. 137.*

---

(15) **Telles** sont les actions en radiation, réduction, expropriation et purgement. — V. *quant aux exceptions relatives aux premières, d. mot radiation.*

A l'égard de l'*ordre*, il doit être porté au tribunal qui a prononcé l'adjudication. — V. *en ci-apr., le tit., note 6 ; et d. mot saisie immob.*, §. 8.

(16) V. aussi Expilly, arr. 73 ; L. 26 vent. iv, art. 3 ; et pour *une exception*, ci-après, note 24, in f., p. 117, in f.

(17) *Exceptions.* 1. **Demandes** en cession de biens. — V. *en ci-apr. le tit., note 3, et ci-dev. note 3, p. 111.* — 2. Actions contre les femmes mariées. — V. *ci-apr. le tit. de la séparation de biens, note 4.* — 3. *Id.* contre les étrangers assignés en France. — V. *C-Nap. 14 et 15, et notre cours de dr. civil, tit. des droits civils.* — 4. *Id.* en main-levée d'opposition à un mariage ... au juge du lieu de la célébration (l'opposant doit y élire domicile). — V. C-Nap. 176-179 ; *d. cours, tit. des actes civils;* arr. de Paris, 19 oct. 1809, J-C-Nap., t. 14, p. 304.

(18) *Dr. anc.* Même règle pour les vagabonds. — V. *Espagne, sup.*

Changement de domicile ; v. *ci-dev., sect. 1, ch. 2, note 62, p. 34.* — Droit de *committimus*, v. *sect. 1, ch. 1, n.° 4, p. 15.*

(19) *Dr. anc.* Il fallait les assigner devant le juge supérieur, commun à tous. — V. *Espagne, sup.*

XV. *Actions possessoires.* — Au juge de *paix* de
de la situation... Il en est de même pour les 2.e,
4.e et 5.e objets de sa jurisdiction (20*). — *V. sect.* 1.re,
chap. 3, *art.* 2, *p.* 47 *et* 48 ; *et C-pr.* 3.

XVI. *Actions réelles.* — Au juge de la situation
de l'objet litigieux. — *D. L.* 3 ; *C-pr.* 59, v. 2 (21).

XVII. *Requêtes civiles.* — V. en ci-apr., le tit. §. 4.

XVIII. *Actions relatives à des saisies.*

1. Permission de *saisie-arrêt.* — Au juge du domicile du débiteur ou du tiers-saisi. — *V. C-pr.* 558.

2. Validité ou main-levée des *saisies-arrêts* et de *rentes*, et déclaration des tiers-saisis. — Au juge du débiteur. — *V. C-pr.* 567, 570 *in pr.*, 637 *in f.* conféré avec 643 *in pr.*; *et ci-apr.*, *tit. de la saisie-arrêt*, *notes* 17 *et* 21 (22).

3. Décharge des gardiens constitués et revendication des effets arrêtés par *saisie-exécution* : au juge du lieu de la saisie. — *V. C-pr.* 606, 608.

4. *Saisie-exécution.* Autres difficultés... Au même juge. — *Arg. de C-pr.* 583, 584. — *V.* en aussi, *ci-apr. le tit.*, *notes* 39 *et* 60.

5. Permission de *saisie-foraine* : au juge du lieu des effets. — *V. en le tit.*, *ci-apr. part.* 3, *et C-pr.* 822.

(20*) C.-D. des actions pour dommages, réparations locatives et indemnités de louages. — V. *d. p.* 47 *et* 48.

A l'égard des autres causes attribuées au juge de paix, telles que les causes personnelles ou pour salaires de domestiques, ou pour injures ou rixes, il faut suivre les règles ordinaires.

(21) Cette règle s'applique par conséquent aux actions hypothécaires (*ci-dev.*, *n. xij*), confessoires, négatoires, de revendication, etc. — *V. Espagne*, *sup.*, *et le cours du droit romain.* — Elle reçoit exception à l'égard de la conciliation. — *V. en ci-apr.*, *le tit.*, *note* 19, *et C-pr.* 60.

Quid juris si l'objet est situé sur plusieurs ressorts ? *V. ci-dev. l'art. de la compétence*, *n.*° 3, *p.* 33.

(22) Si la déclaration du tiers est contestée, ne fût-ce que sur le mode et le terme du paiement, il peut demander d'être renvoyé a son propre juge. — V. *C-pr.* 570, *in f.*, 638 ; *arr. de Turin*, 30 *janr.* 1808, *J-C-pr.*, *t.* 2 ; *et d. note* 21.

6. *Saisie-immobilière.* Au juge de la situation. — *Arg. de C-pr.* 726, 727. — *L.* 14 *nov.* 1808, *art.* 4 ; *arr. cass.* 10 *déc.* 1807, *J-C-pr.*, *t.* 1. — *V. le tit. de cette saisie, note* 17.

7. Validité de *saisie-revendication* : au juge du détenteur, ou au juge de l'instance à laquelle cette action est connexe. — *V. en le tit., ci-apr. part.* 3, et *C-pr.* 831.

XIX. *Action de société.* — Au juge du lieu où la société (23) est établie. — *C-pr.* 59, ѵ. 4.

XX. *Actions successoriales.* — Demandes entre héritiers jusques au partage inclusivement (24); de-

---

(23) « Tant qu'elle existe ». — *D.* ѵ. 4. — D'où il résulte qu'après la dissolution les anciens associés doivent être cités devant le juge de leur domicile.

Il faut excepter 1.º le cas où un acte de dissolution non public est attaqué comme nul, suivant un arrêt de cassation du 10 déc. 1806. — V. *nouv. rép.*, *mot société*, *sect.* 6, §. 3, *n.º* 1. — 2.º Les sociétés en participation, parce qu'elles n'ont pas d'assiette et cessent d'exister quand l'affaire qu'elles ont pour objet est terminée. — V, *arr. cass.* 14 *mars* 1810, *Nevers*, 1810, *p.* 141 ; *J. d. avoués*, *t.* 1, *p.* 235; *ci-dev.*, §. *des arbitres*, *note* 31, *p.* 45.

Comment assigne-t-on les associés? — V. *tit. de l'assignat.*, *note* 23.

(24) Cette règle et la suivante sont fondées sur ce que jusques au partage, la succession est une personne civile qui représente le défunt, et qu'il n'est pas possible de savoir par lequel & contre lequel des héritiers devraient être exercées les actions successoriales. D'ailleurs c'est au lieu d'ouverture de la succession que sont les titres et documens propres à éclairer le juge.

Quid juris si quelques-uns des biens de l'hérédité sont restés indivis après le partage des autres? La demande en licitation doit-elle alors être formée par l'action *familiæ erçiscundæ*, ou par l'action *communi dividundo* ? Deux lois offrent à cet égard des antinomies (v. *L.* 20, §. 4, *ff.*, et *L.* 1, *C. famil. ercisc.*) dont la conciliation, très-facile dans les principes du droit romain, offre beaucoup de difficulté dans ceux du droit français. Quoi que il en soit, on a décidé que si le partage a été extrajudiciaire et imparfait, si, par exemple, on n'a pas réglé les droits actifs et passifs des cohéritiers, si en un mot on a, d'une manière quelconque, laissé entr'eux une universalité, il faut agir par la première action, et dans le cas contraire, par la seconde. — V. *M. Merlin. nouv. répert.*, *mot licitation*, §. 2 ; *arr. cass.* 11 *mai* 1807, *ibid.*

Observez que ces deux actions sont assujetties à une marche différente quant à la juridiction, parce que d'après la règle précédente, l'action *familiæ erciscundæ* se porte au tribunal de la succession, tandis que l'action *communi dividundo*, comme mixte, se porte, ou au tribunal

mandes intentées par les créanciers avant le partage (25) ; demandes relatives à l'exécution des dispositions à cause de mort, jusqu'au jugement définitif (26) ; répudiations d'hérédité et de communauté : au juge de la succession (27) — *C-pr.* 59, ง. 5 ; 997. — *V. aussi C-Nap.* 822 , 1457 ; *L. 26 vent. iv, art. 5 ; Espagne, sup.*

XXI. *Action pour surenchère.* — V. en ci-apr. le tit. (à part. 3, liv. 1), note 5.

XXII. *Action pour tierce-opposition.* — V. en aussi le tit., § 1, ci-apr. part. 2, liv. 2.

---

du domicile du défendeur , ou à celui de la situation des biens. — **V.** *ci-dev.*, n.° *xiij*, p. 115. — V. *aussi* **M.** *Merlin* , d. §. 2 ¿ *et ci-apr.*, *part.* 3 , *tit. des partages , note* 2.

(25) D'après les motifs exposés au commencement de la note précédente , il est clair que cette règle n'est pas applicable lorsqu'il n'y a qu'un héritier, fût-il simplement bénéficiaire. — V. *arr. de Grenoble et de cassation* , 21 *août* 1806 *et* 11 *juin* 1807, *à la J-C-pr.* , *t.* 1 , *et sur-tout au nouv. répert.* , *mot héritier* , *sect.* 2 , §. 3 , n.° 5.

(26) « Cette disposition , dit M. Merlin , paraît devoir se concentrer » entre les héritiers et les légataires , et je ne crois pas qu'elle puisse » empêcher ceux-ci de se pourvoir contre des tiers-détenteurs , soit » par action réelle , soit par action hypothécaire ». — V. *id.* , *nouv. répert.* , *mot légataire* , §. 6. — Elle ne se restreint pas aux questions relatives à la validité des libéralités. — V. *arr. de Turin* , 18 *avr.* 1810 , *i. des avoués* , *t.* 2 , *p.* 162.

(27) C-D. , devant le juge du lieu où la succession s'est ouverte , ou en d'autres termes , du lieu où le défunt avait son domicile. — V. *C-Nap.* 822 *et* 110. — V. *aussi part.* 3, *tit. des ventes judiciaires , note* 9 , *pour une exception.*
Par conséquent le juge de la succession d'une femme est toujours celui du domicile de son mari , même lorsqu'elle en était *de fait* , séparée. — V. *arr. cass.* 26 *juill. et* 20 *avril* 1808, *Nevers* , *id. p.* 471 *; et supl.* , *p.* 72 *; ci-apr. tit. des séparat. de biens , note* 4, *et de la renonciat. à succession , note* 5. — Il n'en est pas de même à l'égard de la veuve. — V. *arr. de Montpellier* , 9 *mai* 1810, *j. des avoués* , *t.* 2 , *p.* 172.

SECTION TROISIÈME.

Observations générales sur la procédure civile.

Nous présenterons et nous donnerons dans cette section des observations et des règles générales, qui s'appliquent à toute la procédure, ou à plusieurs de ses actes.

CHAPITRE PREMIER.

Des lois relatives à la procédure.

Ces lois sont de deux sortes, les lois générales et les lois spéciales (1).

I. *Lois générales.* On distingue dans la législation générale relative à la procédure, quatre époques principales.

1.re *Époque.* — Tems antérieur à la loi du 3 brumaire an 2. — On a dû suivre jusques-là les dispositions de l'ordonnance de 1667, avec les modifications résultant des lois nouvelles (2). — *L.* 19 *octobre* 1790, *art.* 3.

---

(1) Une loi générale embrasse un grand nombre de matières différentes du droit, dont elle donne les règles d'après un système commun ; une loi spéciale ne traite que d'un objet particulier. Le code de Justinien, l'ordonnance de 1667, le code Napoléon, le code de procédure sont sous ce point de vue, des lois générales. Chacune des novelles de Justinien et des ordonnances ou lois modernes, dont l'intitulé annonce un objet unique, comme les ordonnances de 1731 et 1735 sur les donations et les testamens, les lois des 1 déc. 1790, 20 sept. 1792, 11 brum. an 7, sur la cassation, le mariage, les hypothèques.... voilà des lois spéciales. — *Extrait d'une consultat. donnée par l'auteur, le* 25 *janv.* 1809.

(2) *Observations historiques sur les lois anciennes.* — Au tems du régime féodal, lorsque les tribunaux ecclésiastiques se furent emparés de la connaissance de presque toutes les causes, on suivait pour la procédure les règles qu'ils avaient introduites et dont on pourra se former une idée par le passage suivant. « C'est chose certaine que la plupart

2.e *Epoque.* — Depuis la loi du 3 brumaire jusques à la fin de l'an 8, il a fallu se conformer au système établi par cette loi, qui entr'autres dispositions, supprimait les avoués.

3.e *Époque.* — Depuis la fin de l'an 8, on est revenu à la législation de la première époque, parce que l'on a considéré la loi du 3 brumaire comme implicitement rapportée (3). — *Arrêté du 18 fruct. an 8.*

4.e *Époque ou époque actuelle.* — Le CODE de procédure est la loi *générale* qu'on doit observer pour tous les procès intentés depuis le 1.er janvier 1807, ainsi que pour les procédures introduites postérieurement, à la suite de procès antérieurs, telles que les appels interjettés, les saisies faites, les contributions et ordres ouverts, et les (4) expropriations

---

» de nos chicaneries, longueurs et procédures vicieuses ont été apprises des praticiens de Cour d'église, lorsque les Papes séaient en Avignon ». — *Loiseau, liv. 3, ch. 3, n.° 8.*

François Ier commença à rémédier à ces abus, et fut imité sur ce point par plusieurs des rois suivans. Les ordonnances de 1535, 1539, 1560, 1566, 1579 et 1629, sont en grande partie relatives à la procédure, et on y a pris, mais en les améliorant et rectifiant, la plupart des formes prescrites par l'ordonnance de 1667, où les rédacteurs du code ont à leur tour puisé une partie de leurs décisions. On jugera par un seul fait, des abus de l'ancienne procédure. Jadis on ne pouvait, dans les causes ordinaires, obtenir une sentence contre un défaillant, qu'après avoir *levé* successivement au greffe, *quatre* défauts contre lui, et fait un serment, une production et une seconde assignation. L'ordonnance de 1539 réduisit ces défauts à deux (v. *id.*, art. 24; *Imbert, liv.* 1, *ch.* 12) ; ensuite celle de 1667 à un seul. — V. *id., tit.* 5, *art.* 1-3. — Le code a tout-à-fait supprimé cette formalité. — V. *ci-apr.*, note 6, p. 125, *et part.* 2, *tit. des défenses*, note 11.

Au reste, nous n'avons indiqué ci-dessus que les plus importantes des lois générales de procédure. Il y en a un grand nombre sur diverses branches de cette partie du droit ; d'autres qui n'ont été faites que pour quelques provinces (telles que les ord. d'Ys-sur-Thyle, Abbeville, etc.) ; enfin, chaque cour avait son *style* ou ses usages particuliers, que Louis XIV avait essayé sans succès (V. *Rodier, sur le préambule, qu.* 2.), d'abroger. Espérons que le code aura plus d'efficacité.

(3) Cette règle a occasionné plusieurs embarras dans la marche de la procédure pendant cette époque, parce qu'il y avait quelques dispositions de la loi du 3 brumaire auxquelles on ne pouvait l'appliquer, et qui ensuite ont été reproduites dans le code, celle entr'autres qui proscrit les nouvelles demandes en cause d'appel.

(4) Parce que « ces appels, saisies, contributions et affiches sont dans le fait, le principe d'une nouvelle procédure ». — *D. avis.* —

affichées depuis le même jour. — *V. C-pr.* 1041 ; *avis du cons. d'état. du 16 février* 1807.

A l'égard des anciens procès, il est certain que „ tout ce qui touche à l'instruction des affaires, tant „ qu'elles ne sont pas terminées, se règle d'après les „ formes nouvelles sans blesser le principe de non- „ rétroactivité que l'on n'a jamais appliqué qu'au fond „ du droit „. — *Arrêté des Consuls du 5 fructid. ix,* n.º 820 (5). — Mais on a dérogé à ce principe dans cette occasion, et en conséquence l'instruction des procès commencés avant le 1.ᵉʳ janvier 1807, doit être continuée conformément aux règlemens antérieurs au code (6). — *D. avis du 16 févr.*

On voit que cette dernière règle n'est qu'une exception; d'où l'on peut conclure que les mêmes procès ne sont affranchis des règles du code qu'autant qu'elles ont rapport à l'*instruction* (7), et qu'on doit se conformer, dans ces procès, aux dispositions purement législatives qu'il renferme. Telles sont, par exemple, les dispositions qui autorisent les juges civils à prononcer la contrainte par corps pour (8)

V. *aussi, ci-apr., tit. de l'appel, note* 71 *; des règles générales d'exécution, note* 23, n.º 2 *; de la saisie-arrêt, note* 17.
    D'après ce principe, on a appliqué la règle ci-dessus aux jugemens interlocutoires et aux demandes en péremption. — V. *arr. cass.* 23 *fév.* 1807, *et* 5 *janv.* 1808, *J-C-pr.*, t. 3, p. 259, t. 2, p. 36.

(5) **V.** aussi quant à ce principe, admis de tout tems, M. Merlin, rec. alph., mot *sections*, §. 2, et *testament*, §. 11; nouv. répert., mots *compétence*, loi, §. 9, et *preuves*, sect. 2, §. 3, art. 1 *; arr. cass. crim.* 19 pluv. xij, n.º 101 *; arr. cass.* 23 févr. 1807 et 22 mars 1809, *J-C-pr.*, t. 3, p. 259 et 269; arr. de Nîmes, 22 flor. xij, *J-C-Nap.*, t. 2, p. 253 ; L. 3 brum. an 2, art. 11.

(6) C'est-à-dire, l'ordonnance de 1667 modifiée par les lois nouvelles. — V. *ci-devant*, 3.ᵉ *et* 1.ʳᵉ époques, p. 119 et 120.

(7) Cette règle a également donné lieu à bien des difficultés ; mais il est impossible d'éviter cet inconvénient dans une législation transitoire. — *Voyez* dans la *J-C-pr.*, t. 1 et 2, des décisions sur des difficultés de ce genre, relatives aux appels des jugemens de défaut, aux oppositions à des arrêts de défaut, à la contrainte par corps, aux saisies, amendes d'appel, reprises d'instance, expertises, péremptions, etc.

(8) Le droit ancien était différent. — V. d. *arr. du* 12 *août.*

des dommages. — *V. arr. cass. du 12 août 1807,
J-C-pr.*, *t.* 1, *p.* 27, *et C-pr.* 126 (9).

Lorsque les dispositions du code offrent quelque
lacune ou quelque obscurité, il faut suivre les règles
ordinaires d'interprétation; avoir recours entr'autres
aux lois et réglemens, ou explicatifs, ou antérieurs, etc.
— *V. à ce sujet, notre cours des prélimin. du droit,
ch.* 5. — Parmi les premiers, il faut s'attacher sur-
tout au *TARIF* des dépens décrété le 16 février 1807 (10).

II. *Lois spéciales.* C'est un principe que les lois
spéciales sont préférables aux lois générales, même
postérieures, lorsque celles-ci n'y ont pas (11)

---

(9) On peut encore citer les dispositions qui ne permettent l'exécution
provisoire des jugemens de commerce, que lorsqu'elle a été expressément ordonnée; telle est du moins la décision de la cour de Bruxelles,
décision fondée sur ce que le jugement n'existant que par la prononciation, ne peut acquérir d'autre autorité que celle que lui donne la loi
alors en vigueur. — V. *arr.* 9 *déc.* 1807 *et* 14 *déc.* 1808, *J-C-pr.*, *t.* 1,
p. 360, *t.* 3, *p.* 133. — *V. aussi C-pr.* 439, *conféré avec* 457 *et* 458 *; et
ci-dev., art. des trib. de commerce, p.* 58. — Les cours de Rouen et de
Nîmes ont décidé le contraire. — V. *arr.* 3 *nov.* 1807 *et* 31 *août* 1809,
J-C-pr., *t.* 1, *p.* 97, *et J. des avoués, t.* 1, *p.* 254.
Au surplus, jadis la prononciation expresse n'était pas nécessaire,
lorsqu'on offrait caution. — V. *L.* 24 *août* 1790, *tit.* 12, *art.* 4.

(10) Le tarif indique la taxe de tous les actes de procédure, en
retraçant les circonstances où ils doivent avoir lieu, de sorte qu'il sert
naturellement d'explication pour ces circonstances... Il ajoute même
souvent des règles a celles du code. — V. *ci-dev. introduct.*, *note* 12,
p. 4.

(11) Ce principe est fondé sur la règle *in toto jure generi per speciem
derogatur, et illud potissimum habetur, quod ad speciem directum est.* —
L. 80, ff. reg. jur.
Mais quel est aussi le fondement de la règle *in toto* etc. ! Nous avons
consulté un grand nombre d'interprètes, tels que Bronchorst, Ramus,
Barbosa, Pothier, etc., et nous n'avons trouvé aucune explication sa-
tisfaisante. Tout ce qu'on a dit de mieux, c'est que quand deux dispositions sont opposées, il faut préférer pour leur application, le parti
d'après lequel elles ont chacune de l'effet suivant leur nature, et par
conséquent faire déroger au genre par l'espèce. — V. *Barbosa, ax.* 107.
— On pourrait ajouter que lorsque le législateur statue en particulier
sur un objet, il est censé l'examiner avec plus d'attention que lorsqu'il
s'occupe en même tems d'un grand nombre d'objets, et par conséquent
il est présumé vouloir attacher plus de stabilité aux règles spéciales
qu'il trace sur cet objet. Quoi qu'il en soit, les exemples qu'on donne
pour l'application de la règle *in toto*, d'après les lois romaines relatives
aux legs (v. *Pothier, in pandect., de legat., n.°* 179 *; Cuias, add. L.* 80,
et in lib. 34. *quæst. Papin.*) favorisent tous cette explication. — *Extrait
de la consultat. citée à note* 1, *p.* 119.

dérogé d'une manière positive. Il résulte de là qu'on doit observer les lois spéciales relatives à quelques parties de la procédure, plutôt que le code, puisqu'il n'en est que la loi générale (12). — *V. arr. cass. 19 frim. viij, 27 fruct. x, 18 vend. xij, et 28 déc. 1807; et de la cour de Bruxelles, 25 mars 1806; et sur-tout les avis du cons. d'état des 1.*er *juin 1807, in f., et 18 août suiv.*

Mais lorsque ces lois n'ont point déterminé les formes de quelques-uns des actes qu'elles indiquent ou qu'elles supposent, c'est dans la loi générale, et par conséquent dans le code de procédure qu'il faut puiser ces formes. — *V. arr. cass. crim., 11 flor. x; 25 germin., 16 flor. et 1 fruct. xj; avis du cons. d'état du 26 vent. xj, cité au nouv. répert., t. 5, p. 138, etc.* (13).

---

(12) Telles sont les lois relatives au divorce, aux causes des contributions et aux causes domaniales. — *V. ci-apr., part. 2, liv. 1, sect. des procédures spéciales.*

On peut encore citer les règles relatives aux qualités des témoins testamentaires, pour lesquelles il faut suivre le code Napoléon et non pas la loi sur le notariat. — *V. le discours de M. Jaubert, corps législat. 9 flor. xj; et d. arrêt du 25 mars.*

(13) *Motifs de la règle.* Une loi, quelle qu'en soit la nature, doit être exécutée tant qu'elle n'a été abrogée ni expressément ni tacitement; or, si la loi spéciale abroge la loi générale dans les points où la 1.re statue, elle ne l'abroge pas dans ceux sur lesquels elle garde le silence. Loin de là, ainsi que l'observe M. Merlin (*nour. rép., mot douanes,* §. 7), la loi spéciale à l'égard des mêmes points est censée se référer à la loi générale. En un mot, toute loi doit toujours être exécutée quant aux dispositions non abrogées, n'en resta-t-il qu'une seule sur un très-grand nombre. — *Extrait de lad. consultat.*

Exemples. 1. La loi du 14 fructidor an 3, *spéciale* en matière de douanes, décide que l'appel contient assignation à trois jours, mais ne statue point sur le jour de l'échéance. Il faut donc à cet égard s'en référer à la loi générale, c'est-à-dire, jadis à l'ord. de 1667, ainsi que le prouve M. Merlin (*rec. alph., t. 1, p. 195*), et que l'a jugé la cour de cassation, le 14 niv. an 8 (*bullet.*). — *Extrait de id.*

2. La loi du 18 pluviose an 9, *spéciale* pour les tribunaux spéciaux, garde le silence sur la forme des listes de témoins à communiquer aux accusés... Donc il faut avoir recours à la loi générale, c'est-à-dire, jadis au code de brumaire, et c'est ce qu'a jugé l'arrêt du 25 germinal an xj, déjà cité. — *Extrait de id.*

3. *Quid juris* à l'égard des *testamens*? Faut-il y observer les formes de la loi du 25 ventose an xj, qui est *générale* pour les actes de notaires (*v. ci-dev., sect. 1, ch. 4, note 62, p. 78*), dans les points où la loi *spéciale* sur les formes des testamens, c'est-à-dire, le code Napoléon garde

CHAPITRE II.

De l'esprit des lois relatives à la procédure.

La procédure a pour but d'éclairer le juge sur les contestations qui lui sont soumises, et de l'éclairer dans l'espace de tems le plus court, et avec le moins de frais qu'il soit possible, afin de ne pas nuire aux parties qui sont forcées d'avoir recours aux tribunaux. *Rapidité dans la marche et économie dans les frais* autant que cela est compatible avec une instruction suffisante, voilà ce que les législateurs ont toujours cherché à obtenir en matière de procédure (1).

Il suffit de jetter un coup-d'œil sur les lois tant anciennes que modernes pour être convaincu que tel a été leur système constant. Ce qui ne laisse aucun doute à cet égard, c'est qu'ils ont préféré souvent de sacrifier quelques-uns des autres principes afin d'obtenir et cette brièveté et cette économie. Ils ont, par exemple, introduit 1.° l'exception de litispendance, en vertu de laquelle on a le droit de demander le renvoi d'une cause à un tribunal saisi d'une cause connexe ; 2.° celle de garantie qui autorise à faire suspendre le jugement de l'action principale pendant le délai nécessaire pour appeler le garant, et qui en outre force le garant de plaider hors de sa jurisdiction naturelle (2). Ces décisions et autres sembla-

---

le silence ? Plusieurs cours ont donné des décisions opposées sur cette question. M. Merlin l'a résolue pour l'affirmative (v. *nouv. rép.*. t. 13, *p.* 708) et l'a soumise au jugement de la cour de cassation (si sa décision paraît pendant l'impression de notre ouvrage , nous l'extrairons à la fin). Le même système a été soutenu dans la consultation déjà citée.

4. Mais ce même système ne peut s'appliquer aux testamens olographes , puisque ce ne sont pas des actes notariés. — V. *arr. cass.* 11 juin 1810, *Nevers* , p. 270.

(1) C'est aussi ce qui est reconnu indirectement par Prost de Royer *mot acquiescement*, n.° 3 , et M. Merlin, *rec. alphab.* , *t.* 1 , *p.* 275.

(2) V. ci-apr., liv. 1, §. de la garantie, et ci-dev., note 14, p. 114.

bles (3) portant une atteinte aux droits de quelques-unes des parties, n'ont pu être adoptées que parce qu'elles étaient conformes aux grands principes de la briéveté et de l'économie.

Il importe de ne pas perdre de vue ces deux principes, parce qu'ils sont d'une application très-fréquente, soit pour reconnaître l'intention du législateur quand il a prescrit ou défendu certaine forme, soit quand il s'agit d'interpréter une disposition obscure ou douteuse (4).

C'est en les prenant pour règle que les auteurs du code se sont attachés à n'ordonner que des formalités indispensables (5), et qu'ils ont supprimé beaucoup d'actes inutiles (6), qui retardaient la marche des procédures et en augmentaient les frais.

Par exemple (7), toutes les fois qu'il faut paraître à l'audience, ils ordonnent que ce soit sur *un simple acte*, c'est-à-dire, sur une seule sommation de plai-

---

(3) Telles que celles qui sont relatives 1.º aux *jonctions* des causes connexes. — V. *part.* 2, *introduction*, *note* 5o, *et divis. des demandes incidentes*, *note* 10. — 2.º Au délai commun accordé à plusieurs défendeurs domiciliés à différentes distances. — V. *id.*, *ch. des jugem. de défaut*, *n.º* 1. — 3.º A l'admission des intervenans. — V. §. *de l'intervention*, *note* 7. — 4.º au jugement des causes en état, quoique interrompues. — *V. tit. des reprises*, *note* 26. — *V. en d'autres au tit. des liquidations*, *note* 19; *du désaveu*, *note* 18; *ci-dev.*, *sect.* 1, *ch.* 2, *art.* 5, *n.º* 4, *p.* 33-35.

(4) V. entr'autres les tit. du faux incident, note 7, et des liquidations, note 19. — V. aussi arr. de Nîmes, 4 avr. 1810, Nevers, supl., p. 86.

(5) V. le disc. de M. le conseiller d'état Jaubert, corps législat., 12 mai 1806.

(6) Entr'autres les présentations et défauts. — V. *ci-après le tit. des défenses*, *note* 11.

(7) *Autres exemples.* 1. Ils n'exigent qu'une sommation ou qu'une assignation pour les vacations des experts, ou les audiences en vertu de jugemens de jonction. — V. C-pr. 1034; *ci-apr.*, *part.* 2, *introduction*, *note* 5o, *et tit. des demandes incidentes*, *note* 10.
2. Ils obligent les avoués à se présenter, sans sommation, aux jours indiqués par les jugemens préparatoires ou de remise. — *Tarif*, *art.* 70. — V. d'autres cas de remise sans sommation ou assignation, même pour les parties, au C-pr. 23, 199, 267, 297, 332, 354, 539, 918, 977; au C-comm. 508, etc.

der (8), faite d'avoué à avoué. — *V. C-pr.* 79, 80, 82, 145, 161, 217, 218, *etc.* (9). — *V. aussi Rodier, tit.* 11, *art.* 8.

D'après les mêmes principes (10) on a aussi accordé des prérogatives aux parties *les plus diligentes*, c'est-à-dire, à celles qui agissent les premières pour une procédure quelconque (11); ce qui est également conforme à l'ancien axiome : *vigilantibus, non dormientibus jura subveniunt* (12).

---

(8) Nous observerons à ce sujet que nous nous bornerons, dans le texte, à indiquer les circonstances où l'on doit paraître à l'audience, ou la poursuivre : il suffira de se rappeler que c'est ensuite d'un *simple acte*.

(9) On dispense même quelquefois de la sommation. — V. *la note* 8 *et C-pr.* 94, 280, 297, 354, 539, 664, 803, *etc.*

(10) C'est encore d'après les mêmes principes qu'on astreint les juges 1.° à prononcer par un même jugement sur une demande provisoire et sur une demande définitive, lorsque la cause est en état sur le provisoire et sur le fond. — V. *ci-apr., tit. des jugemens, note* 11. — V. *aussi C-pr.* 288. — 2.° A ne point s'arrêter à une intervention, lorsqu'une cause principale est en état. — V. *C-pr.* 340, *et ci-apr., liv.* 1, §. *de l'intervention, note* 12.

(11) *Exemples.* 1.° Toutes les fois qu'un acte indiqué par la loi peut être fait par les deux parties, la plus diligente a le droit de le faire, et les autres sont en conséquence obligées de le souffrir ou d'y déférer. — V. *C-pr.* 47, 97, 199, 204, 297, 299, 307, 719, 761, 765, 775, 966, etc. — *V. aussi ci-apr., part.* 2, *tit. des rapports, note* 17.
2.° Lorsque la loi attache un avantage à la poursuite d'une procédure, la partie la plus diligente en jouit jusques à ce qu'elle néglige de faire quelqu'un des actes indiqués, et alors une autre partie, *plus diligente*, peut la forcer à céder et la poursuite et l'avantage. — V. *C-pr.* 97, *in f.*, 231, 653, 658, 719, 724, 725, 750, 779, 967, 981, 999. — *V. aussi, tit. de la distribution, note* 15; *de l'ordre, note* 5; *etc.*
Observations. 1. La cession dont on parle est ce qu'on nomme la *subrogation* aux poursuites. On en a adopté l'institution d'après la loi *cum unus* 12 *in pr. ff. de rebus auctorit. judic.* — V. *nouv. rép.*, *t.* 12, p. 245.
2. En cas de concours dans les diligences, la poursuite est accordée en général aux porteurs des plus anciens titres, et successivement aux avoués les plus anciens, ou bien réglée par le président du tribunal (nonobstant appel ou opposition). — V. *C-pr.* 653, 719; 658, 750; *tarif* 95, 130.

(12) V. Barbosa, ax. 227; M. Merlin, nouv. répert., mot subroga-tion de personne, sect. 2, §. 8 et sect. 1. — V. aussi, ci-apr., part. 2, introduct., art. 3, §. 1, n.° 3, note 15.

CHAPITRE III.

De la dresse et rédaction, et des nullités des actes.

§. 1. Dresse et rédaction.

On entend par *dresse* l'action de composer un acte judiciaire ou extrajudiciaire suivant les formes légales ou usitées, et par *rédaction* celle de lui donner les mêmes formes (1).

Les formules d'actions et les engagemens par paroles (2) ne sont point usités parmi nous. On peut donc, dans les actes de procédure, se servir indifféremment de toutes espèces de termes, et employer toutes espèces de tournures, pourvu que ces termes et ces tournures expriment les formalités prescrites par les lois (3). — *V. Jousse et Rodier, préface sur l'ordon. de 1667; Furgole, art. 5 de l'ord. de 1731; Loiseau, liv. 3, ch. 4, n.° 7; M. Merlin, rec. alph., mot appel, §. 5; ci-apr., tit. de l'appel, note 70; Imbert, liv. 1, ch. 15; Despeisses, etc.*

---

(1) *V.* ci-apr., titre de la vérification, note 26, et des enquêtes, note 65. — *V.* aussi arr. de Besançon et de Caen, maintenus en cassat. les 4 févr. et 26 juill. 1808, au nouv. répert., mot testament, sect. 2, §. 2, art. 4; et à J-C-Nap., t. xj.

La *rédaction* est de l'office d'un juge commis à une enquête, ou d'un notaire. Ils ne sont chargés, en effet, que de constater les dépositions ou les actes qu'ils reçoivent; ils ne peuvent donc proprement les composer, mais bien y donner la tournure et employer les termes convenables, ce qui est le véritable objet de la rédaction... La *dresse* est de l'office d'un juge chargé d'une opération, telle qu'un accès de lieu, ou d'un avoué; le premier agit par lui-même, le second pour la partie et comme son mandataire. — *V.* aussi *d. note* 65; *et ci-dev.*, §. *des notaires, note* 62, *p.* 78.

(2) *V.* quant aux formules d'actions, *ci-dev., sect.* 2, *ch.* 1, *notes* 2 *et* 6, *p.* 93 *et* 94; et quant aux engagemens par paroles ou qui se formaient par la *stipulation*, le cours de droit romain.

Dans notre usage le mot *stipulation* indique toutes les clauses, conditions, engagemens qui interviennent dans un acte. — *Nouv. répert., h. v.* — On l'emploie aussi quelquefois dans le sens de *rédaction.*

(3) Mais quelle loi doit-on observer pour ces formes? 1.° la loi du

§. 2. *Nullités.*

I. Non-seulement les termes employés dans les actes
sont indifférens (4) mais encore l'inobservation des formes indiquées n'annulle les actes que lorsque ces formes ont été prescrites , sous peine de nullité (5). —
V. C-pr. 1030 *; M. Jaubert, disc. cité , note* 5 *, p.* 125.
Cette règle reçoit exception " lorsqu'il s'agit de formalités prescrites par la loi pour un acte qui ne prend
son essence que par ces formalités mêmes ; cet acte
est toujours présumé n'exister légalement qu'autant que
ces formalités ont été remplies „ (6). — *M. Grenier,*

---

tems de l'acte. — V. *ci-dev.* , *ch.* 1 , *n.°* 1 *et note* 5 *, p.* 121. 2.° Celle du
lieu , conformément à la maxime *locus regit actum.* — *V.* à ce sujet M.
Merlin , nouv. répert. , mot testament , sect. 2 , §. 3 , art. 8. — *V.* aussi
les autorités citées à la même note 5, et arr. de Nîmes , 6 mai 1807 ,
J-C-pr. , t. 1 , p. 21.

(4) D'après cela nous avons jugé inutile de donner des modèles
d'actes : c'est un soin que doivent prendre les élèves eux-mêmes, et nous
leur en faisons faire un essai avant la fin de l'année scolaire.
Langue. Les actes *publics* doivent tous être rédigés en langue française. — *V. arrêtés du gouvernement , des* 24 *prair. xj ,* 19 *vent. ,* 13 *therm.
et* 23 *fruct. xiij ,* 20 *juin* 1806 , 11 *mai* 1807 , 4 *mars* 1808 *, etc. ; lett. du
grand-juge ,* 4 *therm. xij , J-C-Nap. , t.* 7 *, p.* 301. — V. aussi *ord. de*
1539 *, art.* 111 *, et de* 1563 *, art.* 35 *; L.* 2 *therm. ij ; notre disc. sur les vices
du langage judiciaire ; arr. de Bruxelles ,* 13 *sept.* 1808 *, Nevers ,* 1810 *,
supl. , p.* 3 *; etc.*

(5) Sauf les peines contre les officiers ministériels qui n'ont pas ob-
servé ces formes. — V. *sect.* 1 *, ch.* 4 *, note* 1 *, p.* 61 *; ci-apr. , ch.* 5 *, note* 8.
Dr. interm. On avait abandonné quelque tems cette règle , consacrée
par la jurisprudence ancienne , et l'on décidait que l'inobservation des
formes prescrites simplement par les lois nouvelles , donnait ouverture
à la cassation des jugemens. — V. *L.* 4 *germ. ij , art.* 3.
Quant aux motifs et aux développemens de la même règle , *voyez*
notre cours sur les prélimin. de droit, ch. 3, n.° 1... Observons qu'elle
atténue beaucoup les résultats souvent fâcheux du vieil adage , *la forme
emporte le fond .* puisqu'elle en restreint l'application à un petit nombre
de circonstances , et à celles-là seulement où l'observation des formes
est rigoureusement nécessaire.
Au surplus , cette règle n'est applicable qu'aux exploits et actes de
procédure ; elle ne concerne point les actes prescrits par la loi pour
l'établissement et la conservation des droits des citoyens. — V. *arr.
cass.* 6 *juin* 1810 *, Nevers , p.* 278 *, et Sirey , p.* 290.

(6) *V.* aussi M. Merlin , nouv. répert. , mot subrogat. de personne ,
sect. 2 , §. 8 ; le d. cours des prélim. , ch. 3 , n.° des lois impératives et

disc.

disc. au corps législ., sur la L. 4 sept. 1807; arr. cass. 6 fruct. xj, 22 avril 1807.

II. Lorsque le code prononce, soit des nullités, soit des amendes et déchéances, il faut l'exécuter à la rigueur ; aucune de ces peines n'est comminatoire (7). — *V. C-pr.* 1029, *et MM. Faure et Mallarmé* (8).

---

prohibitives ; arr. cass. crim. , sect. réunies, 5 janv. 1810, journ. de Sirey, p. 276.

Cette dernière règle est conforme à l'axiome *actus consistere non potest sine substantiâ.* — *Barbosa, ax.* 12. — On en verra l'application ci-apr. , part. 2 , tit. des jugemens, note 36 ; de la procédure de paix , note 23 ; de la saisie-exécution, note 21 ; etc.

Elle est encore utile lorsqu'il s'agit de faire des actes pour lesquels la loi *n'a prescrit aucune forme.* Pourvu, en effet, que dans ces actes on use des formes propres à leur essence, d'après leur caractère et leur nature , ils devront être valables (*V. ci-apr. l'appendix des requêtes, note 5, et part. 3, introduct. , note* 4) ; ce qu'on peut aussi fonder sur la maxime citée par Loiseau (liv. 5 , ch. 3 , n.º 9) , *necessitas seu impossibilitas facit ut sufficiat formam per æquipollens servari.*

(7) *Observations.* 1. On nomme ainsi une peine prononcée par simple menace , qui ne doit avoir de l'effet qu'après un délai , une interpellation , etc. , ou dont le juge peut anéantir ou ajourner l'effet.

Il paraît que la jurisprudence ancienne , d'après laquelle les peines prononcées par les lois de procédure étaient souvent réputées comminatoires , s'était formée par une application un peu forcée de plusieurs lois romaines , qui n'accordaient pas l'autorité de la chose jugée aux peines dont le juge menaçait quelquefois les plaideurs condamnés. — *V. LL.* 1 , 4 , 6 , *C. comminationes.*

Il résulte de la règle du code , 1.º que le juge ne peut plus (on se le permettait autrefois) confirmer ou annuller un acte , prononcer une amende ou en faire la remise , déclarer une déchéance encourue ou en relever , d'après des considérations particulières : il ne doit prendre conseil que de la loi. — *V. M. Mallarmé , sup. ; ci-dev. , sect.* 1 , *ch.* 2 , *art.* 2 , §. 1 , *note* 19, *in f., p.* 21 *; d. cours des prélimin. du droit , ch.* 4, *in f. ; et un exemple de l'abus qu'on faisait des comminations , au rec. alph. , t.* 4 , *p.* 233 , 236 ; 2.º qu'il faut renoncer à l'ancien axiome du palais , *nullité sans griefs n'opère rien* , axiome dont on avait déja montré le peu de fondement. — *V. Rodier , tit.* 1 , *art.* 1 , *qu.* 2.

2. Les règles précédentes ne sont pas applicables aux obligations de donner ; il faut , après l'échéance du terme , que le débiteur soit constitué en demeure de remplir son obligation, par une sommation ou autre acte équivalent, à moins que la convention ne dispense de cet acte. — *V. C-Nap.* 1139 *; arr. Bruxelles*, 24 *mai* 1809, *J-C-Nap. , t.* 13, *p.* 290 *; et le cours de droit civil.*

(8) *Quid juris* si la loi ne prononce point de déchéance ?.. le juge doit alors déterminer un délai pendant lequel l'engagement ou la formalité indiqués seront accomplis. — *V. arr. de Nîmes , 2 janv.* 1808, *J-C-pr. , t.* 1 , *p.* 378.

I

III. Supposons à présent qu'un acte contienne une nullité, sera-t-il par cela seul anéanti de plein droit (9) ? Non, parce que ce serait accorder à une partie le droit de décider que la nullité existe ; et c'est en effet une maxime reçue en France, que les nullités doivent être prononcées par les tribunaux (10). — *V. arr. cass. 3 flor. xiij, à J-C-Nap., t. 4, p. 161 ; et au nouv. rép. mot appel, sect. 1, §. 5 ; M. Merlin, ibid.*

---

(9) C'est-à-dire , par la seule force de la loi , sans qu'il soit besoin de l'intervention du juge , car tel est le sens que les interprètes donnent aux termes *ipso jure.* — V. *Brisson et Calvin , h. v.* ; *Pothier , des obligations , n.° 599* ; *M. Merlin, rec. alph. , t. 6, p. 574 et suiv.* — V. *aussi , ci-apr., part. 2 , introduction , art. 3 , §. 1 , n.° 3.*

(10) Cette maxime est rapportée par Espagne (*dict. de Prost de Royer , mot appel , n.° 69*), d'après Loisel , liv. 5 , tit. 2 , n.° 5 , et d'autres autorités. — Elle l'est aussi par les auteurs indiqués ci-après , *tit. de l'appel , note 11...* Enfin , elle semble indirectement confirmée par la loi , puisque le code a jugé nécessaire de décider expressément qu'on n'aurait pas besoin de prononcer la nullité dans deux circonstances où il y avait en effet nullité. — V. *C-pr. 366 , 692 ; et ci-apr. , tit. des réglemens , note 10 , et de la saisie immobil. , note 41.*

Observations. 1. En suivant cette maxime à la lettre , tout ce qu'on fait au préjudice d'un acte nul , mais dont la nullité n'a pas été prononcée , devrait être illégitime ; telle serait une adjudication passée au préjudice de l'appel du jugement en vertu duquel on l'a poursuivie , lorsqu'on n'a pas fait annuller l'appel ; et c'est aussi ce que paraît avoir décidé la cour de Bruxelles. — V. *arr. 13 mai 1807 , J-C-pr. , t. 1 , p. 86.*

D'un autre côté , d'après l'axiome , également reçu en droit , *quòd nullum est , nullum producere potest effectum* (V. *Barbosa , ax. 164*) , il faudrait prendre un parti diamétralement opposé , et décider que l'acte nul ne peut servir d'obstacle ; qu'on a en un mot le droit d'agir malgré cet acte , même sans le faire annuller ; qu'ainsi l'appel nul d'une adjudication n'empêche point l'ordre , comme la cour de Rouen l'a jugé le 24 juin 1807 , *suivant le même recueil , t. 1 , p. 72.*

Pour concilier deux maximes qui ont des résultats si différens , on pourrait dire que lorsque l'acte qui produit l'obstacle est nul , la partie adverse de l'auteur de l'acte est libre d'agir malgré l'obstacle , et sauf à le faire lever , c'est-à-dire à faire annuller l'acte ; mais que dans ce cas elle se soumet aux risques attachés à sa démarche ; que , par exemple , si l'acte n'est pas annullé , tout ce qu'elle aura fait ensuite le sera , et elle devra , en outre , être condamnée à des dommages ; que si , au contraire , la nullité de l'acte est prononcée , tout ce que la même partie aura fait sera validé. Ce système semble avoir été adopté par la cour de Turin , *arr. 21 août 1807 , même recueil , p. 332* , et par la cour de cassation , *arr. cité ci-apr. , tit. de la contrainte , note 6.*

2. Pendant l'instance en nullité , à qui accorde-t-on la possession provisoire ?.. En matière de testament , si la nullité est *extrinsèque* , c'est à celui des héritiers testamentaire ou légitime dont le droit est le plus apparent (V. *ci-dev. , §. des actions possessoires , note 26*) ; si elle est *intrinsèque* , c'est au premier. — V. *L. 3 , ℣. sin autem , et L. 2 , C. edicto*

On n'est même pas toujours admis à obtenir une semblable décision.

1.º Il est des nullités de forme qu'il faut proposer à des époques précises , sinon on les regarde comme *couvertes. — V. à ce sujet , le tit. des exceptions, ch. 1 , in pr.* (11).

2.º On ne peut se faire un moyen des nullités qu'on a commises soi-même. — *V. ci-apr. , tit. de l'appel , note* 100 *; de la cassation, note* 21 *, etc. — V. aussi M. Merlin, rec. alph., t.* 4 *, p.* 502 *, et nouv. rép., t.* 1 *, p.* 82.

IV. Souvent la loi exige qu'on fasse mention de l'observation d'une forme qu'elle prescrit (*V. entr'autres, C-Nap.* 972). Lorsqu'elle n'exige pas cette mention , on doit présumer que la forme a été remplie, parce que la loi accorde de la confiance à l'officier public qui en était chargé. — *V. arr. cass.* 19 *fruct. x, J-C-Nap. , t.* 2 *; et ci-apr., ch.* 6 *, n.*ᵒˢ 2 *et* 8 (12).

---

divi Adriani ; *M. Merlin . rec. alph. , mot légataire. — V. aussi arr. d'Amiens , 13 therm. xij , journ. de Sirey . supl. , p.* 18.

3. *Jugement nul. — V.* ci-apr. , tit. de l'appel , note 11.

(11) *V.* aussi tit. de la requête civile , §. 3 , n.º 2 ; des saisies de rente , §. 2 , et immobilière , ch. 2 , n.º 3 , etc. ; M. Merlin , rec. alph. , mot conclusions , §. 2 , et nullités , §. 3.

Quand peut-on et doit-on agir en *nullité ?.. V. id. , nouv. répert. , h. v. ,* §. 8.

(12) *V. aussi arr. de Toulouse , Paris et Aix . J-C-pr. , t.* 1 *, p.* 437 *, t.* 2 *, p.* 53 *, t.* 3 *, p.* 156 *; ci-apr. , tit. de la saisie-immobil. , note* 83.

Cette règle s'applique , suivant M. Merlin , aux formalités qui ne laissent point de traces après elles , qui sont en quelque sorte *fugitives;* mais non pas aux autres formalités , telles , 1.º que les conclusions du ministère public. — *V. id. , rec. alph. , mot divorce , §.* 2 *; nouv. répert. , mot formalités; arr. cass.* 19 *décemb.* 1809 *. Nevers ,* 1810 *. p.* 64 *; ci-dev. , §. du ministère public , note* 31 *, p.* 24. — 2.º Les rapports de juges quand la loi les exige. — *V. arr. cass.* 25 *avril* 1808 *, Nevers , supl. , p.* 66 *; et d. arr.* 19 *décemb. et autre du* 23 *, ibid. ,* 1810 *, p.* 65.

CHAPITRE IV.

Des tems, délais et dates des procédures.

§. 1. *Tems.*

Les actes de procédure ne peuvent être communiqués et les décisions des tribunaux exécutées (1) pendant la nuit (2), et pendant les jours de fêtes, si ce n'est, dans ce dernier cas, avec la permission (3)

---

(1) « Aucune *signification* ni *exécution* ne pourra... » — *D. art.* 1037. — Donc il est permis de faire les jours de fête, des actes qui ne sont ni des notifications ni des exécutions, tels que des enregistremens. — V. *arr. de Riom, cité au tit. de la saisie-immobil.*, note 34 : et *arr. cass.* 18 *févr.* 1808, *J-C-pr.*, *t.* 2. — Mais afin de prévenir les inconvéniens qui pourraient résulter de cette règle relativement aux transcriptions hypothécaires, le ministre défend d'ouvrir les bureaux d'enregistrement ces jours-là. — V. *lett. de S. Ex. le Grand-Juge, J-C-pr.*, *t.* 2, *p.* 231.

(2) Voici les heures prohibées, indiquées par la loi : du 1.er octobre au 31 mars, depuis six heures du soir jusqu'à six heures du matin ; et dans les autres mois, depuis neuf heures du soir jusques à quatre heures du matin. — V. *d. art.* 1037, *servant d'interprétation à C-pr.* 781 ; *et déc.* 4 *août* 1806. — V. *aussi, ci-après, tit. de la contrainte, note* 5.
On a poussé la manie de la dispute jusques à demander quand une heure est finie ; si c'est au coup du prélude ou au premier ou au dernier coup de l'heure suivante ; et un grave tribunal a décidé après avoir consulté des mathématiciens, que c'est au coup du prélude. — V. *Voët, ff. de divers. temporalib.*, *n.°* 1, *in f.*

(3) *Observations.* 1. La permission est accordée dans le cas où il y a du péril en la demeure. — *D. art.* 1037. — Mais cela ne se rapporte qu'aux jours de fête : la loi ne dit point qu'on pourra donner la permission pour les heures prohibées. — V. *d'ailleurs, constit. an* 3, *art.* 359, *et an* 8, *art.* 76. — Un arrêt de Paris, de 1584, annulla un exploit qui avait été signifié pendant la nuit. — V. *les annotateurs d'Imbert, liv.* 1, *ch.* 5, *in pr.*
2. La même règle s'applique aux ajournemens et aux saisies-revendications, et au lieu du terme général *juge* (*v. ci-devant, § des juges, p.* 20) on emploie celui de président du tribunal. — V. *C-pr.* 63, 828.
3. La prohibition est aussi étendue aux emprisonnemens par l'art. 781, *v.* 2, mais sans ajouter que le juge pourra les autoriser. Néanmoins, il semble que cela doive être permis, parce que la disposition de l'art. 1037 est postérieure et générale, et que cela est d'ailleurs conforme à l'ancien usage. — V. *au surplus, ci-apr., tit. de la contrainte, note* 5 ; *Jousse, tit.* 24, *art.* 11.
4. Les huissiers ne peuvent faire aucune opération en vertu d'un acte

du juge. — *V. C-pr.* 1037, 828. — *V. aussi Jousse*,
ordon. de 1667, *tit.* 2, *art.* 10; *Rodier*, *id.*, *art.*
16; *L.* 27 *mars* 1791, *art.* 35; *L.* 17 *thermid. vj ;*
arrêté 7 *thermid. viij ; et ci-dev.*, *sect.* 1, *ch.* 2,
art. 3, *p.* 26 (4).

§. 2. *Délais.*

Les règles générales qu'il importe le plus de connaître relativement aux délais des procédures, en
concernent les termes extrêmes, c'est-à-dire le commencement et la fin, l'espace intermédiaire et l'augmentation.... Nous dirons aussi un mot du délai de
grâce.

I. *Commencement.* 1.° Lorsque le délai doit commencer à une signification, il ne court qu'en faveur
de la partie qui l'a faite, et non pas contre elle. —
Arg. du C-pr. 257; *v. arr. cass.* 17 *prair. xij, nouv.*
rép., *mot délai, sect.* 1, §. 2. (5). — Ce qui est
conforme à la maxime „ nul ne se forclot soi-même „
(*V. M. Merlin*, *rec. alph.*, *mot appel*, §. 8 ; *arr.*

---

soumis à l'enregistrement avant qu'il ait été enregistré. — V. *I.*, 22
frim. vij, *art.* 41. — Comment pourront-ils donc signifier ou exécuter
un jour de fête en vertu de l'ordonnance du juge, dès qu'il leur sera
impossible de la faire enregistrer (V. *ci-dev.*, *note* 1, *p.* 132)?. Il
est clair que le code déroge sur ce point à l'art. 41, qui déjà exceptait
positivement les notifications urgentes, telles que celles des protêts,
et même les simples exploits. — V. *d. art.* 41, *in f.*

5. *Exceptions.* Il y a quelques actes que la loi elle-même permet de
faire les jours de fêtes. Tels sont, 1.° les actes de procédure de
douanes. — V. *arr. cass.* 23 *brum. viij.* — 2.° (Les dimanches) les
ventes après saisie-exécution et brandon, et les affiches des ventes
judiciaires d'immeubles. — V. *C-pr.* 617, 632, 961 ; *ci-apr.*, *les titr.*
relatifs à ces matières ; L. 17 *therm. vj*, *art.* 5, *in f.*

(4) *Dr. anc.* On pouvait faire les notifications, mais non pas les
exécutions, les jours fériés. — V. *Mazuer et Fontanon*, *tit.* 1, *n.°* 6 ;
Rodier, *sup.*

Jurisdiction gracieuse et droit criminel. — V. ci-dev., sect. 1, ch. 2,
art. 3, note 37, p. 26.

(5) *V.* aussi arr. de Turin, 24 mars 1806, et de Nîmes, 13 juill.
1808, J-c-Nap., t. 7, p. 263, et J-c-pr., t. 2, p. 342 ; et ci-apr., tit.
de l'appel, note 44, et des enquêtes, note 26.

de Turin, 12 *mars* 1808 , *J-C-pr.*, *t.* 2) , maxime fondée sur ce que personne n'est censé vouloir faire des actes qui lui soient préjudiciables.

2.º Le jour de l'acte (*dies à quo*) qui fait courir, ou bien d'où doit courir (6) , ou bien qui détermine le délai n'y est pas compris d'après l'ancien axiome *dies termini non computatur in termino.* — V. Aug. Barbosa , ax. 71 (7).

---

(6) Ces termes *à dater* , *à compter du jour* , signifient toujours en droit (à moins d'une disposition expresse du législateur) , à dater de *l'expiration* de ce jour. — V. *M. Merlin* , *nouv. répert* , *mot loi* , § 5 ; *arr. Bruxelles*, 9 *févr.* 1808 , *J-C-pr.*, *t.* 1 , p. 334. — Dès que l'on ne compte point les délais par heures , il serait difficile de prendre ces termes dans un sens différent. — V. *ci-apr.* , n.º 11 , p. 137 ; *tit. de l'appel* , *note* 59 ; *arr. de Besançon* , 20 *mars* 1809 , *J-C-Nap.*, *t.* 13 , p. 168 ; *arr. cass.* 9 *nov.* 1808 , *Nevers* , p. 551.

(7) Les premiers interprètes du droit romain ont été singulièrement divisés sur ce point, parce que plusieurs lois semblent comprendre le jour *à quo* dans le délai, et d'autres l'en exclure. Leurs opinions et les autorités sur lesquelles il les fondent, ainsi que les exceptions dont elles sont susceptibles, sont exposées avec beaucoup de détails dans le savant traité de Tiraqueau , *sur le retrait lignager* , § 1 , *gl.* 11 , n.º *17-ult.* — M. Merlin se trompe lorsqu'il annonce (*nouv. répert.* , *mot délai* , *sect.* 1 , § 3) que suivant ce docteur, le jour *à quo* est compris dans le délai. Tiraqueau, après avoir exposé, 1.º le système *exclusif*, 2.º le système *inclusif*, et indiqué les partisans de l'un et de l'autre, se prononce pour le 1er. *Ego*, dit-il. n.º 22 , *ego priorem partem sequentam esse potiùs arbitror...* Et il se fonde sur ce qu'on l'a adopté dans l'usage, et sur ce que, dans le doute, il faut s'attacher à l'interprétation la plus douce. Mais ensuite effrayé en quelque sorte du nombre de ses adversaires, il propose presque le choix des deux systèmes : *quòd si* , dit-il , n.º 42 , *posteriorem partem sequi malis* , *etc.* ; et il ajoute , n.º 51 , que c'est pour couper court à cette discussion *ad summovendam illam* controversiosissimam *controversiam* , qu'on a sans doute fixé le délai du retrait à *une année et un jour* , et non pas simplement à une année.

Quoiqu'il en soit, il est certain que le même système (exclusif du jour *à quo*) a été en effet, et dès long-tems, consacré par l'usage, et qu'il n'est plus contesté. — V. *entr'autres Gui-Pape et Ranchin* , *qu.* 270 ; *Imbert et ses annotateurs* , *liv.* 1 , *ch.* 33 , n.º 2 ; *Dumoulin* , *cout. de Paris* , *tit. des fiefs* , § 10 , n.º 1-3 ; *Despeisses* , *ordre judic.* , *tit.* 1 , n.º 31 ; *Voët. in ff.* , *de feriis* , n.º 14 ; *Jousse et Rodier* , *tit.* 3 , *art.* 6 et 7 ; M. *Merlin* , *sup.* ; *Mynsinger* , *cent.* 5 , *observ.* 15 ; *etc.*

Tiraqueau, n.º 23-41 , indique jusques à quinze exceptions à la règle *dies termini* , c'est-à-dire, quinze circonstances dans lesquelles le jour *à quo* n'est pas exclu du délai, ou du moins dans lesquelles il faut compter le délai *de momento ad momentum* , en le faisant commencer à l'instant même de l'acte et terminer à un instant correspondant du dernier jour. Mais il n'est que trois de ces exceptions que nous puissions admettre, parce qu'entr'autres , nous ne comp-

II. *Fin.* Au contraire le dernier jour du délai (*dies ad quem*) y est compris en entier. Par conséquent on peut pendant tout ce jour, s'acquitter de ce dont on est chargé. — *V. Voët, d. n.°* 14, *inf.; et la plupart des auteurs précédens* (8).

Bien plus, on a la même faculté pendant le jour suivant, 1.° lorsque le dernier jour est *férié.* — *V. Rebuffe, de contumaciâ, art.* 1, *gl. un, n.*^os 24 et 25 ; *Voët, sup., n.°* 4 ; *Rodier, tit.* 4, *art.* 7 ; *arr. cass.* 3 *vent. an* 10, *n.°* 72 ; *et ci-apr., tit. de la saisie-immobil., note* 96.

2.° Dans les ajournemens, citations, ou autres actes faits à personne ou domicile, car les jours de la notification et de l'échéance ne sont point comptés dans le délai général fixé pour ces sortes d'actes. — *V. C-pr.* 1033, *in pr.* — *V. aussi ord. de* 1667, *tit.* 3, *art.* 6 ; *arr. cass.* 18 *germ. vij,* 3 *messid. ix,* etc.; *Bornier, Jousse et Rodier, d. art.* 3.

Mais comme il s'agit ici d'une exception à un (9)

---

tous point par heures ; les voici. La première est fondée sur l'intérêt de la partie. Ainsi, le particulier chargé d'une opération est libre de la faire pendant le jour *à quo.* — V. *id. n.°* 30 ; *arr. de Grenoble, de* 1645, *dans Chorier, liv.* 5, *sect.* 3, *art.* 12. — La seconde résulte de la nature même de la matière, lorsqu'elle est telle qu'on ne puisse douter que le même jour ne soit compris dans le délai (V. *Tiraqueau, n.°* 35). Par exemple, quoique la loi ait dit que les vacances auront lieu *depuis* le 1.er septembre, il est clair que ce jour y est compris. — V. *décr.* 10 *févr.* 1806, *et* 6 *juill.* 1810, *art.* 31, *et ci-dev., sect.* 1, *ch.* 2, *art.* 3, *p.* 26. — V. *aussi arr. cass.* 25 *oct.* 1808, *n.°* 140 *; arr. de Paris,* 19 *oct.* 1809, *J-C-Nap., t.* 14, *p.* 304. — Enfin, la troisième dérive d'une disposition expresse du législateur. — V. *Tiraqueau, n.°* 37.

(8) Cette règle est fondée d'ailleurs sur la raison. Dès que nous excluons le jour *à quo,* il est clair que le délai accordé ou prescrit ne serait point complet si l'on n'y comprenait pas en entier le jour *ad quem.* — V. *la note suivante.*

(9) En effet, 1.° toutes les fois que la loi prescrit de faire quelque chose pendant un certain tems, on ne peut plus en avoir la faculté si l'on n'a pas agi pendant la durée de ce tems. — V. *Faber, C. de judiciis, defin.* 36, *note* 1 *; jugement et arr. de Turin,* 14 *mai* 1808, *J-C-pr., t.* 3, *p.* 345 ; *et la note précédente.*

2.° L'axiòme ne dit point *dies termini non COMPUTUNTUR,* mais seulement *non computatur.* Il ne s'applique donc qu'au jour *à quo,* ainsi qu'on le voit dans tous les auteurs (ceux entr'autres cités à la

principe général, cette dernière règle doit être restreinte aux actes qu'on vient d'indiquer (10), sur-tout lorsque, d'après sa rédaction, la loi indique une inclu-

---

note 7) qui ont écrit avant l'ordonnance de 1667, et dont plusieurs s'expliquent positivement sur ce point. *Sunt*, dit Tiraqueau, sup., n.° 18, *sunt qui tenent* diem termini sive assignationis ut vulgus vocat, *non computari in termino...* et plus loin, n.° 27, il ajoute à l'occasion du dernier jour du terme, que *sine controversiâ computatur in termino...* aucun d'eux n'a appliqué ni le qualificatif, ni la règle au jour *ad quem*, et n'a par conséquent soutenu qu'il ne dût pas être compté. Parmi ceux que nous avons examinés, Bornier, *tit.* 3, *art.* 6, est le premier qui y ait étendu la règle, et il a été suivi sans motifs par Jousse et Rodier, *d. art.*, et par plusieurs modernes. Mais Bornier ne se fonde que sur l'autorité de Gui-Pape et Ranchin, *sup.*, et précisément ces auteurs ne favorisent point son système. Bien loin delà, Ranchin après avoir appelé, comme les précédens, *dies termini* le jour de l'assignation, décide qu'il doit être compté dans le terme lorsque le juge a fixé le délai depuis le jour de la prononciation jusques à tel jour désigné : *si judex dixerit... hinc ad decem dies, tunc dies termini benè in eo termino computaretur.*

Au surplus, Bornier, Rodier et Jousse ont pu être induits en erreur par l'ordonnance, *d. art.* 6, parce qu'elle dit en général « les » délais des assignations et des *procédures* », terme vague qui semble appliquer à tous les actes, l'exclusion du jour *ad quem* ou de l'échéance ; mais une telle ambiguité n'existe pas dans le code, puisque on a vu ci-dessus (*au texte*, ℣. 2.°, *p.* 135), que l'art. 1033 caractérise expressément les actes par rapport aux délais desquels le jour de l'échéance ne doit point être compté.

(10) Ce sont en général les actes ensuite desquels l'ajourné ou l'interpellé doit faire quelque chose. La loi, en sa faveur, déroge à la règle générale, et lui permet d'agir le lendemain du jour *ad quem*, et sans compter non plus le jour *à quo*. Il n'en est pas de même des délais fixés à l'ajournant ou interpellant ; elle se restreint alors à la règle générale. D'après cette distinction judicieuse faite par la cour de Turin, la huitaine accordée pour la notification d'une demande en validité de saisie-arrêt (*v. C-pr.* 563), n'est pas franche. — V. *d. arr.* 14 *mai* ; *tit. de la saisie-arrêt*, *note* 20.

Même règle à l'égard des délais suivans. 1. Délai de quatre jours accordé pour l'enregistrement des exploits. — V. *L.* 19 *déc.* 1790, *art.* 8 ; *L.* 22 *frim. vij*, *art.* 26 ; *M. Merlin, rec. alph.*, *t.* 4, *p.* 310. — 2. Délai particulier de quinzaine accordé pour les appels des incidens de saisie-immobilière. — V. *ci-apr.*, *tit. de l'appel*, *note* 63, *n.° 5, et arr. de Besançon, ibid.* — 3. Délai général d'appel. — V. *d. titre*, *note* 51. — 4. etc. — Il faut cependant observer que la cour de Pau a décidé pour le troisième cas, que les jours *à quo* et *ad quem* ne sont pas compris dans le délai général d'appel, et cela parce que l'appel, dit-elle, doit contenir une assignation, et que l'art. 1033, déja cité, s'applique aux assignations. — V. *arr.* 20 *mars* 1810, *journ. de Sirey, supl.*, *p.* 254.

On a aussi jugé que le même article s'applique également aux assignations à bref délai. — V. *arr. de Bruxelles*, 12 *juill.* 1809, *j. d. avoués*, *t.* 1, *p.* 243.

sion du dernier jour (*dies ad quem*) du délai qu'elle détermine (11).

Observations... Heures. — Dès que le dernier jour du délai y est compris en entier, par une con-séquence nécessaire on ne compte point les délais, d'heure à heure, mais de jour à jour (12) ; de sorte qu'il n'y a ni avantage ni inconvénient de faire un acte plutôt à une heure qu'à une autre du même jour, à moins que la loi ne l'ait décidé (13).

III. *Espace intermédiaire.* — Tous les jours autres que ceux des termes, sont continus et utiles, et par conséquent les jours de fête et de vacations comptent dans le délai. — *V. ord.* 1667, *tit.* 3, *art.* 7 ; *Bornier et Rodier, ibid ; Guenois sur Imbert, liv.* 1, *ch.* 5 (14) ; *C-com.* 162 ; *arr. cass.* 28 *nov.* 1809, *j. d. avoués, t.* 1, *p.* 1.

---

(11) **Comme** lorsque la loi dit « que l'opposition n'est recevable » QUE *pendant* huitaine ». — V. *C-pr.* 157 ; *ci-apr.*, *tit. de l'opposi-tion*, *note* 12. — V. *aussi* quant aux délais, 1.º des anciens divorces, *arr. cass.* 25 *oct.* 1808, *n.º* 140 ; — 2.º des dépôts des répertoires de notaires, *id.* 6 *juin* 1809, n.º 54 ; — 3.º des actes respectueux, *arr. de Paris* 19 *oct.* 1809, *J-C-Nap.*, *t.* 14, *p.* 304.

(12) *V.* L. 8, ff. de feriis ; *C-Nap.* 2260, 2147 ; *arr. cass.* 8 nov. 1808, *J-C-pr.*, *t.* 2, p. 392.

(13) *Exemples.* 1. Une inhumation ne peut être faite avant 24 heures à dater du décès. — V. *C-Nap.* 77. — 2. Un procès-verbal forestier doit être visé dans le même intervalle. — V. *L.* 29 *sept.* 1791, *tit.* 4, *art.* 7 ; *arr. cass.* 5 *janv.* 1809, *J-C-pr.*, *t.* 3, *p.* 176. — 3 et 4. Les juges de paix et de commerce peuvent permettre d'assigner d'heure à heure. — V. *C-pr.* 8, 417 *et* 418, *et les tit. de leurs procédures.* — 5 et 6. On indique l'heure dans les transcriptions de saisie-immobilière et *visas* de demandes en partage, afin de déterminer qui a le droit d'en poursuivre la procédure. — V. *C-pr.* 678, 967 ; *et les tit. de ces procédures* — V. *aussi, ci-apr.*, § 3, p. 140.

(14) *Lettres de change.* Elles sont payables la veille du jour férié auquel le délai expire. — V. *C-comm.* 134.
Suspension du délai. — Quelquefois le délai est suspendu par un événement ou un acte, et ne reprend ensuite son cours que quand la cause de la suspension a cessé. C'est ce qui a lieu, 1.º lors de l'accepta-tion sous le bénéfice d'inventaire. — V. *en le tit. et C-pr.* 177, 187, 1013. — 2.º Lors de la mort du condamné, quant aux délais d'appel et de requête civile. — V. *en aussi les tit.*, *et C-pr.* 447, 487. — 3.º Lors de celle de la partie ou de son avoué, en cas de péremption. — *V. en toutefois le titre.*

(153)

Jour bissextile. — Il est compté dans les délais de *jours*, mais non pas dans les délais de mois et d'années, parce qu'il est censé ne faire qu'un avec le jour précédent (15).

IV. *Augmentation.* — On vient de voir (*n.°* 11, *p.* 135) que la loi accorde pour certains actes un délai général ; il faut observer que ce délai est augmenté (16) d'un jour par trois myriamètres de distance (17), et de deux jours quand il y a lieu à voyage ou envoi et retour. — *C-pr.* 5, *in f.*, 1033, *in f.* (18).

Quant à la *distance*, les lois prennent en général pour points de départ, 1.° le domicile de celui (19)

---

(15) V. *L.* 3, § 3, *in f.*, *ff. de minoribus* ; *L.* 98, *ff. verb. signif.* ; *l.* 2, *in f.*, *ff. de divers. temporalib.* ; *CUJAS ad d. L.* 98, *et ad L.* 7, *de usurpationib.* ; *M. Merlin, sup.*, mot *délai*, § 4, *et nouv. répert.*, mot *jour bissextile.*
Il en était de même des jours *complémentaires*, au tems du calendrier équinoxial. — V. *C-Nap.*, art. 2261 *de la* 1.re *édit.* ; *nouv. répert.*, mots *jour bissextile et jours complément.*

(16) Le délai général est accordé pour les préparatifs et la rédaction de l'acte, en un mot pour tous les préliminaires à remplir relativement à cet acte ; le délai d'augmentation, pour le tems qu'exige le voyage des parties ou l'envoi de l'acte. — V. *M. Turrible, nouv. répert*, mot *saisie immobil.*, §. 6.

(17) La même mesure d'augmentation est aussi adoptée dans le code civil. — V. *entr'autres, C-Nap.* 411, 439. — Il y a néanmoins des cas où elle est différente ; ainsi, les art. 2061 et 2185, ¥. 1, ne la fixent qu'à un ou deux jours par cinq myriamètres.
Le code de commerce fixe aussi diverses augmentations à un jour par deux myriamètres et demi. — V. *C-comm.* 165, 201.

(18) *Observations.* 1. L'augmentation n'est accordée que pour le délai général dont on a parlé au n.° 11, p. 135 (v. *d.* art. 1033, *et note* 16). Ainsi, elle ne s'applique point aux autres espèces de délais.
2. Le même délai général est relatif aux actes qu'on réclame de la partie qu'on assigne ou qu'on interpelle.... L'augmentation, à moins de décision contraire de la loi, ne s'applique donc pas non plus à la personne qui agit (v. *ci-dev.*, *note* 10, *in pr.*, p. 136).
Il résulte de-là que les délais d'appel et d'opposition et autres du même genre, n'en sont pas susceptibles. — V. *ci-apr.*, *tit. de l'opposition*, *notes* 12 *et* 23, *et de l'appel*, *note* 51.

(19) Lorsqu'il y a plusieurs défendeurs, c'est en général le domicile du plus éloigné. — V. *C-pr.* 151, 175, *et ci-apr.*, *liv.* 1, *ch. des jugem. de défaut.*

à qui l'on notifie , et le lieu dans lequel il est obligé , ou dans lequel il a intérêt de paraître , ou enfin dans lequel il aurait déjà dû paraître (20).

2.º Les deux communes dans lesquelles on doit s'occuper, ou au moins prendre connaissance de deux opérations successives (21)... A l'aide de cette méthode on a le tems (22) de se rendre au lieu indiqué , ou de faire ce qui est prescrit ou utile (23).

V. *Délai de grâce.* — On nomme ainsi un délai que le juge accorde quelquefois pour l'exécution de son jugement. Ce délai dont le jugement doit indi-quer le terme et les motifs, court de la prononciation , lorsque le jugement est contradictoire (24). — *V. C-pr.* 122 , 123 ; *et ci-apr. liv.* 1 , §. *du terme ; liv.* 3 , *sect.* 2 , *tit. des règles générales , note* 8.

---

(20) Le tribunal, par exemple, où il est cité ; la commune où l'on doit vendre ses meubles saisis ; celle où on l'a nommé tuteur. — V. *C-pr.* 1033, 175, 602, 730, 763, 993 ; *C-comm.* 511 ; *C-pr.* 681 , 882.

(21) S'agit-il, par exemple , de transcrire au greffe une saisie immo-bilière, ou de publier de nouvelles annonces d'adjudication d'immeu-bles saisis ; la distance se compte entre la commune du tribunal et celle des immeubles. — V. *C-pr.* 680 , 703 , *et le tit. de lad. saisie, ch.* 1, *art.* 4.
S'il s'agit de la dénonciation de cette saisie au débiteur , c'est entre les communes du domicile et celle des immeubles. — V. *C-pr.* 681 *et d. art.* 4.
S'il s'agit de la notification des affiches aux créanciers , c'est entre la commune du bureau des hypothèques et celle de la vente. — V. *C-pr.* 695 , *et d. art.* 4.

(22) Puisque le délai est proportionné à la distance.

(23) Ces deux règles posées , il nous suffira d'indiquer dans des notes, les augmentations particulières relatives aux délais que nous aurons à citer par la suite.
Observations. 1. *Protogation du délai.* — On a jugé qu'on ne doit l'ac-corder que lorsqu'on la demande avant l'expiration du terme fixé. — *Arr. de Turin* , 18 *nov.* 1807, *J.C-pr.* , t. 1. — *V. aussi C-pr.* 74, 179, 279.
2. *Abréviation du délai.* Le délai étant accordé par la loi , le juge n'a le droit de l'abréger qu'autant que la loi l'y autorise. — V. *L.* 1 , *f. quod itd* , *C. dilationib.* ; *Rodier* , *tit.* 3 , *art.* 1 , *qu.* 3. — Quant aux cas où l'abréviation est permise, v. *tit. de l'assignation* , *art.* 4 . *des assigna-tions à bref délai* , *de la procédure de commerce et de l'appel.*

(24) C'est que la partie est censée le demander , et par conséquent

§. 3. *Dates.*

Il résulte des observations précédentes que la *date* est essentielle à tous les actes qui doivent faire courir des délais, puisqu'autrement il serait impossible d'en connaître le terme. Il faut même ajouter qu'en général elle est nécessaire à tous les actes qui ont besoin de l'entremise d'un officier de justice, tel qu'un huissier (25), afin qu'on puisse savoir si l'on a instrumenté un jour où cela était permis. *Dies est de solemnitate instrumenti*, dit Gui-Pape, qu. 582 (26).

Mais il résulte aussi de ces observations que la date par *heure* n'est essentielle qu'autant que la loi l'exige, ou que le délai se compte par heures (27).

Il faut remarquer à ce sujet, qu'en général la loi exige (28) la mention de l'heure dans toutes les opérations où les parties intéressées sont appelées.

être présente et bien le connaître, et que d'ailleurs toute faveur doit être restreinte.

Si le jugement est par défaut, ce délai court de la signification. — *V. d. art.* 123.

Au reste, 1.° on peut pendant ce délai, faire des actes conservatoires. — *V. C-pr.* 125; *ci-apr.*, *part.* 2, *introduction*; *art.* 3, §. 1, *n.°* 7. — 2.° Il n'empêche pas la compensation. — *V. C-Nap.* 1292, *et le cours de dr. civ.* .

Il n'y a plus de délai de grâce pour les lettres de change. — *V. C-comm.* 157.

(25) Ou un notaire. — *V. en ci-dev. le* §., *n.°* 3, *et note* 78, *p.* 83.

(26) *V. ci-dev.*, §. *des huissiers*, *n.°* 3, *note* 50, *p.* 75; *ci-après les tit. de l'assignation, de l'appel, des saisies, etc.; Rebuffe, de chirographorum recognit., præf., n.°s* 39, 85 *et suiv.; Ferrière, mot date; Rodier, tit.* 2, *art.* 2, *qu.* 2; *arr. cass.* 8 *nov.* 1808, *J-C-pr.*, *t.* 2, *p.* 392; *et quant aux exceptions, Ranchin et Ferrière, sur Gui-Pape, eod.*

(27) Voyez quant à ce dernier point, ci-dev., § 2, note 13, p. 137. *Observation.* La mention du *lieu* n'est pas une partie essentielle de la date. — *V. arr. de Nîmes*, 20 *janvier* 1810, *Nevers*, *supl.*, *p.* 73.

(28) Elle l'exige directement pour les procès-verbaux d'enquête et de scellé (v. *C-pr.* 269 *et* 914, ♥. 1), et indirectement pour les autres opérations où les parties sont appelées, puisqu'elle décide que les ordonnances ou sommations préliminaires de ces opérations indiqueront l'heure où elles auront lieu, et où par conséquent les parties pourront paraître. — *V. les art. suivans.*

Exemples. 1. Vérification d'écriture. — *V. C-pr.* 201, 204, 208.

CHAPITRE V.

Des frais ou dépens des actes de procédure.

I. Celui des deux plaideurs qui est condamné par le juge est censé mal fondé dans ses prétentions et par conséquent avoir mal-à-propos forcé son adversaire à paraître ou rester en jugement (1) : il est donc

---

— 2. Enquêtes. — V. *C-pr.* 259, 267 *et* 407. — 3. Accès de lieux. — V. *C-pr.* 28 *et* 297. — 4. Expertise. — V. *C-pr.* 29, 315, 317. — 5. Interrogatoire. — V. *C-pr.* 327. — 6. Présentation de caution de commerce. — V. *c-pr.* 440. — 7. Reddition de comptes. — V. *C-pr.* 538. — 8. Ventes de meubles saisis. — V. *C-pr.* 617, 618. — 9. Délivrance de grosse. — V. *C-pr.* 844. — 10. Scellé. — V. *C-pr.* 916, 931. — 11. Sommation pour expertise et assignation en vertu de jugement de jonction. — V. *C-pr.* 1034. — 12. Offres réelles. — V. *C-Nap.* 1259.

Mêmes règles pour les citations à la justice de paix. — V. *C-pr.* 1 *et* 20.

(1) *Observations.* 1. La même présomption et par conséquent la même décision ne peut être admise à l'égard du défendeur qui a passé condamnation aussitôt que l'injustice de sa prétention lui a été prouvée, de celui en un mot *qui anteà justam litigandi causam habebat*, suivant l'expression des docteurs. — *Arg. ex L. alia* 8, *C. his qu. ut indign.* : V. *Rebuffe*, n.° 14; *Gaill.*, *obs.* 152, n. 3; *Lange*, *liv.* 4, *ch.* 37 ; *Imbert*, *ch.* 52; *M. Merlin*, *rec. alph.*, *t.* 3, *p.* 361, *et 3 arrêts, ibid.* ; *arr. d'Aix*, 27 *mai* 1808, *J-C-pr.*, *t.* 3, *p.* 164.

2. Mais quand cette injustice est-elle prouvée?.. C'est aussitôt qu'on a donné une connaissance légale de la réclamation et des titres qui l'appuient, puisque dès-lors l'adversaire n'a plus de justes motifs de contester. — V. *Rebuffe*, *n.°* 15. — Les dépens, dit aussi Loiseau, *liv.* 5, *ch.* 14, *n.°* 4, tant en demandant qu'en défendant, ne sont dûs que du jour de la sommation.

3. Il ne faut pas néanmoins induire de là que le demandeur doive toujours supporter les frais de la demande à laquelle le défendeur a adhéré sur-le-champ. Peu importe, quoiqu'en dise Rebuffe, *n.°* 27, que ces frais soient peu considérables ; s'il s'agit d'une créance échue, le défendeur était censé déjà averti, d'après la maxime *dies interpellat pro homine* (*Barbosa*, *ax* 71) ; l'équité voulait qu'il n'attendît pas une réclamation judiciaire. Faber (*C. de fructib.*, *lib.* 7, *tit.* 18, *déf.* 2) propose d'autres objections qui ne semblent pas mieux fondées. Les dépens, dit-il, sont dûs *ex officio judicis* ; donc on ne doit prendre en considération que la demeure qui a eu lieu *in judicio*. En supposant que le principe soit vrai, la conséquence n'est pas juste, parce que l'acquiescement ou le désistement du défendeur sont des condamnations volontaires... D'après ce système, Faber n'admet le nôtre qu'autant que le défendeur s'est soumis aux dépens dans l'obligation... Mais cette soumission n'est-elle pas comprise tacitement dans tous les contrats? — V. *C-Nap.* 1135. — Au surplus, en suivant l'opinion de Faber,

juste qu'il supporte les frais de la procédure. — *V.*
C-pr. 130 (2). — *V. aussi id.* 724, 766 ; *L. pro-*
perandum 13, §. 6, *C. de judic.* ; *Gaill, observ.* 152 ;
Rebuffe, de expensis, art. 1, *gl.* 1, *n.*os 8 *et* 16 ;
Bornier et Rodier, tit. 31, *art.* 1 ; *Mazuer et Fon-*

---

il faudrait mettre à la charge du demandeur tous les frais préliminaires de l'action, tels que l'enregistrement de l'acte, etc., ce qui est
contraire, et à l'équité, et à l'usage, et a la loi. — V. *ci-apr.*, *tit. de la*
vérification, note 9.

4. Le défendeur n'est pas suffisamment averti par une assignation
bien motivée, mais où l'on n'a pas donné copie des titres, quoique
cette omission ne l'annulle point (v. *en le tit.*, *art.* 2, *in f.*). Le demandeur est tenu de prouver la justice de sa réclamation, *fundamentum*
intentionis suæ, par la production des titres, lorsqu'elle est basée sur
des titres (v. *ci-apr.*, *part.* 2, *liv.* 1, *divis. des preuves*) ; de simples
allégations ne peuvent les suppléer.

5. Il résulte de là que la partie condamnée ensuite d'une production
de titres légitimes, faite après avoir longtems contesté sur des titres illé-
gitimes, ne supporte pas les frais antérieurs. — V. *Rebuffe*, *n.*o 214 ;
Lange, *sup.*

6. *Quid juris* dans ce cas, à l'égard du demandeur !... Il semble qu'il
ne faille pas suivre la même règle, vu la maxime *qui agit*, *certus esse*
debet, etc. — V. *ci-apr.*, *tit. de l'assignation*, note 12.

7. Autrefois on *tenait* que l'intimé condamné en appel, ne devait
pas les dépens, parce que la sentence lui avait fourni un juste motif
de contester. — V. *Gaill, sup.*, *n.*o 5 ; *Mazuer*, *id.*, *n.*o 11. — Cela n'est
point suivi... Outre que l'intimé a eu tort de soutenir une sentence
injuste, l'ordonnance, *tit.* 31, *art.* 1, et le code, *d.* art. 130, n'admettent
pas cette exception, déjà proscrite par l'usage. — V. *Rebuffe*, *n.*o 40 ;
Fontanon, *n.*o 15 ; *Lange*, *sup.* — Il en serait autrement si l'intimé
ne succombait qu'ensuite d'une production nouvelle. — V. *sup. n.*o 5 ;
Bornier, *d. art.* 1 ; *d. arr. d'Aix.*

(2) La disposition du code est absolue. « Toute partie qui succom-
bera sera condamnée aux dépens ». — *D. art.* 130. — On peut en tirer
plusieurs conséquences, et entr'autres les suivantes.

1.° La partie qui succombe dans un incident sur lequel on statue séparément, doit en supporter les frais lors même qu'en définitive elle
obtiendrait gain de cause. Telle était aussi la décision de Rebuffe,
art. 2, *gl.* 1, *n.*o 2 ; de l'ord. de Charles 8, qu'il rapporte, et de celle de
1667, *sup.*, *art.* 3. Il est vrai que cela n'était point observé, mais fort
mal-à-propos, ainsi que le remarque Rodier, *d. art.* 3 ; d'ailleurs, on le
répéte, le code ne fait aucune distinction. — V. aussi *Imbert*, *Lange*,
Bornier et Ferrière, *sup.* — Il en est autrement à l'égard des contestations
provisoires et interlocutoires ; on peut se réserver de prononcer en définitive sur leurs dépens, parce que la justice des jugemens qui y statuent
est subordonnée au jugement définitif. — V. *Lange et Bornier*, *ibid.* ;
Rebuffe, *art.* 2, *n.*o 8.

2.° On ne doit pas exiger avec les anciens interprètes, une demande
(v. *Rebuffe*, *art.* 3, *n.*o 2 ; *Gaill, obs.* 151, *n.*o 21), mais décider
avec *Bornier*, *Rodier et Ferrière*, *sup.*, que les dépens sont dûs même
sans demande. Outre qu'ils sont la peine des plaideurs téméraires, la
disposition du code, on le redit, est absolue.

tanon, tit. 54; *Imbert, liv.* 1 , *ch.* 52 ; *Lange, liv.* 4, *ch.* 37; *Ferrière, mot dépens.*

D'après le même principe , 1.° les frais doivent aussi être supportés par ceux qui ont laissé périmer

---

3.° Celui qui succombe dans quelque chef , est tenu des dépens du jugement, à moins de décision contraire du juge. — V. *Rodier , art.* 1 , *in f.*

Observations. 1. Lorsque plusieurs débiteurs solidaires sont condamnés, ils ne doivent les dépens qu'à raison de leur part dans le principal , et sans solidarité (excepté au criminel. — V. *C-pén.* 55) , parce que le créancier en agissant contre tous a divisé son action pour les dépens, qui sont dûs en vertu d'une obligation personnelle tacite , et que le jugement produit une novation. Telle est la jurisprudence générale, fondée sur les lois 43 , *ff. re judic. ; si quis* 10 , §. 8 , *ff. de appellationib.* ; 59 , §. 3 , *ff. mandati* ; attestée par Despeisses , *ordre judic. , tit.* 11 , *sect.* 3 , *n.* 21 ; *Faber, C. de fructib. , lib.* 7 , *tit.* 8 , *def.* 1 ; *Raviot sur Perier , qu.* 198 , *n.* 6; *Ferrière , Denisart et le répertoire , mot dépens , etc. ;* et confirmée tacitement par le code civil , puisqu'il ne prononce point la solidarité dans ce cas , et qu'il exige une stipulation ou décision expresse pour la solidarité. — V. *C-Nap.* 1202. — La cour de Rouen a cependant jugé que plusieurs cohéritiers demandeurs pour une prétendue créance de l'hérédité , supportent solidairement les frais. — V.*arr.* 17 *mars* 1808 , *J-C-pr. , t.* 2.

2. Suivant Despeisses , *ibid.* , les condamnés , à moins que ce ne soient des cohéritiers , doivent supporter les dépens , par *têtes* , et non pas à proportion de leur intérêt. Lange , *liv.* 4 , *ch.* 37, Ferrière , *mot dépens* ; Denisart , les auteurs du répertoire et de l'encyclopédie , *h. v.* , et autres sont du même avis. On se fonde sur ce que la comparution des parties produit un contrat judiciaire , et que toutes sont également coupables d'avoir mal contesté. Enfin , l'on cite 4 arrêts à l'appui de cette opinion... 1.° Comme l'injustice en est évidente , il ne suffirait point de quelques arrêts pour établir un tel système. ..2.° On n'indique pas avec assez de détails l'hypothèse ou les motifs de trois de ces arrêts (v. *Papon , liv.* 18 , *tit.* 2 , *arr.* 1 ; *Bouvot, t.* 2 , *mot dépens , qu.* 21 ; *Denisart , sup. , n.°* 38). — 3.° Le quatrième arrêt , et c'est le plus important , parce qu'il fut prononcé en robes rouges , statue sur une hypothèse tout-à-fait particulière. — V. *Montholon , arr.* 37. — Il faut donc en revenir à la régle immuable de l'équité , d'après laquelle on n'est tenu d'indemniser d'un dommage (les dépens en sont bien une espèce) qu'à proportion de ce qu'on y a participé... Mais , dit Lange , il faut apprécier l'équité plutôt d'après la disposition de la loi, que d'après nos propres idées. Rien de plus vrai : mais où est la loi qui consacre l'opinion de Despeisses? Nous ne la connaissons point. Celles qu'on invoque , telles que les lois 10 *ff. de appellationib.* , 1. *C. si plures unà sent.* , décident seulement que les dépens ne sont point solidaires ; elles gardent le silence sur cette étrange division par *têtes.*

3. A l'égard des dépens du *défaut* , v. ci-apr. , tit. de l'opposition , notes 26 et 28; Rebuffe , sup., art. 5 et 8 ; Faber , n.° 29 ; Ferrière , sup.

4. *Les administrateurs* tels que les tuteurs , héritiers bénéficiaires , etc. qui en plaidant ont compromis les intérêts de leur administration ,

une instance, ou qui s'en sont désistés (3), ou qui n'ont pas accepté les offres légitimes qu'on leur a faites (4). — *V. C-pr.* 401, *in f.*, 403, 525 ; *ci-apr. tit. de la péremption, du désistement et des dommages ; Rebuffe, sup., n.*ᵒˢ 12-15 *et* 52.

2.º Les frais doivent être compensés en tout ou en partie (5), lorsque chacun des plaideurs succombe sur divers points. — *V. C-pr.* 131 *in f.; Rebuffe, sup., n.º* 53.

Des considérations morales ont fait accorder au juge le droit d'ordonner la même compensation quand

---

peuvent être condamnés personnellement aux dépens. — V. *C-pr.* 132. — V. *aussi Faber , sup. , déf.* 7 *et* 69 ; *Mazuer, n.º* 9 ; *Ferrière ,sup. ; arr. cass.* 19 *août* 1807 *; arr. d'Angers,* 11 *août* 1809 , *J-C-Nap.,* t. *xiv , p.* 357 *: L.* 6, *C. administr. tutor.; Basset, t.* 1 , *liv.* 2, *tit.* 31 , *ch.* 7 *et* 8 ; *t.* 2 , *liv.* 8 , *tit.* 4 , *ch.* 3.

Cette règle reçoit exception lorsque ces personnes ont pris les mesures nécessaires pour ne pas soutenir ou entreprendre mal-à-propos une contestation. Si par exemple , l'héritier bénéficiaire a donné connaissance aux créanciers, du procès qu'on lui a intenté ; ou si , avant d'en commencer un , il a pris l'avis de jurisconsultes éclairés. — V. *Basset , d. ch.* 7 *et* 3.

Au reste , l'on doit condamner aux dépens les maires qui ont plaidé sans autorisation. — V. *arr. cass. ,* 21 *août* 1809.

5. *Ministère public. . .* V. en ci-dev. le §. , note 33, n.º 2, p. 25.

6-10. Dépens en matière d'actions réelles, de garantie , d'enregistrement, de saisie-gagerie , d'expédition d'actes , etc. — V. *en ci-dev. ou ci-apr. les chap. ou titres.*

(3) Sauf les observations présentées ci-dev. , note 1, p. 141, 142.

(4) Si le condamné n'a point fait d'offres , il doit les frais, lors même que le demandeur a réclamé au principal plus qu'il ne lui revenait. — V. *Faber, sup. , def.* 34 *et* 61 ; *Fontanon, n.º* 17 *; Ferrière , sup.* — Mais il n'est pas nécessaire de faire des offres réelles ; du moins *Lange, sup. ,* atteste qu'on le *tient* ainsi, tandis que Denisart, *sup. n.º* 43 , décide le contraire.

(5) C'est-à-dire , que chaque plaideur sera condamné à supporter , ou la totalité , ou une certaine partie de ses propres dépens.

Observations. 1. Le mal jugé , quant à l'étendue de la compensation , n'est pas un motif de casser le jugement. — V. *arr. cass.* 18 *mai* 1808 , *J-C-pr.,* t. 2 , p. 185.

2. En cas de compensation totale, une des parties peut-elle être forcée à payer la moitié des frais de l'expédition du jugement, lorsque le juge ne s'est pas expliqué sur ce point !.. Il semble qu'on doive décider l'affirmative à l'égard du demandeur , parce qu'il a forcé mal-à-propos son adversaire à plaider, et que celui-ci a besoin de l'expédition pour faire valoir à l'avenir l'exception de la chose jugée... A l'égard du défendeur , la question paraît plus difficile.

les

les plaideurs sont de proches parens ou alliés. — *V.*
C.-pr. 131 *in pr.* (6).

II. Mais il n'est pas juste que le condamné supporte
les dépens, 1.º des actes inutiles à l'instruction ou
au jugement de la cause (7); 2.º des actes nuls (8);
3.º des parties où les actes excèdent l'étendue à laquelle la loi les a restreints (9).... et quant aux actes
légitimes, il n'en doit que les taxes déterminées par
les réglemens (10).

---

(6) Cette règle si morale avait été abrogée par l'art. 1 de l'ordonnance,
contre lequel le parlement de Grenoble avait fortement réclamé (*St.-
André* , *d. tit.* 31), et qu'on avait bientôt cessé d'observer. — *V.
Ferrière* , *sup.*

(7) **Tels sont tous les actes que la loi n'a pas jugé nécessaires**, et
dont on a des exemples au code, art. 81 , 102, 105 , 162, 335, 521 ,
etc. — V. *aussi les tit. des défenses* , *note* 13 , *des rapports* , *note* 20 , *etc.*
Si ces actes sont frustratoires, c'est-à-dire uniquement faits pour
augmenter les émolumens de l'officier ministériel , en un mot, entiè-
rement inutiles , même dans l'intérêt de son client, ils sont à la charge
de cet officier. Le code , *art.* 152, 191 *et* 192, en donne des exemples.
— V. *aussi ci-dev.* , *sect.* 1, *ch.* 4, *notes* 1 , 23, 57 *et* 58. — Mais on ne
doit pas considérer comme tels, 1.º les actes utiles des procédures
dont le code ne parle pas. — V. *des exemples, au §. de la déclaration
de jugement commun , au tit. de la saisie-exécution* , *note* 31 , *etc.* — 2.º Les
actes non prohibés et qui sont utiles à la défense du client.... Les derniers sont à la charge de celui-ci , les premiers doivent être payés par le
condamné. — V. *tit. de l'appel* , *note* 73.
Demande , distraction et réception des dépens. — V. *ci-dev.* , §. *des
avoués* , *note* 22 , *p.* 68 , *et ch.* 4, *note* 1 , *n.º* 2 , *p.* 61.

(8) Si c'est par la faute de l'officier ministériel , ils sont à sa charge.
— V. *d. notes* 1 , 23 , 57 *et* 58 , *et ci-dev.* , *ch.* 3 , *note* 5 , *p.* 128. — *Idem* ,
quelquefois à la charge du juge ou de l'expert. — V. *ci-apr.* , *tit. des
enquêtes* , §. 5 , *in f.* , *et des expertises* , *n.º* 1. — Mais ce n'est que quand
la loi le décide expressément, car en règle générale , le juge ne peut
être condamné à des dépens et dommages, qu'à la suite d'une prise à
partie. — V. *arr. cass.* 7 juin 1810 , *Nevers* , *p.* 254.

(9) V. des exemples au code , *art.* 103 *et* 531 , *et ci-apr.* , *tit. des défenses
et des redditions de comptes*. . . Mais il faut sur ce point, faire les mêmes
distinctions qu'à la note 7, ci-dessus.

(10) *V.* tarif 129 , in f. , 151... A l'égard , 1.º du mode de *liquidation*
des dépens, v. en le §. , à part. 2, liv. 3, sect. 1 ; 2.º de l'*exécution provisoire* , v. titre de l'appel, note 88; et ci-dev. , sect. 1 , ch. 3, p. 61.
Les règles suivantes annoncent l'intention où est le législateur , de
maintenir l'observation des principes ci-dessus.
1.º On n'indemnise le plaideur qui a obtenu gain de cause, que d'un

(146)

III. Il faut observer 1.° qu'on ne peut ajouter à la condamnation des dépens la peine de la contrainte par corps. — *V. arr. cass.* 14 *nov.* 1809, *n.° 112.*

2.° Que les frais d'une quittance, tels que timbre, amende, etc., sont à la charge de celui qui l'exige. — *V. arr. cass.* 24 *août* 1809, *n.° 87. — Quant à ceux de la reconnaissance d'écriture, v. ci-apr., liv, 1, tit. de la vérification, note 9.*

---

voyage par instance (autrefois quatre ou cinq, et même davantage. — V. *Imbert*, ch. 53, *n.° 4*); on prend diverses précautions pour prévenir l'augmentation des dépens ; on ordonne, par exemple, que l'officier ministériel indique le nombre des rôles contenus dans les actes ; on rejette, quant à la taxe, les écrits d'appel qui ne contiennent qu'une répétition des moyens de première instance ; etc. — V. *tarif* 146, 66 *et* 74; *C-pr.* 104, 298, etc.; *M. Treilhard ; ci-apr., tit. des rapports, note* 20.

2.° Les parties qui ont le même intérêt dans certaines espèces de procédures, ne peuvent avoir d'avoué particulier qu'à leurs frais. — V. *C-pr.* 529, 667, 760, 932, 933, *et le §. des avoués, note* 17, *p.* 67.

3.° On ne passe pas en taxe les frais d'impression des requêtes et défenses, même autorisées. — V. *tarif* 75, *in f.*

Observations. 1. Malgré toutes ces précautions sages de la loi, on se récrie sans cesse contre la cherté des dépens. Ces plaintes ne sont pas nouvelles ; on en faisait, il y a près de trois siècles, de plus vives. On peut voir, entr'autres, les conseils que Rebuffe donne aux personnes qui veulent plaider (V. *ejusd. proem. constit. reg.*, gl. 5, *n.° 154, et tract. de expens.*, art. 5, gl. 1, *n.° 24*), conseils dont il suffira de citer celui-ci: *si quis voluerit tunicam tuam tollere, et in judicio contendere, DA EI ET PALLIUM.*

2. Suivant des arrêts cités par le même auteur, *d. gl.* 1, *n.°* 28, une partie peut répéter les honoraires dont les avocats et avoués lui ont fait la remise, et un avoué peut réclamer ceux des actes qu'il a rédigés lui-même dans sa propre cause... Fontanon sur Mazuer, *tit.* 34, *in f.*, et Papon, *liv.* 18, *tit.* 2, *art.* 14 *et* 15, adoptent la première décision (*id.*, *Ferrière, mot dépens*), mais rejettent la seconde.

3. Mazuer, *ibid.*, *n.°* 26, tient qu'on ne doit exiger aucun honoraire dans les causes des pauvres.

CHAPITRE VI.

De quelques règles générales de la procédure.

Le sujet des règles générales que nous allons proposer, sera indiqué par les intitulés des n.[os] de ce chapitre : nous donnerons à la suite, ou dans les notes, les autorités ou les motifs sur lesquels nous les avons fondées.

I. *Lecture et signature.* — Les actes où les parties ou témoins, etc., agissent, déposent, répondent en personne, doivent toujours leur être lus. — *V. C-pr.* 59, 271-273, 334; *C-Nap.* 38, 244, 255, *etc.; ci-dev.*, §. *des notaires*, *n.° 3, p.* 84. (1).

Il faut de plus que ces actes soient signés. — *V. dd. art.* (2). — Si l'on excepte un très-petit nombre de circonstances indiquées positivement par la loi (*V. C-Nap.* 977, 1331, 1332), rien ne supplée la signature, que l'attestation d'un officier public, des

____

(1) Comme les actes se rédigent à mesure qu'ils agissent, etc., cette mesure est nécessaire pour qu'ils puissent reconnaître s'ils n'ont point commis d'erreurs ou d'omissions. — V. *dd. art.; et ci-dev.*, §. *des notaires*, *n.° 3, p.* 84.

Par la même raison et d'après les mêmes autorités, on leur demande à la fin des réponses et dépositions, s'ils y *persistent*, s'ils n'ont rien à ajouter, et s'ils ont dit la vérité.

(2) Parce que, d'après un usage constant de plusieurs siècles, consacré par diverses lois, la signature est la marque à l'aide de laquelle les Européens attestent qu'ils ont fait ce qu'énonce l'écriture dont elle est précédée. — V. *Rebuffe, de chirographor. recognit., præf., n.° 84; anc. et nouv. répert., mot signature, et diverses questions, ibid., et au rec. alph.* — V. aussi *ci-apr., tit. de la vérification, note 2; Bornier, ord. de* 1670, *tit.* 9, *art.* 7.

Dans le moyen âge, comme peu de personnes savaient écrire, au lieu de la signature on apposait un sceau. — V. *Ferrière, science du notaire, liv.* 1, *ch.* 14. — On trouve des détails fort curieux sur ce point, ainsi que sur l'emploi ancien des sceaux pour les actes, dans *Loiseau, traité des offices, liv.* 2, *ch.* 4. — Il remarque entr'autres, que les mots *seing* et *signature* désignaient dans ce tems ce que nous appelons aujourd'hui un sceau : en un mot, *signare* c'était apposer un sceau, et non pas écrire un nom. — V. *id.*, *n.*[os] 15 *et suiv.*

K 2

causes pour lesquelles on ne l'a pas mise (3). — *V. ci-apr.*, *n.° viij*, *page* 151, *et d.* §. *des notaires*, *note* 83, *page* 84.

II. *Mention de signature*, *etc.* — Lorsque la loi exige qu'un acte soit signé ou *paraphé*, elle exige en même-tems que l'on fasse mention de l'accomplissment de ces formalités, ou de la cause qui l'a empêché, telle qu'un refus ou une impossibilité physique (4).

III. *Actes faits en personne*. — Lorsque la présence de la partie ou sa signature est nécessaire à un acte de procédure, à une instruction, etc., la loi ne lui permet de se faire remplacer que par un procureur spécial (5).

IV. *Visas*. — Lorsqu'un acte est notifié à un fonctionnaire, il doit être *visé* (sans frais) par lui, ou à

___

(3) Une autre marque, telle qu'une croix, un certificat de simples particuliers ne la pourraient point remplacer (V. *arr. de Bruxelles*, 27 *janv.* 1807, *J-C-Nap.*, *t.* 8 *; et de Colmar*, 23 *déc.* 1809, *Sirey*, 1810, *suppl.*, *p.* 268 *; avis du cons. d'état du* 1.er *avril* 1808); l'écriture non suivie de signature peut seulement, dans certains cas, servir de commencement de preuve. — V. *ci-apr. le tit. des enquêtes*, *et le cours de droit civil.*

(4) V. *C-pr.* 7, 36, 39, 42, 68, 198, 212, 216, 218, 227, 234, 235, 273-275, 334, 370, 384, 402, 432, 599, 813, 916, 980, 1016; *C-Nap.*, 39, 237, 244, 287, 998, *etc.*
Il y a quelques articles où, en exigeant la signature, on ne parle point de la mention ; mais ils concernent des actes qui ne se passent pas en présence d'un fonctionnaire, ou bien des fonctionnaires eux-mêmes, dont la signature est certaine, indépendamment de la mention. — V. *C-pr.* 45, 109, 138, 309, 317, 353, 511, 585, 601, 922. — V. aussi, *ci-dev.*, *ch.* 3, *n.°* 4, *p.* 131.
Paraphe. Quand est-il exigé ! V. *ci-apr.*, *part.* 2, *liv.* 2, *tit. de la vérificat. d'écritures*, *note* 18.

(5) V. *C-pr.* 9, 45, 198, 216, 218, 227, 309, 336, 353, 370, 384, 421, 511, 531, 672, 710; *C-Nap.*, 66, 2185, *v.* 4; *etc.* — V. aussi, *ci-apr.*, *tit. du désistement*, *note* 6.
Il est même quelques circonstances où la partie ne peut être suppléée par un procureur spécial. — V. *C-pr.* 333, 877, 901 ; *C-Nap.* 236, 238, 278, 281, *etc. ; et ci-apr.*, *les tit. de l'interrogatoire*, *de la cession de biens et de la séparation de corps.*

son refus (6) par le procureur impérial civil de son domicile. — *V. C-pr.* 1039, 4, 68, 561, 601, 673, 736 ; *tarif* 66.

V. *Nominations.* — Lorsque la loi autorise les parties à choisir des fonctionnaires chargés de faire certains actes conservatoires ou préparatoires, ou de recueillir des renseignemens (7), si les parties ne s'accordent pas, c'est le juge qui doit faire d'office la nomination (8).

VI. *Réponses.* — En général, lorsqu'on fait un acte ou qu'on présente une requête où l'on forme

---

(6) Dans ce cas il est passible d'une amende (5 fr. au moins) sur la poursuite du ministère public. — V. *C-pr.* 1039.
Les assignations peuvent être visées par le juge de paix. — *C-pr.* 69, ⁊. 5.

(7) Par exemple : 1. Des notaires pour des inventaires ou opérations de partage. — V. *C-pr.* 935, 976, 978 ; *C-Nap.* 828. — 2. Des experts et priseurs, pour des vérifications et évaluations. — V. *C-pr.* 132, 196, 305, 316, 429, 935, 978 ; *C-Nap.* 834, 1559. — 3. Des tiers-arbitres ordinaires et des arbitres de commerce. — **V.** *C-pr.* 1017 ; *C-comm.* 55 ; *ci-dev.*, *sect.* 1, *ch.* 2, *art. des arbitres*, p. 42 et 45. — 4. Un mandataire pour assister à des scellés. — V. *C-pr.* 932.
Même règle s'il s'agit de choisir de simples particuliers, comme, 1.° celui à qui l'on doit confier les titres et papiers trouvés pendant un inventaire, ou reconnus communs à plusieurs héritiers dans un acte de partage. — V. *C-pr.* 943, *in f.* ; *C-Nap.* 842, *in f.* — 2.° Le cohéritier qui sera chargé d'une formation de lots. — V. *C-pr.* 979 ; *C-Nap.* 834 ; *ci-apr.*, *part.* 3, *liv.* 2, *tit. des partages.*
Mais on n'a point recours au juge pour la nomination de l'avoué commun, en cas que la constitution soit légale et que les parties ne soient pas d'accord. — V. *ci-dev.*, §. *des avoués*, note 17, p. 67.

(8) *Ex officio*, d'après le devoir de sa place, ou le droit qui y est attaché.
Quid juris à l'égard des circonstances où la loi ne s'est pas expliquée ! Par exemple, est-ce à l'héritier bénéficiaire ou bien au tribunal à nommer le notaire chargé de procéder à l'inventaire ? La cour de Turin a pensé que c'est à l'héritier. — V. *arr. du* 14 *août* 1809, *au journ. des avoués*, t. 1, p. 123. — V. *aussi*, *ci-apr.*, *part.* 3, *liv.* 2, *tit. de l'inventaire*, *note* 5.

☞ Les règles exposées aux n.ᵒˢ 1 à 5 étant connues, nous ne les répéterons pas dans toutes les circonstances où elles s'appliquent : la simple indication de la nécessité des signature ou lecture, ou du paraphe, ou de l'intervention de la personne, ou de la notification à un fonctionnaire, ou de la nomination des parties, suffira (dans le texte) pour les rappeler ; mais nous donnerons plus de détails dans les notes.

quelque demande , ou bien où l'on soutient quelque
fait ou droit susceptible d'une contestation qui doit
ensuite être décidée à l'audience, la loi permet à la
personne intéressée de rédiger et notifier une réponse
à ces actes ou requêtes. — *Argum. tiré du tarif*,
art. 71 *et* 75 (9).

VII. *Signification.* — Lorsqu'on veut faire quelque acte de procédure en vertu d'un autre acte , il
faut, à moins que la loi n'en dispense (10), notifier
officiellement ce dernier acte à la partie, lors même
qu'elle en doit avoir une connaissance particulière (11).
— *V. ci-apr. part.* 2 , *introduction , art.* 3 , §. 3 ,

---

(9) **On avait omis dans le code , d'indiquer une foule de circonstances ou il est juste de permettre une réponse à un acte ; on y a suppléé dans ces deux articles du tarif, dont nous rappellerons les dispositions (du moins dans les notes) quand nous parlerons des divers
actes qu'ils indiquent.**
Au reste , la règle précédente est fondée sur cet axiome de droit naturel : « nul ne peut être jugé qu'après avoir été entendu ou légalement
» appelé » (*V. constit. an* 3 , *tit. prélim.* , *art.* 11) ; axiome omis dans
le code , mais qui , dit M. Merlin , y est nécessairement sous-entendu,
et est d'ailleurs rappelé tacitement par l'art. 100 du code civil. — *V. id.,
nouv. répert.* , *mot opposition* , §. 1. — *V. aussi C-pr.* 337 ; *ci-apr. tit. de
l'opposition, n.º* 1 *; Pussort, proc.-verb.* , *tit.* 11 , *art.* 21 ; *Rodier* , *tit.* 11 ,
art. 11 , *qu.* 2, *in f.; M. Pigeau* , *t.* 1 , *p.* 688.
Ce n'est point par une dérogation à cette règle qu'on permet de juger
les appels des récusations (*V. en le titre* , *notes* 30 *et* 43) , sans appeler
les parties , puisque celles-ci ont eu la faculté d'exposer leurs moyens
en première instance.
On pourrait également prouver , et par d'autres motifs , que la loi
(*V. C-comm.* 608) d'après laquelle les créanciers opposans à la réhabilitation d'un failli ne doivent jamais être parties dans la procédure
qui la précède, n'est pas non plus une exception à la même règle.

(10) *Exemples.* S'il s'agit : 1. D'un jugement de paix qui ne soit pas
définitif, ou qui ordonne la mise en cause d'un garant. — *V. C-pr.* 28 ,
32. — 2 et 3. D'un jugement qui ordonne un délibéré , ou accorde un
délai de grâce. — *V. C-pr.* 94 , 123 ; *et ci-dev.* , §. *des délais* , *p.* 139. —
4. D'un arrêt qui ordonne une enquête sommaire. — *Arg. de C-pr.* 413,
conféré avec 257 ; *arr. de Turin* , 18 *nov.* 1807, *J-C-pr.,* *t.* 1 , *p.* 255. — *V.
aussi ci-apr.* , *à part.* 2 , *liv.* 1 , *les titres relatifs à ces diverses matières.*

(11) Par exemple , quoique un avoué ne puisse moralement ignorer
les dispositions d'un jugement rendu sur sa défense contradictoire , il
faut le lui notifier pour pouvoir l'exécuter. — *V. C-pr.* 147. — *V. aussi*
148 , 673 , *etc.; arr. cass.* 13 *oct.* 1827, *J-C-pr.* , *t.* 1 , *p.* 94 *; ci-apr.* , *part.*
2 , *liv.* 3 , *sect.* 2 , *tit. des règles générales d'exécution* , *notes* 7 *et* 8 ; *de
l'ordre* , *note* 4 *etc.*

n.º 5. — *V. aussi C-pr.* 555, 670, 692, 714, 780, 893, *etc. ; arr. cass.* 20 *août* 1806, *n.º* 125; *d. part.* 2, *liv.* 5, *sect.* 1, *tit. des règles générales d'exécution*, *n.*º 3.

VIII. *Foi due aux actes des fonctionnaires.* — En règle générale tout acte auquel a présidé un fonctionnaire public quelconque *fait foi* en justice, c'est-à-dire, que l'on considère comme *vrai* cet acte, tant que la fausseté n'en a pas été prouvée par la voie de la procédure du faux principal ou du faux incident. Cette règle est fondée sur ce qu'un fonctionnaire mérite la confiance de l'autorité publique, parce qu'il est censé n'avoir obtenu son emploi qu'à raison de ce qu'il avait les qualités nécessaires pour le remplir, et par conséquent la probité et la véracité exigées dans toutes les fonctions possibles (12).

Mais par la même raison, on ne peut étendre la

Voici un des motifs de cette règle. S'il y a impossibilité morale, il n'y a pas impossibilité *physique* que l'avoué ignore le jugement. Or, pour pouvoir l'exécuter, il est nécessaire qu'il en ait une connaissance certaine et détaillée. — V. *aussi ci-apr.*, *tit. de l'appel*, *note* 41.

Nous disons qu'il n'y a pas impossibilité *physique*. En effet, il n'est point impossible qu'après la défense, un événement imprévu empêche l'avoué d'assister à la prononciation, ou à une partie de la prononciation, ou de bien l'entendre, etc.

(12) On conçoit que lorsqu'un fait attesté par un simple particulier est nié par un autre, le juge ne peut le considérer comme vrai, s'il n'est pas prouvé de la manière exigée par la loi, puisque rien ne lui assure légalement que celui qui affirme ait plus de véracité que celui qui nie, et réciproquement. Il n'en est pas de même lorsque le fait est attesté par un fonctionnaire ; la seule qualité de ce dernier est une preuve de sa véracité. Ce n'est pas sans doute une preuve mathématique, puisqu'on a quelquefois des exemples d'actes publics déclarés faux, mais c'est une preuve assez forte pour qu'on ne puisse la détruire qu'en suivant le mode indiqué par la loi elle-même; d'autant que l'attestation du fonctionnaire est ordinairement accompagnée de solennités ou formes qui tendent à lui donner plus de poids. Par exemple, la vérité des conventions constatées par un acte public ne résulte pas seulement de l'attestation du notaire, mais de la présence des témoins, du mode observé dans la rédaction, etc.

Au surplus, la règle précédente est si certaine, que la simple signature du fonctionnaire porte avec elle-même la preuve de sa vérité. — V. *C-pr.* 200, *t.* 1. — V. *aussi, ci-apr., tit. de la vérification*, notes 4 et 6; et *ci-dev.*, note 4, p. 148.

foi due aux actes qu'à la seule partie de ces actes dont la vérité est attestée par le fonctionnaire qui y préside, et est attestée par lui en qualité de fonctionnaire (13). Il est évident que hors de ces deux circonstances, un acte quoique dirigé par un fonctionnaire ne mérite pas plus de confiance que si un simple particulier y avait présidé (14).

---

(13) C'est que le fonctionnaire n'a d'autre pouvoir que celui qu'il a reçu du prince ; d'où l'on a tiré la maxime *tantum permissum quantum commissum*. — V. *Furgole*, sur l'art. 5 de l'ord. de 1731. — En un mot, il n'en est pas d'un magistrat comme d'un particulier : celui-ci peut faire (ou du moins ne peut être empêché de faire) tout ce que la loi ne lui défend pas ; le magistrat ne peut faire que ce que la loi lui permet ou lui ordonne de faire. — V. *M. Merlin*, *rec. alph.*, mot *réparation*. — V. aussi *id.*, *ibid*, mots *signature*, §. 3, et *succession*, §. 11 ; *Rodier*, *tit.* 12, *art.* 6, *qu.* 1.

(14) Nous avons déjà fait une application indirecte de cette dernière règle aux actes des huissiers (V. *ci-dev.*, *ch.* 4, §. 3, *notes* 59-61, *p.* 77) et à ceux des notaires (V. *d. ch.* 4, §. 4, *note* 62, *p.* 78) : nous la ferons également à ceux des experts (V. *ci-apr. leur titre*, *note* 34); etc.

Il résulte de cette règle qu'il faut distinguer dans les actes, 1.° ce qui est déclaré simplement par les parties, de ce qui est attesté par le fonctionnaire comme s'étant passé en sa présence ; par exemple, un paiement que les parties allèguent avoir eu lieu avant un acte, ne serait pas considéré sous le même point de vue qu'une numération réelle d'espèces monnayées, faite devant un notaire... 2.° Ce qui est attesté par le fonctionnaire agissant en cette qualité, c'est-à-dire, ce que la loi lui permet ou prescrit d'attester, de ce qui est attesté par lui hors de ses fonctions, c'est-à-dire, sans qu'il lui soit permis ou prescrit de l'attester. Ainsi, une convention passée devant un huissier pendant un acte d'exécution qui est de son ministère, n'aurait pas le caractère d'un acte public, parce qu'il n'a pas le droit de présider à des conventions (V. *Lange*, *liv.* 4, *ch.* 37 ; *Bouvot*, *tom.* 1, *part.* 1, *mot sergent*, *qu.* 2 ; ci-dev., *d. note* 60, *p.* 77) ; il n'est plus alors considéré que comme simple particulier. Ainsi, un procès-verbal où un préposé des douanes ou droits réunis atteste qu'il a été injurié ne fait pas foi jusques à inscription de faux, parce que ce préposé n'est chargé que d'y constater des contraventions. — V. *arr. cass.* 2 mai 1806 et 11 *déc.* 1807. *Nevers* 1808, *supl.*, *p.* 49. — V. un autre exemple, *ci-apr.*, *tit. de la conciliation*, *note* 25. — V. toutefois ci-dev., *d. note* 59, *p.* 77.

FIN *de la première Partie.*

TABLE DES MATIÈRES.

ERRATA

Pour la première édition des seconde et troisième Parties.

N. B. Les élèves sont invités à corriger les fautes suivantes sur leurs exemplaires.

Page 35, à la fin de l'art. IV, *ajoutez :* V. tit de l'appel, note 64.

Page 40, note 13, dernier alinéa, *ajoutez :* quelque positive que soit cette décision de M. Merlin, qui est d'ailleurs fortifiée d'un arrêt de cassation, la cour de Colmar a adopté un système opposé. — V. *J.-C-N.*, t. 14, p. 80, *et j. d. avoués*, t. 1, p. 200.

Page 47, ligne 8, *au lieu de* n'est pas fondé, *lisez* n'est pas recevable.

Page 51, note 35, *au lieu de* excepté, *lisez* idem.

Idem, note 36, ligne 4, *lisez* qu'on n'était pas obligé de plaider et qu'on ne pouvait pas statuer, etc.

Page 55, note 58, ligne 1, *au lieu de* garanti, *lisez* garant.

Page 78, note 14, à la fin, *au lieu de* qu. 3, *lisez* qu. 2, et *ajoutez :* cette décision de Rodier est contestée.

Page 92, ligne 10, *supprimez ces mots :* dont le prévenu de faux n'a point encore fait usage.

Page 120, note 28, *lisez : Justice de paix.* Le greffier rédige le procès-verbal dans les causes de première instance : a' l'égard des autres, on énonce dans le jugement le résultat de l'expertise. — *Voyez pour les détails*, C-pr. 42, 43.

Page 196, ligne 7, *au lieu de* 14 vent. viij, *lisez* 14 vent. vij.

Page 211, note 27, ligne 8, *au lieu de* doit être séparé de celui du fond, *lisez* doit précéder celui du fond.

Page 278, note 2, lignes 10 et 11, *au lieu de* perçus avant, *lisez* perçus pendant ; et *au lieu de* perçus après, *lisez* perçus avant.

Page 349, lignes 1 et 3, *au lieu de* quinzaine après, *lisez à chaque ligne*, dans la quinzaine après.

Page 353, art. 5, n.° 1, *au lieu de* trois jours après, *lisez* dans les trois jours de la transcription.

Page 357, ligne 7, *au lieu de* au plus, *lisez* au moins.

Page 406, ligne 7, *lisez* quant aux créanciers qui sont admis à faire la réquisition, il faut distinguer, etc.

Page 449, note 19, à la fin du deuxième alinéa, *ajoutez :* S. E. le grand juge a décidé depuis que le procès-verbal est nécessaire. — V. *Lettre du procur. impérial de Bourgoin*, aux annal. de l'Isère, 19 octob. 1810. — V. d'ailleurs, tarif 65.

Page 450, note 23, à la fin du premier alinéa, *ajoutez* N. B. Cette erreur a été rectifiée conformément à l'avis de M. Pigeau, dans un errata du bulletin des lois de 1807, 2.e semestre, p. 348.

Page 462, note 2, ligne 8, *au lieu de* ni mort civile encourue, *lisez* ou quand il s'agit de biens acquis par un mort civilement.